« NOTRE ÉPOQUE »
Collection dirigée par Georges Liébert

CONSTANTIN SIMIS

LA SOCIÉTÉ CORROMPUE

Le monde secret du capitalisme soviétique

Traduit de l'américain par Odile Demange

ÉDITIONS ROBERT LAFFONT
PARIS

Titre original : U.R.S.S. : THE CORRUPT SOCIETY
© Konstantin M. Simis, 1982
Traduction française : Éditions Robert Laffont, S.A., Paris, 1983

ISBN 2-221-01073-6
(édition originale :
ISBN 0-671-25003-5 Simon and Schuster, New York)

PRÉFACE

Le mardi 16 novembre 1976 au matin, je me dirigeais, comme d'habitude, vers les portes de l'Institut de législation soviétique où je travaillais depuis onze ans comme maître de recherches, lorsque je m'entendis interpeller : « Konstantin Mikhaïlovitch ! » Je me retournai, et aperçus un jeune homme obèse, qui m'était parfaitement inconnu. En une fraction de seconde, avant même d'avoir eu le temps de réfléchir, je compris ce qui venait d'arriver. Je compris que mon ancienne vie — la vie bien réglée d'un homme employé par un institut de recherches prestigieux, d'un homme bien intégré dans la société — s'achevait et que c'était le début d'une nouvelle existence, dont je n'avais encore aucune expérience : l'existence d'un paria, d'un hétérodoxe.

Cette conclusion n'était pas le résultat d'une réflexion rationnelle : c'était le fruit subconscient d'un instinct nourri par soixante années de vie soviétique. Et quand ce gros jeune homme m'adressa un sourire cordial et m'invita à monter dans une voiture noire qui s'était fort obligeamment approchée de nous, ma force d'inertie fut telle que je me permis même un petit esclandre, et lui demandai de me montrer sa carte d'identité. Ce qu'il fit bien volontiers, et je vis qu'elle appartenait au sous-lieutenant Khokhlov, du Département d'enquêtes criminelles de Moscou. C'est le genre de détails insignifiants que l'on retient dans les moments critiques.

Je lui demandai où ils avaient l'intention de m'emmener ; mais, je le répète, c'était par pure inertie. Je savais parfaitement ce qui m'attendait.

Tout le temps que dura le trajet jusqu'à mon domicile — trajet que je fis serré entre deux agents, dans un profond silence —, tout le temps que dura l'ascension des cinq étages menant à mon appartement (par quelque étrange coïncidence, l'ascenseur se trouvait en panne), je ne pensais qu'à une chose : que les copies du manuscrit de ce livre, prêtes à être envoyées aux Etats-Unis, étaient posées sur mon bureau et sur le secrétaire de ma femme, dans sa chambre.

On nous attendait. Sept ou huit personnes étaient attroupées dans le vestibule, à l'extérieur de l'appartement. Je ne les regardai pas — je ne vis que ma femme. Pâle, mais apparemment calme et parfaitement maîtresse d'elle-même, elle se tenait dans l'embrasure de la porte, pour empêcher nos visiteurs importuns de pénétrer chez nous. Cela faisait près de quarante minutes qu'elle les tenait à distance, refusant de les laisser entrer avant mon arrivée. Nous n'échangeâmes pas une parole, mais nos regards se rencontrèrent.

Puis la perquisition commença. Nous nous assîmes sur le divan, en face d'un certain Borovik — l'enquêteur chargé de l'opération —, en proie à ce sentiment d'impuissance humiliante, familier, j'en suis sûr, aux millions de gens qui ont subi ce genre d'épreuve.

Tout ce qui aurait pu intéresser le K.G.B. * était bien en vue : les cartes professionnelles de journalistes occidentaux que nous connaissions, des ouvrages imprimés à l'Ouest en russe, et, plus important que tout, les trois exemplaires manuscrits de mon livre.

Ma femme était la seule personne à savoir que j'avais passé près de trois années à écrire un livre sur la société et le système soviétiques. Il devait être publié aux Etats-Unis sous le pseudonyme de V. Vostokov. Environ six mois avant ce jour funeste, mes amis américains en avaient fait passer clandestinement aux Etats-Unis la première version. Un certain nombre de journalistes et d'intellectuels américains l'avaient lue, et avaient pu me faire parvenir leurs commentaires et leurs critiques. J'avais alors ajouté un certain nombre de choses, et le manuscrit définitif se trouvait à présent sur mon bureau. L'un des trois exemplaires devait être remis le lendemain à un ami américain, qui l'aurait emporté aux Etats-Unis ; les deux autres devaient être cachés en lieu sûr.

En attendant, la perquisition battait son plein. Sept personnes étaient fort occupées à fouiller consciencieusement les commodes, à tapoter soigneusement les flancs de mon secrétaire ancien dans l'espoir d'y découvrir des cachettes (certaines leur échappèrent, mais, hélas ! seulement les vides), à feuilleter les centaines de livres que

---

* Les mots ou sigles suivis d'un astérisque sont repris dans le glossaire situé en fin d'ouvrage. (N.d.T.)

contenait notre bibliothèque, et à fourrager dans notre linge. L'un des agents trouva sur mon bureau un cadre en mosaïque contenant une photo de ma femme ; il le regarda sous toutes ses faces avant de le remettre en place. Mais la jeune fille mince, au nez pointu chaussé de lunettes, qui avait été nommée témoin officiel de la perquisition — c'était en fait un agent du K.G.B. comme les autres — le réprimanda ; il se mit alors à démonter soigneusement le cadre, pensant sans doute y découvrir une cachette.

Et pourtant, malgré toute leur fébrilité, nous avions l'impression agaçante, ma femme et moi, d'assister à une comédie ; ils avaient l'air de mimer une perquisition. Nous comprîmes bientôt pourquoi : ils étaient déjà venus dans l'appartement au cours du week-end, pendant que nous étions à la campagne dans notre datcha de location. Ils avaient crocheté la serrure, pénétré dans l'appartement vide, mené leur véritable perquisition, et trouvé tout ce qui pouvait les intéresser.

Nous eûmes bientôt la preuve que cette hypothèse était fondée. Une partie du manuscrit qu'ils avaient ramassée sur mon bureau se trouvait à présent devant l'enquêteur Borovik. Se tournant vers l'un de ses agents, il ordonna : « Allez me chercher le reste. »

Sans hésiter, l'homme se dirigea droit vers la chambre de ma femme (où aucun membre de l'équipe de fouille n'était encore allé ce jour-là), et en rapporta les soixante-dix dernières pages du manuscrit, qui s'y trouvaient depuis le vendredi.

La perquisition s'acheva vers sept heures du soir.

« Habillez-vous. Nous partons », dit l'enquêteur en se tournant vers nous. Je m'interrogeais bien sûr sur notre destination. N'était-ce qu'une perquisition, ou bien une arrestation ? Je décidai d'aller droit au fait, et demandai : « Que dois-je mettre ? Faut-il prévoir de passer la nuit en prison ? »

Borovik haussa les épaules sans s'engager à rien.

On nous fit monter ma femme et moi dans des voitures séparées, et nous partîmes. Lorsque les voitures s'engagèrent dans la Perspective Koutouzovsky, je compris qu'on nous emmenait à la datcha pour y perquisitionner également.

Ils fouillèrent négligemment et avec une parfaite indifférence. A un seul moment, l'agent apathique à voix de basse sembla se réveiller. Nous avions loué la datcha pour l'hiver à une charmante jeune fille, et c'était dans son secrétaire que l'enquêteur venait de trouver un bout de papier, qui portait en lettres capitales manuscrites : « CACHETTE DANS L'ARRIÈRE-COUR. VERSER DU LAIT CHAUD. LIÈVRES. RENARDS. »

Borovik lut le message à haute voix et me jeta un regard

inquisiteur. Notre situation était loin d'être comique, mais je ne pus m'empêcher d'éclater de rire.

« Que vous arrive-t-il ? Vous avez le fou rire ? » demanda Borovik, irrité. « Ne vous en faites pas, nous la trouverons, cette cachette ! »

Pauvre Borovik ! Il ne trouva jamais la cachette : ce billet avait été écrit par la propriétaire de la datcha quand elle avait sept ans.

Il était dix heures passées quand on nous fit reprendre place dans des voitures séparées pour nous ramener à Moscou. Nous traversâmes la Perspective Koutouzovsky et nous dirigeâmes vers le boulevard circulaire Sadovaïa. Je me demandais anxieusement de quel côté nous allions tourner. Si nous prenions à droite dans le boulevard Sadovaïa, cela voudrait dire que nous allions à la prison de Léfortovo du K.G.B. Si nous le traversions tout droit, je ne savais pas très bien où l'on nous emmenait.

Le chauffeur ne posa pas de question, mais traversa le boulevard Sadovaïa et la Perspective Kalinine, et se dirigea vers le Kremlin. Nouveau moment d'angoisse. Si nous tournions à gauche, nous prenions la direction du siège central du K.G.B., de l'autre côté de la place Dzerjinski. Mais si nous allions tout droit, en traversant les ponts Kamenny et Bolchoï, c'était à la Procurature municipale que nous allions. A nouveau, sans poser de question, le chauffeur tourna à gauche d'un air décidé. Les choses étaient limpides à présent : nous étions en route pour le K.G.B. Mais Borovik demanda soudain au chauffeur : « Qu'est-ce que tu fais ? Tu ne sais pas où nous allons ? » et celui-ci lui répondit : « Excuse-moi, camarade Borovik, j'étais distrait. »

La voiture fit demi-tour et traversa les ponts, vers la Procurature.

On nous fit entrer dans un petit bâtiment jouxtant la vieille demeure qui abritait la Procurature, et on nous plaça dans des pièces séparées. L'interrogatoire commença.

Ma femme refusa de déposer, en alléguant qu'il était très tard (il était près de onze heures du soir), et qu'elle se sentait lasse en fin de journée. Pendant ce temps, elle faisait extrêmement attention à ce qui se passait dans la pièce voisine, où l'on m'interrogeait. Après tout, j'étais l'auteur du manuscrit, et c'était moi qui risquais d'être arrêté. J'ai l'habitude de tousser de temps à autre, et pendant que j'attendais anxieusement la suite des événements, ma femme pouvait entendre des toussotements rassurants à travers la mince cloison. Bientôt, les agents d'instruction sortirent, la laissant seule, enfermée dans la pièce.

Ma toux s'arrêta, et elle entendit le martèlement de bottes

militaires. La porte qui donnait sur la rue claqua. Ma femme se rua vers la porte de la pièce où elle se trouvait et se mit à tambouriner de toutes ses forces. Un milicien apparut immédiatement :

— Qu'est-ce que vous voulez ?

— Je veux aller aux toilettes.

— Vous attendrez. Je ne peux pas vous laisser sortir maintenant.

Et la porte se referma.

Lorsque ma femme recommença à tambouriner, un des agents d'instruction entra. Il essaya de la calmer et lui demanda d'être patiente. Mais elle refusait de l'écouter et ne cessait de répéter : « Où est mon mari ? Dites-moi immédiatement ce qui est arrivé à mon mari. » Finalement, l'agent d'instruction la regarda fixement et lui dit calmement : « Tranquillisez-vous, Dina Isaakovna. Personne n'a l'intention de vous séparer de Konstantin Mikhaïlovitch. »

C'était un agent d'instruction de la Procurature semblable à tous les autres. Au cours des événements, son attitude à notre égard fut changeante : quelquefois il était simplement impoli, d'autres fois franchement odieux. Mais je n'ai pas oublié sa gentillesse en cet instant, et je ne l'oublierai jamais.

Il était plus de minuit quand nous rentrâmes chez nous, épuisés et secoués par les événements de la journée. Nous étions parfaitement conscients que notre vie venait de basculer. Cette vie-là avait été paisible et heureuse.

Ma femme était une avocate célèbre, et son cabinet était prospère. Dans les années 60 et 70, elle avait acquis une certaine notoriété en défendant des causes politiques, et ses dépositions aux procès de Vladimir Boukovsky[1], de Pavel Litvinov, de Youri Galanskoy et d'autres dissidents lui avaient attiré la réputation d'être une avocate courageuse, aux principes rigoureux, respectée dans les cercles libéraux de l'intelligentsia soviétique. D'une manière ou d'une autre, nous étions tout simplement devenus les conseillers juridiques de tous les dissidents de Moscou — de ceux qui luttaient pour les droits de l'homme en U.R.S.S. comme de ceux qui luttaient pour le droit des Juifs à l'émigration. J'étais alors maître de recherches à l'Institut de législation du ministère de la Justice.

Notre existence n'était pas seulement confortable ; elle était également intéressante. Nous avions un groupe d'amis intimes, et le

---

1. Voir ses deux premiers livres : *Et le vent reprend ses tours, ma vie de dissident*, Robert Laffont, collection « Vécu », 1978, et *Cette lancinante douleur de la liberté*, Robert Laffont, collection « Libertés 2000 », 1981 ; nouvelle édition « Pluriel », 1982. (N.d.E.)

destin nous avait accordé la joie de fréquenter la véritable élite intellectuelle et artistique de notre peuple (et non l'élite nommée par le Parti).

J'ai lu récemment dans l'article d'un émigré que la plus grande conquête d'un Soviétique qui émigre, c'est la possibilité d'être lui-même. Je ne peux pas parler au nom des autres, mais en ce qui nous concerne, ma femme et moi, nous sommes toujours restés nous-mêmes, aussi bien au cours de la terrible période des années 40 et du début des années 50 (je fus alors renvoyé de mon poste d'assistant à l'Ecole diplomatique supérieure, et découvris qu'il m'était impossible de trouver même une place des plus modestes pour la simple raison que j'étais juif), que pendant les jours plus heureux où nous avons tous deux exercé notre métier d'avocat. Durant tout ce temps, nous avons conservé notre indépendance intellectuelle et spirituelle. Nous avons refusé de nous inscrire au parti communiste malgré toutes les pressions dont nous avons été l'objet après 1956 ; nous n'avons jamais déguisé notre pensée ni menti dans nos plaidoiries ; nous n'avons jamais pris la parole à aucune réunion politique. Peut-être était-ce précisément parce que je suis resté moi-même en Union soviétique, que j'ai ressenti le besoin d'écrire un livre pour dire au monde tout ce que je savais de la société et de l'Etat soviétiques, un livre qui consignerait toute mon expérience — tout ce que j'avais appris du système soviétique en vivant en son sein pendant près de soixante ans.

Je ne pouvais pourtant me résoudre à ruiner ma vie ; je ne voulais pas être envoyé en camp de travail, ni expulsé du pays. Aussi avais-je prévu de faire éditer cet ouvrage en secret, sous un pseudonyme. Je savais bien que, vu l'efficacité des moyens d'enquête du K.G.B., mes chances d'être démasqué étaient relativement élevées ; je connaissais les risques que j'encourais en cas d'échec. Il n'y avait aucun doute que, même si je n'étais pas jeté en prison, nous perdrions tous les deux notre emploi, et par là nos moyens d'existence.

Nous n'avons pas pu trouver le sommeil cette nuit-là. Nous avions terriblement envie de parler, de discuter de ce qui venait de se passer, de réfléchir tout haut à ce qu'il convenait de faire à présent. Mais c'était impossible ; nous étions fermement convaincus que l'on épiait tout ce qui se passait dans notre appartement : le moindre murmure devait être enregistré.

Alors, nous sommes restés étendus, là, et nous avons passé une nuit blanche.

Les semaines suivantes, nous menâmes une curieuse existence. Par inertie, nous continuions à vivre comme avant. Tous les week-ends, nous allions à la datcha, nous faisions du ski, assistions à des concerts, et recevions des amis. Je continuais à travailler à l'Institut comme si de rien n'était. Les directeurs faisaient comme s'ils ne savaient rien, et je poursuivais mes études de planification, rassemblais des données pour des organismes gouvernementaux (le travail sur le projet de Constitution, adopté un an plus tard, était alors en cours), et prenais la parole lors de conférences de spécialistes.

Mais parallèlement à cette vie, la menaçant, la rendant illusoire et fragile, il y avait ma seconde vie, celle d'un homme inculpé pour avoir écrit un ouvrage antisoviétique mensonger.

Notre premier interrogatoire devait avoir lieu le 24 novembre, et nous nous y préparâmes très consciencieusement. Pour éviter d'être écoutés, nous allions nous promener en forêt. Nous y discutions en détail de la ligne de conduite à adopter pendant l'instruction. Nous faisions des projets pour ma femme, si j'étais arrêté. Dans cette éventualité, j'avais rédigé une déclaration pour la presse occidentale et l'avais confiée à l'un de nos amis, correspondant d'un journal occidental. Il devait la faire paraître en cas d'arrestation.

Il se trouve qu'il avait prévu de faire un voyage à l'extérieur de Moscou le jour de l'interrogatoire ; après des efforts laborieux, il avait fini par obtenir l'autorisation nécessaire du Département de la presse du ministère soviétique des Affaires étrangères. Mais notre ami refusa de partir, et préféra rester à Moscou pour être avec nous ce jour-là.

Le 24 novembre arriva. Ma femme devait comparaître à dix heures du matin, et moi-même à une heure de l'après-midi. Je l'accompagnai à la Procurature — le bâtiment où l'on nous avait emmenés le 16 novembre au soir — et, comme nous en étions convenus, je partis l'attendre à une station de métro voisine. Elle me rejoignit au bout d'une heure et demie environ. Dans l'intervalle, un de nos amis était arrivé ; il devait rester avec ma femme le temps de voir si je revenais ou non de mon interrogatoire. Nous pensions tous les trois qu'il était fort probable que je ne reviendrais pas. Mais trois heures plus tard, je les rejoignis.

Puis les mois passèrent. Ma femme continuait à travailler à son cabinet d'avocate, et moi à l'Institut. Mais trois ou quatre fois par mois, le téléphone sonnait, et une voix polie, plutôt neutre, disait : « Bonjour, Konstantin Mikhaïlovitch. Ici l'instructeur principal Pantioukhine. J'aimerais bavarder un peu avec vous ; pourriez-vous passer tel ou tel jour ? »

Et si la date ne me convenait pas pour une raison quelconque, la voix polie acceptait de bon gré un moment plus opportun pour nous deux. Puis le jour de l'interrogatoire arrivait, et je m'habillais comme le font en Union soviétique les gens avertis, lorsqu'ils savent qu'ils risquent de se retrouver en prison. Je fourrais dans ma poche un savon, une brosse à dents (la pâte dentifrice n'est pas autorisée en prison), et une paire de chaussettes de rechange, et partais pour la Procurature municipale, ou pour la prison de Léfortovo, siège du Département d'instruction du K.G.B. Un de nos amis venait chez nous partager avec ma femme ces douloureuses heures d'angoisse. Il attendait en sa compagnie que je leur téléphone au bout de trois ou quatre heures, pour dire que j'arrivais ; s'il n'y avait pas d'appel cela signifierait que je ne rentrerais pas cette nuit-là.

Cela continua jusqu'au mardi 19 mai 1977. Ce jour-là, je n'étais pas attendu à l'Institut. Mais le matin, de bonne heure, mon chef de division me téléphona et me demanda avec insistance de passer, car il fallait rédiger un rapport urgent pour le Comité central du P.C.U.S. (Parti communiste d'Union soviétique). Il ajouta que le directeur de l'Institut nous attendait à treize heures pour discuter de questions relatives à la poursuite de notre travail sur le projet de Constitution.

Quand j'entrai dans le bureau du directeur, j'y trouvai, outre le directeur lui-même, le vice-ministre de la justice et deux hommes imposants qui devaient être soit des fonctionnaires du Comité central, soit des officiers du K.G.B. Au cours des dix ou quinze dernières années, ces deux espèces ont en effet fusionné au point que même un œil expérimenté a du mal à les distinguer.

Le directeur me salua froidement mais poliment, et m'informa qu'en mars dernier, le secrétaire de la section du Parti (qui était également mon chef de division) et lui-même avaient été convoqués à la Procurature ; on leur avait fait lire le manuscrit de mon ouvrage, ainsi que les comptes rendus de mes interrogatoires.

« Le Conseil d'Université va maintenant se réunir en séance extraordinaire pour examiner les possibilités de votre maintien à l'Institut. Vous n'êtes pas tenu d'y assister si vous ne le souhaitez pas. »

J'avais terriblement envie de partir et de refuser de participer à cette comédie, dont l'issue ne faisait aucun doute. Mais cette réunion faisait elle aussi partie de la vie soviétique, et je voulais en être témoin.

La séance commença par un rapport du directeur sur ce qui s'était passé, avec un compte rendu détaillé du contenu de mon livre. Son exposé fut minutieux et objectif. Il alla jusqu'à citer les passages les plus significatifs — et les plus compromettants — du manuscrit ; et, pour la première fois au cours des cinquante années d'existence de l'Institut, on put entendre, dans la salle même du Conseil d'Université, parler du pouvoir totalitaire de l'appareil du Parti, de sa vénalite universelle et de son manque absolu d'idéal.

L'attitude du directeur fut correcte. « Ai-je bien résumé le contenu de votre livre, Konstantin Mikhaïlovitch ? » demanda-t-il en concluant son rapport. J'acquiesçai. Il ajouta ensuite à l'intention des personnes présentes : « Konstantin Mikhaïlovitch a déclaré au cours de l'instruction qu'il n'éprouvait ni regrets ni remords. Nous ne sommes pas ici pour le juger, ni pour déterminer ce que représente son ouvrage aux yeux de la loi. La seule chose que nous ayons à décider, c'est si un homme qui professe des idées antimarxistes peut être membre de notre Institut, dont l'œuvre est guidée par les principes marxistes-léninistes. A-t-il le droit de conserver les diplômes et les titres qui lui ont été conférés en 1944 ? L'administration estime qu'en raison de ses convictions idéologiques, Konstantin Mikhaïlovitch ne satisfait pas aux conditions requises de ceux qui travaillent dans les institutions savantes de ce pays, et qu'il doit être renvoyé de l'Institut et privé de ses diplômes et de ses titres. Quelqu'un souhaite-t-il prendre la parole ? »

Ils furent nombreux à souhaiter stigmatiser mon antisoviétisme, et à demander mon renvoi de l'Institut. Ce qui se passa au cours de cette séance ressemblait fort à l'éreintement public des dissidents chinois pendant la révolution culturelle.

On peut répartir en trois groupes les gens qui prirent la parole. Les premiers étaient des vieux staliniens de toujours. A leurs yeux, j'étais un véritable ennemi ; leur haine était réelle et sincère. Ils étaient fermement convaincus d'avoir raison de demander mon assignation devant un tribunal et mon emprisonnement. Le plus remarquable des membres de ce groupe fut Mikhaïl Kiritchenko, de longue date membre du Parti ; il avait occupé autrefois un poste de responsable au sein de l'appareil du Soviet suprême d'U.R.S.S., et avait été nommé ensuite chef de la division de droit constitutionnel de l'Institut. Il parla avec un fort accent ukrainien et une fougue qui était, en l'occurrence, parfaitement sincère.

Il protesta contre le fait que le directeur de l'Institut, qui avait convoqué cette assemblée, n'eût pas abordé l'aspect criminel de ma conduite. « Nous sommes tous juristes, ici, dit Kiritchenko d'une voix exaltée. Au nom du Conseil d'Université, nous pouvons et nous devons demander à la Procurature de traduire Simis (il ne fit plus précéder mon nom du " camarade " ni même du " citoyen " usuels) en justice et de lui infliger un châtiment sévère. Il existait autrefois une coutume chinoise qui voulait que lorsqu'un criminel était arrêté, on l'attachât à un poteau, sur la grand-place, et tous ceux qui passaient lui crachaient au visage. Je crache au visage de Simis. »

Je crois que Kiritchenko exprima peut-être très exactement la nature fondamentalement orientale de cette scène de tribunal. J'étais vraiment pieds et poings liés, et si quelqu'un avait envie de me cracher au visage, rien ne l'en empêchait. Mon sort avait été décidé à l'avance ; je n'étais qu'un témoin des événements.

La deuxième catégorie comprenait les orateurs contraints de prendre la parole sur l'ordre du bureau du Parti. Ce groupe comprenait de nombreuses personnes qui sympathisaient avec moi et qui me respectaient. Mais, parce qu'elles craignaient précisément qu'on ne les en soupçonnât, elles n'osèrent pas parler franchement (je sais cependant qu'un chef de division — membre du Parti — refusa catégoriquement de céder aux pressions du bureau du Parti, bien qu'on lui fît clairement entendre que son attitude risquait fort de lui faire perdre sa place à l'Institut). En les entendant, j'étais attristé, mais pas étonné. Je savais parfaitement combien il est facile dans notre pays de briser même des natures intègres ; de les obliger à se conduire malhonnêtement si leur situation est en danger ou si leurs possibilités de voyager à l'étranger sont menacées. Mais je fus particulièrement bouleversé par le témoignage d'Isidor Gringolts.

La vie des Juifs d'Union soviétique qui souhaitent faire carrière n'est pas facile. Pour surmonter l'interdiction secrète du Parti et de l'Etat relative à l'accession des Juifs au sommet de la hiérarchie, pour réussir professionnellement, un Juif doit accomplir les mêmes tâches qu'un Russe, mais avec encore plus de zèle. En Union soviétique, le point de départ de toute brillante carrière est l'affiliation au Parti. Ensuite, deux voies permettent à l'intellectuel juif de gravir les échelons d'une carrière universitaire ou administrative.

La première est celle de la démagogie politique, de la servilité idéologique et professionnelle, de la flagornerie à l'égard des autorités. La seconde voie consiste à atteindre un degré de perfection particulièrement élevé dans son domaine d'élection. Un Juif doit devenir ce que l'on appelle chez nous « un spécialiste irremplaçable ». Il doit travailler deux ou trois fois plus dur que ses collègues russes ; et surtout, il faut qu'il mette tout — talent, savoir et zèle — au service de l'administration.

Isidor Gringolts avait choisi la seconde voie. Juriste doué et érudit, il devint vraiment le plus grand spécialiste du pays des aspects juridiques du C.A.E.M. (Conseil d'assistance économique mutuelle [1]). Il travailla si dur qu'il parvint à obtenir une place de chef de division à l'Institut ; il écrivait des articles de recherche extrêmement sérieux et effectuait un travail considérable pour les directeurs du Secrétariat du C.A.E.M., à titre absolument gracieux.

La situation de Gringolts n'était pas simple. J'étais arrivé à l'Institut en 1966, après une interruption de seize années dans mon travail d'enseignement et de recherche. (J'avais été démis de mon poste universitaire en 1950, à l'époque des persécutions antisémites.) Gringolts m'avait alors apporté une aide inestimable. Il n'avait épargné ni son temps ni ses efforts pour parcourir tous mes travaux de recherche, et ses commentaires m'avaient été d'un très grand profit. A l'Institut, personne n'ignorait cela. Tout le monde savait aussi qu'il éprouvait de la sympathie pour moi, qu'il estimait beaucoup mon travail et qu'il avait des tendances libérales.

En montant à la tribune, il avait l'air pitoyable et embarrassé. Il était tout voûté, et parlait d'une voix indistincte, presque inaudible, murmurant des phrases décousues, quelquefois même parfaitement absurdes. Il m'avait toujours beaucoup respecté et s'étonnait beaucoup qu'un homme comme moi, aussi averti du droit constitutionnel et administratif des pays capitalistes, pût critiquer la démocratie soviétique. Il parla de l'époque où il avait assisté à une séance du Bundestag, en Allemagne de l'Ouest, et affirma avoir pu constater *de visu* que la démocratie occidentale n'était qu'un leurre. Comme tous les autres, Gringolts termina sa déposition en demandant mon renvoi de l'Institut, et le retrait de mes titres universitaires.

Il était si humilié que j'eus vraiment pitié de lui à cet instant. Mais cette humiliation devait être récompensée quelques jours plus tard : Gringolts fut nommé conseiller juridique personnel de Katouchev, vice-président du Conseil des ministres d'U.R.S.S.

Enfin, la dernière catégorie d'orateurs considérait toute cette affaire avec indifférence. Ils prirent la parole sur l'ordre du bureau du Parti, sans manifester à mon égard ni haine ni bienveillance.

Après le débat, on procéda à un vote à bulletins secrets. Malgré l'atmosphère d'hystérie et de terreur idéologique qui entourait la discussion, trois des seize membres du Conseil votèrent contre la motion qui me déclarait indigne du poste de maître de recherches, me renvoyait de l'Institut, et me retirait mes diplômes et mes titres universitaires. Je dois ajouter que je suis absolument certain que deux

---

1. Organisme créé en janvier 1949 pour coordonner les plans de développement de l'U.R.S.S. et des démocraties populaires. (N.d.E.)

membres du Conseil, absents à cette séance, auraient également voté contre ma révocation.

Je me rendis ensuite trois ou quatre fois à l'Institut pour mettre mes affaires en ordre. La plupart de mes anciens collègues firent semblant de ne pas me voir, et me tournèrent le dos pour éviter d'avoir à me saluer. Malgré tout, je sentais autour de moi une atmosphère de sympathie et de respect, qui se manifesta de diverses manières. C'était généralement un salut déférent ou une poignée de main particulièrement chaleureuse (donnée, certes, en l'absence de tout témoin). Il y eut des événements à la fois comiques et touchants.

Certains des orateurs du Conseil d'Université m'avaient traité d'hypocrite, et m'avaient accusé de tenir un double langage, celui des *Actes* de l'Institut, et celui du livre que la perquisition avait permis de confisquer. Ce fut la seule accusation à laquelle je jugeai nécessaire de répondre. Je dis alors que les articles que j'avais publiés ne traitaient pas des mêmes idées que celles que j'avais développées dans mon ouvrage, et qu'en outre, ils ne contenaient rien qui fût en contradiction avec ces idées. Plus tard, lorsque mon cas fut discuté à une réunion du Parti, le secrétaire du bureau du Parti de l'Institut dit dans son compte rendu — avec un étonnement naïf et un respect involontaire : « Mais, savez-vous, en réalité Simis n'est pas hypocrite. Je viens de relire tous ses articles, et je n'arrive pas à comprendre comment la commission de rédaction a pu les laisser passer. »

Mais mes collègues femmes furent les plus touchantes de tous. Cette affaire montra qu'elles étaient bien plus courageuses que leurs homologues masculins. Chaque fois que je les croisai à l'Institut, elles n'hésitèrent pas à venir vers moi, à m'exprimer tout haut leur sympathie et à m'embrasser devant tout le monde. Cela me réchauffa le cœur, et je m'en souviens encore avec émotion.

En tout état de cause, ma vie de membre de l'*Establishment* soviétique était bien terminée.

Un peu plus d'un mois après mon exclusion de l'Institut, ma femme fut radiée du barreau. Nous étions désormais tous deux sans travail, et n'avions pas la moindre chance d'en retrouver. Notre seule source de revenus était la pension de ma femme — cent vingt roubles par mois.

Pendant ce temps, les interrogatoires se faisaient plus fréquents, et les menaces des agents d'instruction plus sérieuses. Notre situation ne cessait de se dégrader, et nous ne voyions aucun moyen d'en sortir. Ce fut le K.G.B. qui nous indiqua la solution.

A la fin de l'été, ou au début de l'automne, le président de l'Ordre des avocats de Moscou, un de mes anciens camarades d'études, insista pour voir ma femme ; il lui dit tout net que le procureur adjoint de Moscou, qui dirigeait mon affaire, l'avait chargé de nous informer que si nous demandions l'autorisation d'émigrer en Israël pour rejoindre notre famille (qui n'existait pas, il le savait fort bien), nous pourrions partir dans de très brefs délais. En revanche, si nous nous obstinions et refusions d'émigrer, je serais traduit en justice à cause de mon livre, et envoyé en camp de travail.

Le 6 novembre 1977, nous quittâmes notre terre natale pour toujours. Nous avions déjà derrière nous l'inspection douanière méticuleuse de nos bagages, ainsi que les baisers d'adieu et les larmes. Nous avions apparemment réglé toutes nos dettes envers la patrie soviétique, et il ne nous restait qu'à monter dans l'avion pour Vienne. Mais à ce moment précis, un douanier me tapota le bras et nous demanda de le suivre. Il nous conduisit courtoisement dans une petite pièce.

Un homme d'une cinquantaine d'années, au teint cireux et d'aspect maladif, se présenta : Vladimir Ivanovitch, colonel du K.G.B. Il s'adressa à nous en nous donnant nos prénoms et patronymes, comme si nous étions de vieux amis, et nous expliqua fort poliment que notre départ d'Union soviétique ne signifiait pas que le K.G.B. cessât de s'intéresser à notre sort. Il nous dit sans ménagement que le K.G.B. avait les moyens d'user de certaines mesures répressives contre nous et contre les membres de notre famille qui restaient en U.R.S.S., si nous ne nous conduisions pas « correctement » pendant notre séjour à l'étranger. Il me recommanda avec insistance de ne pas faire éditer cet ouvrage, et conseilla à ma femme de s'abstenir de toute déclaration publique en faveur des prisonniers politiques Alexandre Guinzbourg et Anatoly Chtcharansky, qu'elle avait accepté de représenter en justice peu avant sa radiation du barreau.

Trois heures plus tard, nous arrivions, étourdis et hébétés, à l'aéroport de Vienne. Ces trois heures avaient suffi à nous transformer d'individus dépourvus de droits, impuissants devant les persécutions du K.G.B. — d'individus semblables à nos deux cent soixante millions de concitoyens — en êtres libres, mais privés de toute citoyenneté et de tout statut social, dépouillés de l'expérience acquise au cours de toute une vie. Il nous faudrait tout réapprendre, du fonctionnement d'un téléphone public jusqu'à la manière de prendre l'autobus.

Nous voilà aujourd'hui au printemps 1982. Je suis assis à mon bureau devant la fenêtre, et je vois en face de moi une rue d'Arlington, une rue en pente, bordée d'arbres. Toute la rue n'est qu'un bouquet. Les fleurs blanches, roses et violettes enchantent ma vue, habituée aux couleurs sourdes de la Russie centrale. Des oiseaux exotiques — à mes yeux — volettent dans le jardin que domine ma fenêtre. Je sais déjà que les rouge vif s'appellent des cardinaux, mais j'ignore encore le nom des bleu ciel.

Tout me paraît si beau, et si étranger.

Et le manuscrit de ce livre est là, sur mon bureau, devant moi.

Arlington, Virginie, 1978-1982.

CHAPITRE PREMIER

EN GUISE D'INTRODUCTION

Si le lecteur souhaite comprendre la place qu'occupe la corruption dans l'Etat et la société soviétiques, et la manière dont fonctionnent les rouages de cette corruption, il faut qu'il possède au minimum quelques notions des lois qui régissent cet Etat et cette société, et sous lesquelles son peuple vit[1]. Pour quelqu'un qui est né et qui a vécu dans un pays occidental, ces rudiments ne sont pas aisés à acquérir. Les rares personnes qui savent le russe, qui lisent les journaux soviétiques et qui connaissent un peu le droit soviétique ne sont guère plus avantagées. N'ayant pas vécu en Union soviétique comme y vivent les citoyens ordinaires (et peut-être seulement comme diplomates ou comme journalistes), elles ont elles-mêmes du mal à comprendre que les journaux présentent constamment et délibérément une image déformée de ce qui se passe dans le pays. La raison en est que tous les journaux sont entre les mains d'un parti unique : le Parti communiste d'Union soviétique, qui détient le monopole du pouvoir dans

---

1. Pour plus de détails sur le régime et la société soviétiques, le lecteur pourra se reporter aux ouvrages suivants : Michel Heller, Aleksandre Nekrich, *L'Utopie au pouvoir, Histoire de l'U.R.S.S. de 1917 à nos jours,* Calmann-Lévy, 1982 ; Alain Besançon, *Présent soviétique et passé russe,* « Pluriel », 1980 ; *Anatomie d'un spectre,* Calmann-Lévy, 1981 ; Basile Kerblay, *La Société soviétique contemporaine,* A. Colin, collection U, 1977 ; Michael Voslensky, *La Nomenklatura, les privilégiés en U.R.S.S.,* Belfond, 1980, nouvelle édition Le Livre de Poche ; Hedrick Smith, *Les Russes,* Belfond, 1976, nouvelle édition Le Livre de Poche. (N.d.E.)

le pays. La presse accomplit les tâches de propagande qu'il lui assigne[1].

Mais pour quelqu'un qui a grandi dans un pays démocratique, la chose la plus difficile à saisir est que les méthodes et les moyens de gouverner cette énorme superpuissance, ainsi que les droits et les devoirs de ses citoyens, ne sont pas définis par une Constitution ou d'autres lois écrites, mais par un ensemble de lois tacites ; bien qu'elles ne soient publiées nulle part, tous les citoyens soviétiques les connaissent et y obéissent.

La Constitution soviétique actuelle affirme que le pouvoir appartient au peuple, qui l'exerce par l'intermédiaire de *soviets* (conseils) élus ; le Conseil des ministres et d'autres organes administratifs sont chargés du gouvernement du pays. Le fait est, cependant, qu'en Union soviétique, le véritable pouvoir appartient à l'appareil du Parti communiste, et que les vrais dirigeants du pays sont les membres de cet appareil.

La Constitution affirme que le Soviet suprême d'U.R.S.S. doit exercer le pouvoir suprême dans le pays : il promulgue les lois, il forme et dissout le gouvernement — c'est-à-dire le Conseil des ministres, qui en est responsable. Mais dans les faits, le Soviet suprême d'U.R.S.S. se contente d'entériner sans discussion les décisions prises par les instances supérieures du Parti communiste. Purement décoratif, il sert à donner à l'Etat soviétique un semblant de démocratie, et ne joue qu'un rôle de façade, un rôle de propagande : il ne siège que six jours par an, et au cours de ses quarante-trois années d'existence, il n'y a *jamais* eu ne fût-ce qu'une seule voix contre une motion présentée par le gouvernement, ni même une abstention ; et ce aussi bien au Soviet suprême d'U.R.S.S. que dans les Soviets suprêmes des quinze Républiques de l'Union, qui forment la fédération qu'est l'U.R.S.S. La nature fictive du pouvoir des soviets est encore attestée par le fait que jamais aucun des parlements soviétiques n'a manifesté le moindre manque de confiance envers le gouvernement ; aucune interpellation n'a jamais été adressée à aucun membre du gouvernement, sur aucun sujet.

Contrairement au Soviet suprême, ce gouvernement — un Conseil des ministres formé de soixante-deux ministres et de quatorze présidents de divers comités — n'a pas une fonction purement décorative : il joue un rôle important dans l'administration quoti-

---

1. Pour plus de détails sur le fonctionnement de la presse et des médias en général en U.R.S.S. et dans les démocraties populaires, voir le livre de Paul Lendvaï, *Les Fonctionnaires de la vérité*, Robert Laffont, collection « Libertés 2000 », 1981. (N.d.E.)

dienne du pays. Mais ce rôle, joué par des dizaines de ministères et de comités gouvernementaux, se réduit à exécuter les décisions prises par les instances du Parti, qui ont toujours le dernier mot. Cette remarque s'applique aussi bien au Conseil des ministres, chargé du gouvernement de l'ensemble de l'U.R.S.S., qu'aux nombreux comités exécutifs de districts, qui sont responsables du gouvernement à l'échelon local. En Union soviétique, chacun sait que toute décision locale de quelque importance est prise par le *Raïkom* (comité de district) du Parti, et que le *Raïspolkom* (comité exécutif de district du gouvernement) se contente de donner une forme conventionnelle à cette décision (ou, selon les termes du jargon bureaucratique soviétique, de le traduire dans le langage du soviet).

La population soviétique est beaucoup moins bien informée de l' « équilibre du pouvoir » aux échelons supérieurs. Mais dans ces hautes sphères, la domination de l'appareil du Parti sur l'appareil d'Etat est tout aussi entière et aussi évidente.

Un ministre, même s'il est membre du Comité central du Parti communiste, considérera comme son patron le chef du département correspondant de l'appareil du Comité central, même si celui-ci n'est *pas* membre du Comité central. Sans son approbation, le ministre ne peut prendre aucune décision de la moindre importance.

La subordination de l'Etat au Parti apparaît de façon patente dans les règles du protocole bureaucratique : lorsqu'une réunion s'impose, c'est le chef du département de l'appareil du Comité central qui convoque le ministre à son bureau, et non l'inverse. Il est vrai que ces convocations — qui sont en fait des ordres — sont formulées en termes de requête (« Nikolaï Ivanovitch, vous serait-il possible de passer me voir à telle ou telle heure ? ») ; mais jamais un ministre n'adresserait pareille « requête » au chef d'un département du Comité central.

Voici un exemple concret de la subordination de l'Etat à l'appareil du Parti, laquelle ne surprend désormais plus personne. Un ministre (aujourd'hui à la retraite), qui a dirigé l'un des ministères de l'Industrie pendant près de vingt ans, m'a raconté une anecdote qui illustre parfaitement la place occupée par chacun des participants dans la hiérarchie dirigeante, ainsi que l'assujettissement de l'appareil d'Etat à l'appareil du Parti.

Mon informateur s'était entendu avec un autre ministre pour lui transférer le contrôle de plusieurs entreprises. Ils préparèrent un projet de résolution du Conseil des ministres sur ce transfert, et le communiquèrent pour approbation, non au Conseil des ministres lui-même, mais au département de l'appareil du Comité central du Parti responsable de leurs ministères. Le chef de ce département n'approuva pas leur proposition, et les ministres — dont l'un était membre du Comité central, contrairement au fonctionnaire du Parti — ne tentèrent même pas de contester sa décision ou d'en appeler au Conseil des ministres. Certes, une telle tentative aurait peut-être pu aboutir, avec l'aide du président du Conseil des ministres, qui était membre du Politburo * ; mais leurs relations avec le chef du département du Comité central dont ils dépendaient auraient été compromises à jamais.

En Union soviétique, le pouvoir réel est donc entre les mains du seul parti politique légal du pays, dont les organes administratifs ne sont pas même mentionnés dans la Constitution ou dans les autres textes législatifs, et dont les fonctionnaires ne sont pas élus, mais nommés par les instances supérieures du Parti. Ce pouvoir touche tous les domaines de la vie publique et privée ; il est tout aussi absolu à l'échelon national qu'à l'intérieur de chaque district, de chaque région, et de chaque République de l'Union.

Le pouvoir de l'appareil du Parti est d'autant plus complet qu'il s'étend, au-delà des affaires administratives, à l'ensemble de l'économie du pays. *Toutes les ressources nationales* — la terre, l'eau, les usines, les banques, les moyens de transport, le commerce et les services, les établissements d'enseignement et de recherche, et même les lieux de divertissements — *sont propriété d'Etat,* ce qui revient à dire qu'elles sont sous contrôle de l'appareil du Parti [1]. Cela renforce l'autorité du Parti sur la société dans son ensemble, et sur chaque citoyen individuellement ; en effet, le Parti se transforme ainsi en employeur unique, capable d'empêcher l'embauche à n'importe quel poste de quiconque néglige d'observer les règles tacites sur lesquelles son pouvoir est fondé.

L'appareil du Parti ne se contente pas d'exercer le pouvoir suprême dans le pays ; il régit aussi la vie quotidienne de la nation, des activités du Conseil des ministres à celles d'une petite usine ou d'un kolkhoze *. Chaque district est administré par l'appareil du Comité de

---

1. Comme le précise l'article 10 de la Constitution : « L'Etat détient en propriété exclusive la terre, le sous-sol, les eaux, les forêts, les principaux moyens de production que sont les entreprises industrielles, agricoles, du bâtiment et des travaux publics, les entreprises commerciales, les services et l'essentiel des habitations urbaines. » Conclusion : « Le crime est une des caractéristiques des sociétés basées sur la propriété privée, l'exploitation et l'inégalité sociale. Le capitalisme engendre et colporte une idéologie immorale de cupidité, de profits et de misanthropie. »

« Dans les sociétés socialistes, les causes du crime sont annulées. Pour la première fois dans l'histoire de l'humanité, les conditions pour la liquidation complète du crime ont été créées. » (*La Grande Encyclopédie soviétique,* 1975). (N.d.E.)

District (*Raïkom*) du Parti communiste ; chaque région par l'appareil du Comité régional (*Obkom*) ; et chaque République de l'Union par l'appareil du Comité central de la République. L'ensemble de l'Etat, enfin, est dirigé par l'appareil du Comité central du Parti communiste d'Union soviétique.

Cette structure recouvre parfaitement celle du gouvernement ; tout département gouvernemental, quel que soit le domaine dont il est chargé (économie, administration, idéologie) a son pendant exact dans l'appareil du Comité central du Parti. Chacun de ces départements — dont le nombre s'élevait à dix-sept en 1977, sans compter le Département de l'administration, et qui contrôlent les immenses secteurs de l'industrie, de l'agriculture, de l'armée, de la justice, des médias, etc. — est divisé en sections, et les problèmes traités par chaque section sont répartis entre plusieurs directions.

L'appareil du Comité central est dirigé par les secrétaires du Comité central (officiellement élus au plénum du Comité central, dont les délégués sont eux-mêmes choisis au Congrès du Parti) ; mais l'organe qui détient le véritable pouvoir suprême est le Politburo du Comité central, formé de treize à quinze membres élus et démis par le plénum du Comité central. A chaque chaînon de l'appareil du Parti — *Raïkom**, *Obkom**, Comité central de la République et Comité central du P.C.U.S. — le pouvoir est personnifié par le Premier secrétaire du Comité (appelé actuellement Secrétaire général au Comité central du P.C.U.S. *[1]). A l'intérieur de son chaînon, le pouvoir du Premier secrétaire n'est entravé par aucun principe de légalité, pas plus que par l'opinion publique ou par une presse indépendante (inexistante — répétons-le — en Union soviétique) ; il n'est limité que par l'organe du Parti placé immédiatement au-dessus de lui, auquel il est entièrement subordonné. Ce sont ces organes qui nomment et déposent les fonctionnaires des appareils du Parti et de l'Etat.

Officiellement, ces secrétariats sont des fonctions électives. Mais dans les faits, les délégués aux plénums des Comités de district, de région, et au Comité central, qui sont chargés de les élire, votent toujours à l'unanimité en faveur du candidat proposé par les instances supérieures du Parti, et dont ils entendent le nom pour la première fois en arrivant à la séance ; ils votent à l'unanimité le renvoi du secrétaire avec lequel ils ont travaillé pendant de nombreuses années

---

1. Titre pris par Staline en 1922 et rétabli pour Brejnev en 1966 par le XXIIIᵉ Congrès. (N.d.T.)

et qu'ils respectent. (Il n'y a *jamais* la moindre exception à cette unanimité.)

Comme l'ont prouvé les soixante-trois années d'existence de l'Etat soviétique, le pouvoir du Premier secrétaire, à quelque niveau que ce soit, est absolu ; il ne connaît aucune entrave, ni celle de la loi ni celle du contrôle populaire. Et c'est ce qui crée l'humus fertile sur lequel la corruption a prospéré avec une telle luxuriance en Union soviétique.

Outre la Constitution mort-née, il existe cependant en Union soviétique une multitude de lois et de codes qui sont effectivement appliqués. Ce sont eux qui permettent aux tribunaux de trancher les litiges entre citoyens, de juger les délits, de résoudre les conflits du monde du travail, etc. Néanmoins, le principe de légalité ne joue pas en Union soviétique. Le régime ne se considérant pas lié par la loi, tout organe du système, depuis un simple Conseil de district jusqu'au Soviet suprême, et tout tribunal, d'un tribunal populaire à la Cour suprême d'U.R.S.S. peut, et en fait doit, violer la loi sur l'ordre de son homologue de l'appareil du Parti.

Le respect que le pouvoir suprême de l'Etat témoigne envers la loi est parfaitement illustré par l'histoire de l'exécution, au début des années 60, d'importants spéculateurs qui se livraient au trafic de devises. A la fin des années 50 et au début des années 60, le marché noir des devises était fort prospère. Des centaines de spéculateurs, petits et grands, spécialisés dans les devises fortes et dans les pierres précieuses, firent de fructueuses affaires, estimées à plusieurs millions de francs, sachant qu'ils risquaient plusieurs années de détention, et non leur vie. Le droit pénal de l'époque ne prévoyait pas la peine de mort pour ce genre de délit.

Dans les années 60, les autorités déclenchèrent une offensive contre le marché noir. Grâce aux services de tout un réseau d'agents secrets et d'agents provocateurs, on commença à appréhender les spéculateurs et à les livrer à la justice, qui les condamna à des peines de détention variées — plutôt longues dans l'ensemble — conformément au code pénal. Mais cette succession d'événements de routine fut contrariée par quelqu'un sur qui l'appareil du Parti n'avait aucun pouvoir : le gendre du tout-puissant Premier secrétaire du Comité central, président du Conseil des ministres, Nikita Khrouchtchev.

Il s'appelait Alexeï Adjoubei, et était à cette époque rédacteur en chef des *Izvestia,* le « second » journal du pays (selon la nomenclature officielle). C'était un homme actif et un bon journaliste, et il essaya, non sans succès, de transformer sa publication, un organe sinistre que personne ne lisait, en un journal intéressant, composé sur les modèles occidentaux. Dans leur quête de sujets distrayants, sensationnels, les *Izvestia* commencèrent à faire paraître des anecdotes sur les millions gagnés par les gros bonnets de la spéculation sur les devises, et sur les monceaux de pierres précieuses et de liasses de dollars trouvés en leur possession lors des perquisitions. On évoquait aussi les orgies qui se déroulaient chez eux et chez les femmes de leur entourage.

Au cours des procès des spéculateurs et de leurs complices, les lecteurs des *Izvestia,* scandalisés par cette lecture, inondèrent les bureaux du journal de milliers de lettres demandant la condamnation à mort des criminels. C'était une chose que les tribunaux ne pouvaient faire, car les textes législatifs ne prévoyaient pas une telle peine pour le délit de spéculation sur les devises. Lorsque le journal annonça les peines de prison prononcées, le flot de lettres augmenta et le cri d' « Exécutez-les ! » se fit de plus en plus fort, de plus en plus insistant.

Adjoubei en informa son tout-puissant beau-père ; sur ce, Khrouchtchev, furieux (il était d'ailleurs plutôt irascible), convoqua le procureur général d'Union soviétique, Roman Roudenko. Roudenko a raconté le déroulement de cette entrevue lors de plusieurs réunions de son propre département. Avec sa grossièreté et son manque de retenue habituels lorsqu'il était en colère, Khrouchtchev, outré, se mit à abreuver Roudenko d'injures. Il ne parvenait pas à comprendre pourquoi on n'avait pas exécuté les spéculateurs. Le procureur général essaya délicatement d'expliquer au chef du Parti et du gouvernement que la loi ne permettait pas aux tribunaux de le faire. Khrouchtchev prononça alors cette phrase merveilleuse, qui résume l'attitude du pouvoir soviétique face à la légalité : « Oui commande ici, nous ou la loi ? Ce n'est pas nous qui dépendons d'elle, c'est elle qui dépend de nous, alors, il faut changer la loi. Nous devons nous débrouiller pour qu'il *soit* possible d'exécuter les spéculateurs ! »

Roudenko affirme qu'il ne craignit pas d'expliquer à Khrouchtchev que même si une telle loi était immédiatement enregistrée, il serait toujours impossible de s'en servir pour juger les spéculateurs : en effet, personne ne peut être jugé selon une loi promulguée après la perpétration d'un délit. Mais Khrouchtchev interrompit ces arguments et dit à Roudenko que de telles choses étaient peut-être impossibles dans les pays bourgeois, mais qu'elles *étaient* possibles en Union soviétique.

Le 1er juillet 1961, le Présidium du Soviet suprême d'U.R.S.S. promulgua un décret. Il instaurait la peine capitale pour le délit de spéculation sur de grosses quantités de devises. Léonid Brejnev, président du Présidium, signa plusieurs résolutions permettant l'application de cette nouvelle peine à tout le groupe de gros spéculateurs. Ils furent tous jugés (certains pour la seconde fois), et condamnés à mort.

Même les juges soviétiques, habitués pourtant à se soumettre à l'appareil du Parti, eurent du mal à accepter une atteinte aussi flagrante à la loi. La cause de l'un des plus importants spéculateurs, Rokotov, passa devant la Cour suprême de la République de Russie ; les débats furent dirigés par le président de ce tribunal. Tous les gens qui ont assisté à ce procès se souviendront du vieux magistrat, entrant dans la salle d'audience pour prononcer le verdict : il était pâle, ses joues ruisselaient de larmes. On crut qu'il allait s'évanouir avant d'avoir pu lire la sentence. Mais il la lut d'un bout à l'autre, et ce fut d'une voix chevrotante, presque inaudible, qu'il prononça ces dernières paroles : « ... le maximum de la peine prévue par la loi : la mort. »

Pour lui, Président de la Cour suprême de la République de Russie, les ordres du Premier secrétaire du Comité central, Khrouchtchev, étaient plus puissants que la loi.

Voilà les possibilités offertes au Premier secrétaire du Comité central du parti dirigeant ; voilà comment il peut infléchir la légalité. Et le Premier secrétaire de tout comité du Parti jouit des mêmes possibilités dans les limites de son district. Toutes les administrations, tous les tribunaux, toutes les entreprises, tous les moyens d'information sont assujettis, non à la loi ou au gouvernement, mais à la volonté du Premier secrétaire du Parti.

Dans une petite ville de province, où m'avait conduit mon métier de juriste, j'ai eu l'occasion d'entendre une histoire qui reflète bien les relations qu'entretiennent les autorités constituées avec la légalité. Dans cette petite ville, la fille du Premier secrétaire du Raïkom fréquentait la même école que le fils d'une humble employée des postes. Leur idylle se noua dans cette école. Après avoir passé leur diplôme de fin d'études, ils décidèrent de se marier. Mais le Premier secrétaire, et surtout sa femme s'opposèrent catégoriquement à pareille *mésalliance*. La jeune fille, cependant, avait du caractère, et refusa de se soumettre à la volonté de ses parents. Son père décida alors de passer à l'action, selon sa conception personnelle de la légalité. Il convoqua le chef du bureau de district du Z.A.G.S., le bureau d'état civil soviétique, qui est le seul organisme habilité à enregistrer les mariages, et il interdit d'enregistrer l'union de sa fille avec le fils de la postière.

Que pouvait faire le jeune couple ? Quitter le district pour se marier ailleurs ? C'était impossible : en Union soviétique, il faut qu'au moins l'un des futurs époux réside dans le district où le mariage doit être enregistré. Porter plainte pour violation flagrante de leurs droits légaux ? Ils déposèrent effectivement plusieurs plaintes auprès des autorités régionales. Conformément aux lois tacites en vigueur en Union soviétique, elles furent transmises au Raïkom du Parti, c'est-à-dire au père de la jeune fille.

Ne pouvant faire enregistrer leur mariage, le couple décida de vivre ensemble, et s'installa chez la mère du jeune homme. Mais le pouvoir du Premier secrétaire continua de les traquer. La mère du jeune homme fut licenciée (nouvelle violation de toutes les règles de la législation du travail) et expulsée du petit deux-pièces qu'elle occupait dans le bâtiment de la poste, réservé, lui dit-on, au responsable de la poste.

Les jeunes gens se trouvaient dans une situation épouvantable. Ils n'avaient désormais plus d'endroit où vivre dans leur propre ville ; ils ne pouvaient pas davantage quitter le district où le père de la jeune fille exerçait son pouvoir, car ils n'avaient ni argent ni métier leur permettant de s'établir dans une autre ville. Alors le couple, qui n'était toujours pas marié, capitula. La jeune fille retourna chez ses parents, et la mère du jeune homme fut mutée à un autre emploi, qui lui fit quitter la ville — avec son fils.

Je ne prétends pas bien sûr que « jamais aventure ne fut plus douloureuse que celle de Juliette et de son Roméo (de notre district) ». Les archives des tribunaux de province, dans toute l'Union soviétique, sont remplies de récits véritablement tragiques illustrant la tyrannie qu'exercent les autorités locales du Parti, et leur manque de respect pour la loi. Mais cette petite histoire suffit à donner au lecteur une idée du pouvoir absolu du Premier secrétaire du Raïkom du Parti, dans les limites de son fief, et de la manière dont il peut passer outre aux lois du pays, dès qu'il l'estime nécessaire.

Les fonctionnaires appartenant aux différents rouages des appareils du Parti et de l'Etat sont organisés en une énorme pyramide hiérarchique. A sa base, on trouve les milliers de secrétaires des Raïkoms et les présidents des Comités exécutifs de districts (les cadres du gouvernement local), les chefs des bureaux de districts du K.G.B., de la police, et de certaines autres administrations. Tous, comme nous le verrons, ont l'occasion de toucher des pots-de-vin et de recevoir des dons illégaux.

Au-dessus d'eux se trouvent les secrétaires des comités régionaux (obkoms) du Parti communiste, les présidents des Comités exécutifs régionaux et les fonctionnaires supérieurs des appareils des Comités régionaux du Parti, ainsi que de certains organismes d'Etat régionaux.

Leur ensemble constitue l'échelon moyen de l'appareil dirigeant du Parti et de l'Etat.

Il y a enfin, au sommet de la pyramide, outre les membres du Politburo et les secrétaires du Comité central du P.C.U.S., les hauts fonctionnaires de l'appareil du Comité central, les présidents du Conseil des ministres et du Présidium du Soviet suprême d'U.R.S.S. (qui sont presque toujours membres du Politburo), leurs vice-présidents, les secrétaires des Comités centraux et les présidents des Conseils des ministres et des Présidiums des Soviets suprêmes des quinze Républiques de l'Union.

Il existe des différences considérables entre ces trois échelons en ce qui concerne les limites de leur pouvoir et leur position officielle. Ce qui nous intéresse tout particulièrement ici, c'est l'écart encore plus grand que l'on peut observer entre leurs modes de vie. Ce point est important, parce que ce sont précisément ces différences qui déterminent les caractéristiques de la corruption propres à chacune des trois strates de l'appareil dirigeant du Parti et de l'Etat.

Toutefois, malgré ces différences, la corruption du secrétaire du Comité central, qui vit dans sa maison gouvernementale et qui a accès à des magasins gouvernementaux spéciaux qui lui fournissent gratuitement tout ce dont il a besoin pour entretenir sa famille, et la corruption du secrétaire d'un Raïkom provincial reculé, qui ne jouit d'aucun de ces avantages, ont un fondement commun. Ce fondement commun est le pouvoir, un pouvoir qui n'est entravé ni par le principe de la soumission à la loi, ni par une presse indépendante, ni par la voix de l'opinion publique. C'est le pouvoir de l'appareil du Parti qui a fait de l'Union soviétique, en soixante-trois années d'existence, un pays rongé jusqu'à la moelle par la corruption.

CHAPITRE II

L'ÉLITE DIRIGEANTE :
CORRUPTION LÉGALE ET ILLÉGALE

« Mais voyons, vous n'auriez pas dû ! Il ne fallait pas vous donner tout ce mal ! Vous savez, nous ne mangeons pas de ces " produits de ville " ! »

Telles furent les paroles que prononça la maîtresse de maison qui nous avait invités, ma femme et moi, quand je lui tendis le gâteau que nous avions apporté. Je savais parfaitement que, dans cette maison, on ne mangeait pas de « produits de ville », expression employée par les membres de l'élite dirigeante, dont faisaient partie nos hôtes, pour désigner toutes les denrées que l'on peut se procurer dans les magasins ouverts au public. Dans ces maisons, je ne l'ignorais pas, on ne mange que des « produits du Kremlin » — des aliments achetés dans les magasins privés réservés aux dirigeants et produits spécialement pour ces magasins. Mais je n'avais pu passer outre à la tradition russe qui veut que l'on n'arrive jamais les mains vides chez quelqu'un, et j'avais acheté un gâteau dans un restaurant célèbre pour ses pâtisseries.

Notre hôtesse ne manquait pas de savoir-vivre et n'avait certainement pas l'intention de nous blesser ; nous fûmes reçus avec chaleur et hospitalité. Mais cela faisait près de quarante ans qu'elle appartenait à la caste dirigeante, et toutes ces années-là, elle avait vécu dans un monde coupé de celui qu'habitait le commun des mortels : le monde fermé que cette caste s'est créé.

Pour nous rendre chez les gens qui nous avaient invités, nous avions dû d'abord traverser le Parc Arkhangelsky, où se trouve le célèbre palais qui appartenait au prince Youssoupov avant la révolution. A l'autre extrémité du parc, une haute muraille surmontée de barbelés formait un fer à cheval encerclant un immense terrain, sur la rive de la Moskova. Au poste de contrôle, un membre de la famille de notre hôte nous avait désignés au garde (qui portait un pistolet à la ceinture). « Ils sont avec nous. » Et nous avions pénétré, de l'autre côté du mur, sur le territoire de la datcha d'Etat numéro un, un lieu de résidence situé à l'écart de la ville et réservé aux membres du gouvernement.

La haute rive pittoresque de la Moskova était parsemée de villas à deux étages (sans clôtures de séparation) ; une seule maison, qui se distinguait des autres par sa grande taille, était entourée d'un mur spécial — encore un — et protégée par une garde particulière. C'était la maison connue officiellement sous le nom de datcha numéro un, qui appartenait au numéro deux du régime, l'ancien membre du Politburo et président du conseil des ministres, Alexeï Kossyguine.

Les gens qui nous avaient invités et leurs enfants adultes — c'était en fait avec ces derniers que nous étions liés — nous accueillirent aimablement. Ils nous firent visiter avec fierté leur maison et le jardin qui l'entourait. Celui-ci était vraiment de toute beauté, et nous avions remarqué qu'il était entretenu par un professionnel avant même que les propriétaires ne nous eussent dit combien ils étaient satisfaits de leur jardinier, ainsi d'ailleurs que de leur bonne et de leur cuisinière, tous chargés de l'entretien de leur maison et du service de leur famille. Ils ne précisèrent pas que ce n'était pas eux qui payaient ces domestiques, mais l'Etat : cela allait de soi.

La maison était luxueusement meublée ; il y avait des tableaux aux murs et du cristal dans les vitrines, mais le décor nous frappa par son impersonnalité ; il ne portait pas la moindre trace du caractère et des goûts des occupants. Cet anonymat s'expliqua rapidement. Au cours du dîner, je brisai accidentellement un grand verre à vin de cristal. Je me répandis en excuses, mais le gendre de notre hôte se hâta de me rassurer : « Il n'y a rien dans cette maison qui nous appartienne. Des petites cuillers au piano à queue, tout vient des réserves de la section administrative du Conseil des ministres. Alors, ne vous gênez pas ! Vous pouvez casser tous les verres que vous voulez — et même toute la vaisselle ! Tout sera immédiatement remplacé. » Il ne cherchait pas à dissimuler son ironie.

Le maître de maison était l'un des plus importants ministres du gouvernement ; mais c'était sa femme qui tenait les rênes du ménage et de la famille. Cela se devinait immédiatement, et dans les moindres aspects de la vie. C'était elle qui menait la conversation ; ses jugements sur les gens, sur la politique et l'art s'exprimaient de façon catégorique, sans réplique. Dès que son mari ou ses enfants essayaient timidement d'élever une objection ou d'exprimer le moindre désaccord, elle les interrompait péremptoirement. Nous décidâmes, ma femme et moi, de tenir notre langue, nous trouvant dans ce monde étranger et, à tout prendre, inaccessible, de l'élite dirigeante. Nous préférions écouter et observer. Notre hôtesse était une femme intelligente et ne manqua pas d'observer que nous, ses invités, ne semblions pas partager sa nostalgie de l'ère stalinienne. Aussi jugea-t-elle nécessaire de nous raconter une histoire prouvant qu'elle ne voyait pas le régime de Staline d'un bon œil. Elle nous raconta qu'à cette époque, le ministre de la Culture d'alors possédait une salle de cinéma privée dans sa datcha (qui se trouvait justement là, dans ce village de datchas), salle à laquelle il était seul à avoir accès, avec sa famille et ses invités. Les autres propriétaires de datchas n'y étaient pas admis. « Mais maintenant, tout est vraiment démocratique », ajouta-t-elle avec orgueil. « La salle est ouverte à tout le monde. N'importe qui peut aller y voir des films. »

— Et vos domestiques — les bonnes, les chauffeurs ? demandai-je, y vont-ils aussi ?

— Non ! bien sûr que non ! Ils ont leur propre club. Seuls les résidents sont admis, répondit-elle à ma question impertinente.

En repassant devant le palais Youssoupov et son théâtre, où les domestiques n'étaient admis que comme ouvreuses et comme machinistes, nous ne pûmes nous empêcher de penser à ceux qui, au nom du peuple, avaient retiré aux Youssoupov leur palais et leurs privilèges, qui prétendent être les serviteurs du peuple et qui vivent, non dans des palais, mais dans des villas décorées sans aucun goût, coupés de ce peuple par de hautes murailles, par du fil de fer barbelé, par des gardes armés, et par leur orgueil de caste.

La corruption légale

La vie de la caste qui dirige l'Union soviétique est très fermée et ne se prête pas facilement à l'étude. Cette difficulté d'accès n'est pas due au seul fait que leur existence se déroule dans des demeures privées particulières ou dans des lotissements de banlieue isolés du reste du pays et gardés par des sentinelles armées. (Brejnev lui-même par exemple habite [1] dans un immeuble de la Perspective Koutouzov-

---

1. Ou plutôt habitait, son décès ayant eu lieu depuis la rédaction de cet ouvrage. (N.d.T.)

sky, dont il occupe tout un étage, avec une entrée privée étroitement surveillée par des agents du K.G.B.). Elle tient également — et peut-être même davantage — à l'esprit de caste de ce milieu, qui n'admet guère l'intrusion d'étrangers.

Les membres de l'élite dirigeante eux-mêmes, leurs familles et leurs domestiques sont les seules personnes à être vraiment au courant des détails de leur mode de vie et des privilèges qu'ils se sont octroyés. Il est formellement interdit aux organes de presse de mettre à la disposition du public toute information concernant ces privilèges ; mais, comme des milliers de personnes — chauffeurs, bonnes, cuisinières, personnel des magasins et des hôpitaux réservés qui servent l'élite dirigeante — sont mêlés à la vie de ces gens, un certain nombre de renseignements filtrent régulièrement.

Pour comprendre l'étendue des privilèges et des bénéfices que l'élite dirigeante soviétique a conquis, il faut avoir au moins une idée générale du niveau de vie de la population ordinaire d'Union soviétique. Selon les données officielles de 1979, le salaire mensuel moyen des ouvriers et des employés est de 164 roubles, avant impôt. D'autre part, selon mes estimations personnelles, le minimum nécessaire à une famille de trois personnes pour vivre modestement est de deux cent cinquante roubles (environ mille six cents francs). (J'utilise ici mes propres chiffres ; en effet, les statistiques officielles sont secrètes et n'ont jamais été publiées.) En même temps, le salaire du ministre de la Défense ou du président de l'Académie des Sciences est de deux mille roubles par mois, soit à peu près trente fois le salaire mensuel minimum de soixante-dix roubles. Ce calcul ne tient pas compte des à-côtés légaux accordés à un ministre ou à un président d'Académie. Si on les inclut, le revenu mensuel d'un ministre — sans exagération — atteindra sans peine quatre mille roubles, et représente donc au moins cinquante-cinq à soixante fois le salaire minimum que touche un ouvrier ou un employé.

Si l'on voulait transposer ces chiffres dans la réalité française, on pourrait comparer ces données à l'écart séparant un Français qui gagne quarante-cinq mille francs par an d'un de ses concitoyens dont le revenu annuel dépasse deux millions et demi de francs.

Ces deux facteurs — la corruption qui infecte tout l'appareil dirigeant et les inégalités matérielles — ont créé des conditions et une atmosphère permettant à la corruption de se propager partout — et de toucher même des personnes qui ne versent ni ne reçoivent elles-mêmes jamais de pots-de-vin. Le privilège majeur de l'élite dirigeante n'est pas les salaires élevés versés à ses membres (qui, soit dit en passant, atteignent quatre à dix fois ceux des ouvriers et des employés moyens) ; c'est l'existence de tout un réseau de magasins, d'hôpitaux, de maisons de repos et d'établissements de services privés, qui leur fournissent biens et services — et leur sont exclusivement réservés.

Parmi les privilèges accordés d'office aux membres éminents de la caste dirigeante, le plus important de tous est la fourniture privée régulière de denrées alimentaires, de vêtements et d'autres biens de première nécessité. Depuis la collectivisation forcée des campagnes à la fin des années 20 et au début des années 30, le pays tout entier n'a cessé de souffrir de pénurie alimentaire. Mais l'élite dirigeante — qui est essentiellement concentrée à Moscou — est approvisionnée par la *Kremliovskaïa Stolovaïa* (la « cantine du Kremlin ») ; seules les personnes munies de laissez-passer spéciaux — les membres de l'élite, leurs familles et leurs domestiques — y ont accès.

Je ne connais pas le nom officiel de cette organisation, mais tous ceux qui l'utilisent ou qui en ont entendu parler, l'appellent la *Kremliovka*.

Le système de la Kremliovka comprend la salle de restaurant, quelques magasins d'alimentation et des cafétérias disséminées dans les bâtiments du Comité central du P.C.U.S., du Conseil des ministres et du Soviet suprême d'U.R.S.S. Tous ces établissements vendent des denrées alimentaires de premier choix, introuvables dans le commerce ordinaire : des saucisses, des mets délicats à base de poisson, des fromages, du pain, de la vodka, des pâtisseries (confectionnées sur commande dans des boulangeries spéciales), et des produits laitiers, des fruits et des légumes produits et cultivés dans des sovkhozes * qui fournissent exclusivement le réseau de la Kremliovka. En outre, les magasins et les bars du Kremlin vendent des articles d'importation que l'on ne peut acheter dans les magasins normaux : des cigarettes américaines, du scotch, et du gin anglais.

Notre hôtesse, la femme du ministre, avait raison de nous dire qu'ils ne mangeaient pas de « produits de ville », achetés dans le commerce courant. La raison essentielle en est que tout ce qu'ils auraient pu se procurer « en ville » était de qualité incomparablement inférieure à ce que propose la Kremliovka. De plus, les « produits de ville » ne sont pas seulement plus médiocres, ils sont aussi beaucoup plus chers.

Bien que les prix pratiqués par les magasins du Kremlin soient théoriquement identiques aux prix courants, ils sont en fait bien moins élevés pour leur éminente clientèle. La raison en est fort simple : les clients de ces magasins ne paient pas en argent, mais en bons. En fonction de la place qu'il occupe dans la hiérarchie et de la taille de sa famille, chaque haut fonctionnaire reçoit des bons représentant une certaine somme — et qu'il paie environ un tiers de leur valeur nominale.

Les gens qui ont accès à la Kremliovka sont divisés en deux catégories : ceux de la première catégorie reçoivent mensuellement des bons d'une valeur de quatre-vingts roubles, et ceux de la seconde des bons d'une valeur de cent quarante roubles. Ces bons peuvent être utilisés de deux manières. L'une d'elle consiste à payer des repas pris dans la salle du restaurant du Kremlin, où l'on remet également au client un petit colis de nourriture — « pour le petit déjeuner et le déjeuner », selon la formule officielle. Les repas de la Kremliovka sont divins : ils sont préparés à partir des meilleurs ingrédients par des chefs de toute première classe — et sous contrôle diététique, car la polyclinique du Kremlin est située dans le même bâtiment que la salle du restaurant. Mais peu de bénéficiaires de bons les utilisent ainsi : ce n'est pas rentable. Avec les bons mensuels d'une valeur de 80 roubles, qui permettraient à une personne de dîner tous les jours au restaurant du Kremlin (avec en prime les petits colis de nourriture, il est vrai), un fonctionnaire peut acheter dans les magasins du Kremlin de quoi offrir à une famille de quatre personnes des repas complets de premier choix pendant un mois (y compris du caviar et d'autres articles de luxe comme du cognac, du vin et de la vodka de première qualité).

J'ai personnellement connu trois familles qui vivaient de ces rations du Kremlin, et j'ai pu recueillir des renseignements sur leur vie quotidienne et leurs habitudes alimentaires. Je peux dire en toute certitude que ces familles privilégiées mangent incomparablement mieux avec 80 roubles par mois qu'une famille ordinaire de quatre personnes ne pourrait le faire avec 250 roubles ; la population moyenne éprouve les pires difficultés à se procurer de la viande, du poulet et des saucisses en quantité suffisante ; quant aux produits de luxe et aux fruits, il n'en est même pas question.

Voilà pourquoi la très grande majorité des gens qui ont accès à la Kremliovka préfèrent dépenser leurs bons dans les magasins. Les rares personnes qui les utilisent dans les salles de restaurant sont essentiellement celles à qui leur situation permet de s'offrir des repas au restaurant tout en achetant suffisamment de nourriture dans les magasins pour entretenir leur famille. Outre cette catégorie, et celle des célibataires, un autre groupe bien représenté dans les salles de restaurant est celui des néophytes, ceux qui viennent d'être admis dans l'élite. Le restaurant joue pour eux le rôle d'un cercle, où ils ont la possibilité de frayer avec les hauts fonctionnaires et de cultiver ainsi des relations qui pourront être utiles à leur carrière.

En plus des magasins et des salles de restaurant, il existe les cafétérias du Kremlin, qui sont situées dans les bâtiments du Comité central du P.C.U.S., du Conseil des ministres et du Présidium du Soviet suprême. Dans ces cafétérias, les clients paient en liquide, mais les prix sont beaucoup plus bas qu'ils ne le seraient en ville. Même ces cafétérias sont organisées hiérarchiquement : elles sont de types différents selon les étages de chaque bâtiment. Celles des étages inférieurs sont réservées aux petits fonctionnaires et à leurs invités ; le troisième étage sert les cadres supérieurs ; et quelque part, aux étages les plus élevés, se trouve la cafétéria réservée à la véritable élite.

J'ai eu l'occasion de prendre mon petit déjeuner à la cafétéria du deuxième étage du bâtiment du Présidium, alors que je participais, en tant qu'assistant de recherches de l'Institut de législation soviétique, à la rédaction de plusieurs lois. Pour quatre-vingts à quatre-vingt-dix kopecks, j'ai pu prendre un petit déjeuner meilleur que celui qu'aurait pu me servir un bon restaurant pour quatre ou cinq roubles. Mais, au deuxième étage, nous ne pouvions nous procurer ni cigarettes américaines ni scotch : ils n'étaient en vente qu'aux étages supérieurs.

Plus l'étage est élevé, plus les prix sont bas, et plus la gamme d'articles disponibles est étendue et luxueuse.

Les clients privilégiés des magasins du Kremlin qui vendent des vêtements et d'autres biens de consommation ont accès à des articles inconnus dans le commerce ordinaire, ou qu'il faut des semaines pour trouver — ou encore qui ne sont disponibles que sous le comptoir, moyennant le versement d'un pot-de-vin au vendeur. Dans l'ensemble, ce sont les vêtements importés d'Occident qui sont les plus recherchés par le consommateur soviétique. Les prix auxquels les articles sont vendus dans les magasins du Kremlin sont calculés de la manière suivante : le prix de gros payé à l'entreprise occidentale est converti en roubles au taux de change officiel (1 rouble = 6,30 F[1]). Ainsi, la femme d'un ministre ou d'un haut fonctionnaire du Comité central paie trente-cinq à quarante roubles une paire de bottes d'importation, qu'un consommateur ordinaire serait heureux de trouver pour cent vingt ou cent quarante roubles ; en effet, il est rare que les magasins ouverts au public vendent des produits occidentaux à des prix raisonnables.

L'élite dirigeante ne se contente pas d'avoir ses magasins réservés ; elle a aussi sa propre agence théâtrale, sa propre librairie, où ses membres peuvent acheter des ouvrages rares, et sa propre

---

1. Au taux de change officiel de décembre 1979. En 1982 le rouble correspondait environ à 8 F. (N.d.T.)

pharmacie, qui vend des médicaments importés, introuvables dans les pharmacies ordinaires.

Tout cela permet à l'élite dirigeante de jouir d'avantages matériels inaccessibles aux citoyens ordinaires. En fait, tout ce qui touche aux dirigeants du pays est différent et exclusif. Ils sont soignés par un réseau spécial d'établissements médicaux, comprenant des maisons de repos, des cliniques et des hôpitaux, dans Moscou et à l'extérieur, qui relèvent tous de la Quatrième administration du ministère de la Santé.

Il m'est arrivé de rendre visite à des amis au principal hôpital du réseau du Kremlin, l'hôpital Kountsévo. Si je devais comparer ce que j'y ai vu avec ce que je peux voir dans un bon hôpital américain, je pense que la comparaison serait en faveur de ce dernier. A l'hôpital Kountsévo, comme dans les hôpitaux américains, la plupart des patients sont logés dans des chambres à deux lits ; mais il n'y a de téléphone et de poste de télévision que dans quelques-unes — celles qui sont destinées aux malades les plus éminents. Lors d'une de mes visites à un ami soigné à l'hôpital Kountsévo, il se trouva que le défunt Alexeï Kossyguine y était également hospitalisé. Mon ami me dit, d'un ton indiquant qu'il s'agissait de quelque chose d'exceptionnel, que la chambre occupée par le chef de gouvernement possédait un téléphone et une télévision. Pour autant que je puisse en juger, les médicaments et les installations dont disposent les hôpitaux américains sont plus sophistiqués et plus modernes qu'ils ne l'étaient à Kountsévo.

Quoi qu'il en soit, les conditions dans lesquelles les patients du Kremlin sont soignés ne doivent pas être comparées à celles des hôpitaux américains, mais à celles des hôpitaux qui soignent les citoyens soviétiques ordinaires.

J'ai pu observer par moi-même dans l'un des meilleurs hôpitaux de Moscou, l'hôpital Botkine, que la norme était de huit à dix malades par chambre. De plus, les couloirs sont toujours encombrés de lits de patients. La nourriture de l'hôpital Botkine est si mauvaise que tous les gens qui le peuvent se font apporter régulièrement des colis de l'extérieur. L'hôpital connaît une pénurie constante des médicaments les plus courants, sans parler des préparations pharmaceutiques importées.

Les logements de l'élite dirigeante sont eux aussi spécifiques, et diffèrent de ceux du commun des mortels. Les immeubles destinés aux privilégiés sont construits sur des plans spéciaux et font l'objet de finitions particulièrement luxueuses. Les familles de l'élite dirigeante habitent — gratuitement, bien sûr — des appartements immenses selon les normes soviétiques — quatre à cinq fois la taille de tout appartement que pourrait dénicher même le plus chanceux des citoyens ordinaires.

L'élite dirigeante a même ses cimetières privés : l'enceinte du Kremlin sur la place Rouge pour ses membres les plus éminents, et un cimetière situé sur les terres de l'ancien monastère Dévitchy, pour ceux qui ont occupé un rang un peu inférieur. Des dispositions ont également été prises dans l'éventualité d'une guerre nucléaire : il existe un abri spécial conçu pour héberger pendant des mois les membres clés de l'élite.

Il m'est arrivé un jour de plaider pour un groupe d'entrepreneurs spécialisés, qui avaient participé à la construction de cet abri gouvernemental, situé à Moscou, près de l'hôtel Rossiya. J'ai appris de mes clients qu'il existe sous les rues de Moscou une ville entière, qui possède son propre réseau de transports avec des wagonnets électriques, une ventilation et un système d'alimentation électrique autonomes, une année de vivres, et même son propre cinéma. L'un de mes informateurs m'a affirmé qu'un souterrain de plusieurs kilomètres de long s'étendait jusqu'en rase campagne et débouchait quelque part dans la région de Vladimirskaïa.

Tous les privilèges dont jouit l'élite dirigeante sont strictement attribués en fonction du rang qu'occupe le bénéficiaire. L'éventail en est très large et ils sont octroyés avec des nuances extrêmement raffinées. Ayant pu suivre pendant près de onze ans la carrière d'un cadre du Comité central de ma connaissance, j'ai observé comment, au fur et à mesure qu'il gravissait les échelons, la gamme des privilèges qui lui étaient accordés se modifiait, subtilement et progressivement. Quand il entra dans l'appareil du Comité central comme modeste *instruktor* (agent), il avait droit mensuellement à des bons du Kremlin d'une valeur de quatre-vingts roubles, et ne pouvait utiliser de voiture du Comité central qu'à titre personnel, pour les besoins du service. Il avait la jouissance d'une datcha à l'extérieur de Moscou, mais uniquement pendant l'été, et sans aide ménagère. Quand il séjournait avec sa femme dans la maison de santé du gouvernement (une station de villégiature avec des installations médicales), ils ne disposaient que d'une chambre et prenaient leurs repas à la salle à manger commune ; les alcools n'étaient gratuits qu'en quantités strictement limitées.

Mais les années passèrent, et ma relation s'éleva jusqu'au rang de sous-directeur de l'un des plus importants et des plus prestigieux départements du Comité central. Quand il eut atteint cet échelon, il put s'approvisionner sans aucune restriction à la Kremliovka, et dans des magasins encore plus privilégiés et plus fermés. Il put commander des voitures du Comité central à n'importe quelle heure du jour ou de la nuit et en n'importe quel nombre — et pour n'importe quelle raison, y compris pour raccompagner des amis chez eux après une soirée de beuverie dans sa datcha, à trente kilomètres de Moscou. Et dans cette datcha, qu'il pouvait désormais occuper toute l'année, il avait à son service une bonne et une cuisinière. Quand il séjournait dans une maison de santé du gouvernement, on lui donnait à présent une suite où, s'il le souhaitait, il pouvait prendre ses repas. Il avait droit à une quantité d'alcool illimitée — gratuitement, bien entendu.

Et pourtant, ayant acquis tous les avantages que je viens de mentionner, ma relation me parlait avec une envie mal dissimulée des privilèges dont bénéficiaient ses supérieurs hiérarchiques. Dans leurs datchas, ces gens-là n'avaient pas seulement des bonnes et des cuisinières, mais également des jardiniers. Ils arrivaient dans les maisons de santé avec leur cuisinier personnel ; dans le parc, des sentiers privés étaient réservés à leurs promenades, et les autres membres de l'élite en vacances en étaient exclus.

Il existe encore en Union soviétique une élite placée au-dessus de toutes ces catégories : je veux parler des membres du Politburo, les treize ou quatorze hommes qui forment l'organe suprême de l'appareil du Parti, celui qui gouverne réellement l'Etat. Ils peuvent avoir ce qu'ils veulent, en n'importe quelle quantité, sans restriction, et absolument gratuitement. Un bureau spécial du Kremlin est chargé de procurer à ce secteur de l'élite les avantages auxquels il a droit ; ce bureau jouit de possibilités et de ressources illimitées.

Tout membre du Politburo dispose de palais au bord de la mer Noire en Crimée, ou dans le Caucase, et à proximité de Moscou, bien qu'ils ne soient évidemment pas la propriété personnelle du fonctionnaire. Ces palais sont situés dans d'immenses parcs, et emploient des équipes complètes de cuisiniers, de chauffeurs, de jardiniers, de coiffeurs, de médecins, de gardes-chasse, etc. Ils sont dissimulés aux regards par de hautes murailles surmontées de barbelés, par des clôtures à haute tension et par un système de surveillance photoélectrique. Des agents armés, placés sous le commandement de la Section spéciale de l'Office central du K.G.B. montent la garde vingt-quatre heures sur vingt-quatre dans les palais, les parcs, et alentour. (Je tiens ces informations de quelqu'un qui a été plusieurs années coiffeur personnel d'un des membres du Politburo et secrétaire du Comité central.)

Les dirigeants actuels ne se contentent pas des palais de leurs prédécesseurs : ils s'en font construire de nouveaux. Au début des années 70, un grand bâtiment a été édifié dans la région de Barvikha, près de Moscou (devenue, dès les années 20, un lieu de villégiature privé pour les dirigeants soviétiques et les dirigeants des partis communistes du monde entier). Ce bâtiment a trois étages et chacun d'eux a été réservé à l'un des trois plus hauts dignitaires du pays : le Secrétaire général du Parti communiste, le président du Conseil des ministres, et le président du Présidium du Soviet suprême (respectivement Brejnev, Kossyguine et Podgorny). Des membres du personnel du musée de Moscou m'ont confié que, sur l'ordre du ministère de la Culture, près de trente tableaux de maîtres, russes et occidentaux, avaient quitté les réserves de la galerie Trétiakov et du musée d'art Pouchkine, pour orner les murs de cette demeure.

Comme les membres du Politburo jouissent de tous ces avantages matériels sans restriction ni frais, leurs salaires peuvent être inférieurs à ceux des ministres de très haut rang. Ainsi, le salaire mensuel du ministre des Affaires étrangères Andrei Gromyko qui s'élevait à mille cinq cents roubles, a été réduit à huit cents roubles lors de sa nomination au Politburo.

La corruption illégale dans le gouvernement central

Non contents de s'être arrogé tous ces avantages et tous ces privilèges, les membres de l'élite n'ont pas manqué non plus de prendre part à la corruption générale qui règne en Union soviétique. Il est difficile de concevoir, et plus encore de comprendre, leur mentalité. Considérez par exemple un fonctionnaire occupant un des plus hauts postes de l'appareil du Parti ou de l'Etat. Il est investi d'un pouvoir considérable ; aucune des bonnes choses de la vie ne lui manque (il en aurait plutôt en excès). Et pourtant, il n'hésite pas à commettre des délits, poussé par l'appât du gain. Aussi difficile qu'il soit de le concevoir, la corruption est devenue une réalité et, qui plus est, une réalité courante, même dans les plus hautes sphères de l'élite dirigeante soviétique.

Comment, par exemple, comprendre ce qui a bien pu passer par la tête de Frol Kozlov ? A la fin des années 50 et au début des années 60, on ne pouvait ouvrir un journal ou allumer un téléviseur sans apercevoir l'image d'un homme d'une cinquantaine d'années, aux cheveux permanentés, dont le visage suait littéralement la suffisance. C'était Frol Kozlov, secrétaire du Comité central du P.C.U.S., membre du Politburo, bras droit du tout-puissant Nikita Khrouchtchev — bref, le numéro deux de l'élite dirigeante soviétique. (Il est vrai, comme l'a judicieusement observé un remarquable poète russe, qu'il n'y a pas de numéro deux en Russie : il y a le numéro un, et tous les autres sont les derniers. Disons simplement que Kozlov était le premier des derniers, qu'il occupait une situation extrêmement privilégiée et exerçait un grand pouvoir). Et, tout d'un coup, de manière absolument inattendue, on apprit que c'était un grand amateur de pots-de-vin. Cette découverte se fit par le plus grand des hasards, et sans la moindre initiative des autorités.

Nikolaï Smirnov, président du Comité exécutif municipal de Leningrad, était un ami intime de Kozlov. Un jour, Smirnov mourut subitement dans sa voiture, sur le chemin de son bureau. Pour une raison ou pour une autre, il fallut ouvrir le coffre de son bureau. On y trouva des paquets de pierres précieuses et de grosses liasses de billets. Le tout clairement étiqueté : certains appartenaient à Smirnov, et les autres étaient la propriété de Kozlov.

Le coffre ayant été ouvert en présence d'un certain nombre de témoins, il était impossible d'étouffer le scandale. Après une enquête hâtive, l'Office central du K.G.B. put aisément établir que le numéro deux du régime avait touché, par l'intermédiaire du président du Comité exécutif municipal de Leningrad, de considérables pots-de-vin, en échange de divers services. Il avait perçu de l'argent pour nommer des gens à des postes importants et prestigieux, pour exercer une protection générale, pour aider des personnes à gravir les échelons administratifs de l'appareil dirigeant et user de son pouvoir pour faire abandonner des poursuites judiciaires contre des hommes d'affaires clandestins, assez riches pour acheter une telle influence plusieurs centaines de milliers de roubles. (Quand un procureur ou un juge soviétique reçoit un appel téléphonique émanant du bureau du secrétaire du Comité central, membre du Politburo, lui demandant d'« étudier l'affaire soigneusement », il sait qu'une telle requête équivaut en jargon d'*apparatchik* * à l'ordre de prononcer un jugement favorable au prévenu.)

Frol Kozlov resta membre du Politburo et conserva tous ses postes et privilèges. Il fut simplement retiré du service actif pour « raisons de santé ». Quand Kozlov mourut, il fut enterré en grande pompe sur la place Rouge, dans l'enceinte du Kremlin.

Autre exemple de corruption au sommet même de la pyramide du pouvoir : celui de la défunte Ekatérina Fourtséva. On ne peut que rester muet d'étonnement devant la carrière vertigineuse de cette femme superbe. Après des débuts comme modeste laborantine à l'Institut médical de Moscou, sa première ascension fut son élection au secrétariat du bureau du Parti de l'Institut. A partir de là, sa carrière connut un essor rapide et mystérieux : elle devint Premier secrétaire d'un des comités de district de Moscou (ce qui représente en soi un point de départ vers les sphères les plus élevées de l'appareil dirigeant). Un nouveau bond en avant, et Fourtséva fut promue Premier secrétaire du Comité du Parti de Moscou — l'un des postes les plus en vue et les plus prestigieux de l'appareil du parti dirigeant.

En 1957, un groupe de vétérans de l'ère stalinienne, dirigé par Molotov et Kaganovitch, tenta de renverser Khrouchtchev. Fourtséva joua un rôle décisif dans l'organisation de la riposte. Elle parvint à réunir à Moscou dans un très bref délai les membres du plénum du Comité central, et fit ce qu'il fallait pour les persuader d'adopter ses vues. L'opposition fut mise en déroute, Khrouchtchev s'accrocha au pouvoir, et Fourtséva devint ministre de la Culture, et la première femme (et jusqu'ici la seule) membre du Politburo.

La carrière de Fourtséva est pleine de ces promotions soudaines, qu'il est difficile d'expliquer sans admettre la version qui circule à Moscou sur les origines romanesques de cette carrière, et qui mentionne, entre autres, le nom de Nikita Khrouchtchev lui-même.

Pour quelle raison décida-t-elle d'offrir une datcha à sa fille ? Elle fit construire celle-ci en 1972-1973, à proximité de Moscou, avec des matériaux et de la main-d'œuvre d'Etat, sans rien payer. Cela coûta à l'Etat entre cent mille et cent vingt mille roubles.

Son expérience de l'administration la poussa vraisemblablement à construire cette datcha aux frais de l'Etat dans l'intention de la faire enregistrer comme propriété privée au nom de sa fille. Mais quand ses abus furent exposés au grand jour, Ekatérina Fourtséva conserva ses fonctions au Comité central du P.C.U.S., et au gouvernement. L'élite dirigeante vit entièrement coupée du reste du pays, dans une atmosphère de mystère. Lorsque l'un de ses membres est reconnu coupable de corruption — ce qui est très rare —, le régime fait tout ce qui est en son immense pouvoir pour le dissimuler au peuple.

Il est certes très difficile de comprendre la mentalité de criminels haut placés et les motifs qui les incitent à commettre des délits. Mais il est possible d'indiquer plusieurs facteurs qui se conjuguent pour déterminer la prédisposition psychologique à la corruption des membres de l'échelon supérieur de la classe qui gouverne le pays.

Le premier, et sans doute le plus important, est le fait qu'aucun des avantages matériels généreusement octroyés aux membres de l'élite dirigeante ne leur appartient réellement : ils ne possèdent rien ; leurs datchas, leurs voitures avec chauffeur, appartiennent à l'Etat, et ils n'en jouissent — comme d'ailleurs de l'accès à la Kremliovka — qu'aussi longtemps qu'ils occupent leurs fonctions officielles. S'ils perdent leur situation dans l'appareil dirigeant, ils perdent par là même — et littéralement du jour au lendemain — tout ce qui leur appartenait.

Le choc psychologique d'un tel effondrement ne peut manquer d'être traumatisant. Quelque temps après qu'Ekatérina Fourtséva fut exclue inopinément — pour elle — du Politburo elle raconta ce qu'elle avait dû endurer à une amie intime, l'une des plus célèbres actrices du pays, Artiste du peuple d'Union soviétique [1] (qui m'a fourni ces renseignements).

Le lendemain de son éviction, l'énorme limousine noire de Fourtséva, équipée d'un téléphone et flanquée de deux autres limousines transportant des gardes armés (mise d'office à la disposition de tous les membres du Politburo) ne se présenta pas à l'entrée de sa maison. Elle fut remplacée par une modeste Volga, qui lui fit traverser Moscou sans aucune protection, jusqu'au ministère de la Culture. Elle ne se gara pas devant l'entrée privée du ministère (réservée exclusivement à son usage et à celui de ses gardes du corps), mais devant l'entrée publique. Ce même jour funeste, elle reçut un appel de la section administrative du Conseil des ministres, lui demandant de bien vouloir évacuer — dans la semaine — le palais qu'elle occupait à l'extérieur de Moscou, et de s'installer dans une datcha beaucoup plus modeste, située dans un tout autre quartier. En même temps, on l'informa qu'elle n'avait plus accès au magasin d'alimentation du Politburo et qu'on allait lui faire parvenir au ministère un laissez-passer et des bons pour le restaurant du Kremlin.

Fourtséva conserva son poste de ministre, et ne connut donc pas une ruine totale. Mais l'humiliation qu'elle avait subie la plongea dans un état dépressif prolongé, qui se conjugua avec une tendance à l'alcoolisme, dont elle ne se guérit jamais.

La précarité de toute situation officielle (et donc des avantages qui s'y rattachent) n'est pas le seul catalyseur de la corruption qui règne dans les sphères supérieures de l'élite dirigeante. Même les hauts fonctionnaires sont mortels, et ni situation ni privilèges ne sont transmissibles héréditairement. Il est donc bien naturel qu'un fonctionnaire soit tenté d'assurer, non seulement son propre bien-être (dans l'éventualité de la perte de son statut privilégié), mais également l'avenir de sa famille, au cas où il viendrait à disparaître.

Il existe encore un autre facteur, purement psychologique cette fois. Pendant les années passées à travailler aux échelons inférieurs de l'appareil du Parti et de l'Etat et à gravir laborieusement l'échelle

----

1. Titre honorifique décerné aux artistes les plus éminents. (N.d.T.)

hiérarchique, le futur dirigeant s'adapte à une situation où les pots-de-vin et les petits cadeaux font partie de la routine quotidienne, aussi bien pour lui-même que pour ses collègues, sans pour autant se considérer comme un criminel. Une fois parvenu au faîte du pouvoir, le fonctionnaire conserve la même attitude face à la corruption, désormais enracinée dans sa mentalité. Enfin il ne faut, bien entendu, pas négliger le rôle de la cupidité humaine naturelle, cette cupidité aveugle, souvent irrationnelle, qui a existé, existe et existera toujours dans toutes les classes sociales, à toutes les époques, et dans tous les systèmes politiques, totalitaires comme démocratiques.

Aux quatre facteurs que je viens d'énumérer, il faut en ajouter un cinquième : l'absence de toute crainte de châtiment, le sentiment d'impunité. En Union soviétique, il n'est pas courant que les exactions de fonctionnaires de haut rang soient étalées au grand jour, et l'on peut dire que les cas où ils sont véritablement châtiés sont rarissimes.

Ce n'est pas que la corruption qui règne aux échelons supérieurs soit totalement ignorée. Bien au contraire : les membres de l'élite dirigeante soviétique vivent sous une cloche. Eux-mêmes ou leurs familles ne peuvent faire un pas sans que les officiers du K.G.B. responsables de leur sécurité le sachent. Ils sont accompagnés partout : au théâtre, chez leurs amis, et chez eux. Ces agents ne sont pas seulement responsables de la sécurité des dirigeants ; ils ont également pour mission de les surveiller en secret.

Les domestiques sont eux aussi chargés d'espionner leurs maîtres. Les bonnes, les cuisinières, et les chauffeurs sont tous sélectionnés par les services administratifs du Comité central ou du Conseil des ministres (les services responsables de la vie quotidienne de l'élite). Mais toutes les demandes d'emploi sont soigneusement examinées par le K.G.B. Le domestique ne sera embauché que s'il promet de surveiller discrètement son futur employeur (cette information me vient d'un membre de ma famille qui a travaillé à l'Office central du K.G.B. de 1926 à 1972).

En outre, les appartements et les datchas où vivent les dirigeants du pays sont truffés de micros et de magnétophones. Pas un mot n'échappe au K.G.B. Une de mes proches amies téléphonait un jour à un vice-ministre des Affaires étrangères. Après avoir composé le numéro, elle n'entendit pas de sonnerie, mais un simple petit déclic. Elle entendit ensuite tout ce qui se passait dans le vaste appartement du vice-ministre : l'eau qui coulait du robinet de la cuisine (où il n'y avait pas de téléphone), et la femme du ministre réprimandant son jeune fils qui était rentré de l'école avec de mauvaises notes.

Mais bien que le K.G.B. n'ignore rien de la corruption de l'élite au pouvoir, les membres de celle-ci restent intouchables. Le fait est que, depuis ses origines, le régime soviétique a toléré la malhonnêteté de ses dirigeants.

La révélation des abus commis par la clique au pouvoir en Géorgie offre un exemple instructif. Les manœuvres louches de l'élite géorgienne (dirigée par un certain Vassili Mjavanadzé, Premier secrétaire du Comité central de la République, et membre candidat du Politburo[1]) furent révélées grâce aux efforts de son ministre de l'Intérieur, Eduard Chévarnadzé. Motivé, du moins en partie, par l'ambition, celui-ci éprouvait néanmoins une haine sincère de la corruption et déplorait la décadence dont il était témoin. « Autrefois, les Géorgiens étaient connus dans le monde entier comme un peuple de guerriers et de poètes ; aujourd'hui, ils sont connus comme escrocs », déclara-t-il amèrement à une réunion privée. (Cette information vient de notes prises par l'un des participants à cette réunion.)

Pendant plusieurs années, les agents du ministère de Chévarnadzé épièrent tous les hauts fonctionnaires des appareils du Parti et de l'Etat géorgiens, ainsi que leurs familles, recueillant de nombreuses preuves compromettantes. Ce n'était pas une tâche particulièrement difficile ; en effet, une orgie de corruption insouciante et presque manifeste faisait rage en Géorgie.

Les plus hautes fonctions administratives au sein du Parti et de l'Etat étaient l'objet d'un trafic, qui était devenu si impudent que Babounachvili, un millionnaire clandestin, put se commander le poste de ministre de l'Industrie légère. Babounachvili dirigeait une entreprise illégale qui avait de nombreuses ramifications, mais son ambition ne se satisfaisait plus ni de son revenu de plusieurs millions de roubles ni de ses activités professionnelles. Il décida qu'il voulait couronner sa carrière en réunissant en une seule et même personne (lui-même) les deux faces du crime organisé soviétique : le corrupteur (les affaires clandestines) et le corrompu (le gouvernement).

Le 28 février 1973, le journal en langue russe de la République, *L'Aube de l'Est* rapporta que le plénum du Parti communiste de Géorgie avait émis des observations sur cette situation. L'article indiquait que « Babounachvili, l'intrigant bien connu, avait été en mesure de " commander " un portefeuille ministériel », et poursuivait en affirmant qu'il ne s'agissait pas là d'un fait isolé. Mais le journal ne faisait aucune mention des personnes qui touchaient les

---

1. Le Politburo et le Comité central comprennent des membres titulaires et des membres candidats. Ces derniers n'ont pas le droit de vote. (N.d.T.)

pots-de-vin en échange de nominations ministérielles. Ces pots-de-vin étaient versés à l'homme qui avait une voix prépondérante dans la décision des nominations ministérielles, le Premier secrétaire du Comité central du Parti communiste, membre candidat du Politburo, et à l'homme qui devait entériner ces décisions, le président du Conseil des ministres.

A cette époque, je connaissais à Tbilissi quelques jeunes gens, qui n'occupaient pas des postes très élevés — ils étaient agents subalternes du Conseil des ministres et du Présidium du Soviet suprême. Mais, de par leur profession, ils avaient accès à des informations ultra-secrètes sur ce qui se passait dans les coulisses du pouvoir. Ce sont eux qui me parlèrent du trafic de postes de ministres et de vice-ministres qui avait lieu en Géorgie. Ils m'affirmèrent que la situation était exactement la même en Azerbaïdjan.

Il y avait alors plus de gens disposés à payer plusieurs centaines de millions de roubles pour un poste ministériel qu'il n'y avait de postes vacants. Aussi, dès qu'un poste se libérait, une compétition s'ouvrait. La première démarche consistait à obtenir d'être proposé comme candidat par un fonctionnaire assez haut placé pour être habilité à faire une telle proposition ; par exemple un secrétaire du Comité central du Parti de la République, le chef du personnel du Comité central, ou le président du Conseil des ministres, ou un de ses vice-présidents. Les liens tribaux entre le candidat et son parrain jouaient souvent un rôle décisif dans ces propositions. Dans les Républiques d'Asie centrale et de Transcaucasie, les liens familiaux sont en effet un facteur essentiel de la composition de l'appareil dirigeant.

A cette étape, l'importance du pot-de-vin à verser en échange de la proposition de nomination était déjà fixée. Mais la véritable bataille ne commençait que lorsque les noms des candidats possibles étaient connus avec certitude. Alors, comme me l'affirmèrent, amusés, mes informateurs, on assistait souvent en coulisses à quelque chose qui ressemblait fort à des enchères. Mais le vainqueur n'était pas toujours le plus offrant. En effet, la compétition ne touchait pas seulement les candidats au poste vacant, mais également les bénéficiaires de leurs pots-de-vin, si bien que c'était le protecteur le plus influent qui avait les meilleures chances de gagner.

Tous mes renseignements indiquent que les tarifs couramment pratiqués à cette époque pour des postes ministériels se situaient entre cent mille roubles pour le poste assez peu prestigieux (ou lucratif) de ministre de la Sécurité sociale, et deux cent cinquante à trois cents mille roubles pour des sources de profit aussi inépuisables que le ministère du Commerce ou le ministère de l'Industrie légère. Ce n'était pas bon marché, bien sûr ; mais une fois à son poste, le ministre pouvait en tirer un revenu considérable en faisant à son tour le trafic de situations comme celles de chefs de secteur ou de territoire (postes qui, dans un ministère comme celui de l'Industrie légère, pouvaient atteindre cent à cent vingt-cinq mille roubles).

Les cadres supérieurs du Comité central du Parti et du Conseil des ministres avaient découpé la République en zones d'influence. Ce découpage s'effectuait généralement en fonction des origines tribales ; en effet, aujourd'hui encore, les anciennes divisions tribales de la Géorgie jouent un rôle important et exercent une grande influence dans la vie de la République. Un Mingrélien, un Iméritien, un Svanétien ou un Adjar se considère d'abord comme Mingrélien, Iméritien, Svanétien ou Adjar, et ensuite comme Géorgien. Quand il entre dans l'élite dirigeante, il devient naturellement le protecteur des membres de sa tribu et de sa région — qui devient son fief. Il place sa famille et ses amis les plus sûrs aux postes clés et, bien sûr, lève un tribut régulier sur ses protégés.

A la suite de la purge de l'appareil dirigeant, ce phénomène fut timidement évoqué au cours d'un plénum du Comité central de Géorgie : « Plusieurs hauts fonctionnaires divisent la République en zones d'influences ; ils prennent sous leur protection des districts, des villes et des organisations du Parti bien définis ; chacun a ses " favoris " attitrés » (*L'Aube de l'Est,* 28 février 1973).

L'influence des épouses des Premier et Deuxième secrétaires du Comité central du Parti, Mjavanadzé et Vassili Tchourkine, avait donné une empreinte bien particulière à la corruption de l'élite géorgienne. Elles s'appelaient toutes les deux Tamara, et les Géorgiens les avaient surnommées « les tsarines Tamara ». (Une tsarine Tamara a gouverné la Géorgie au XIIe siècle, et son souvenir est resté vivace dans le folklore populaire.)

Les deux Tamara jouaient un rôle tangible dans l'administration de la République — et, bien sûr, également dans la corruption. Il était notoirement connu que leur protection permettait de se faire nommer à des postes lucratifs ou prestigieux. Personne n'ignorait non plus que ces dames influentes répugnaient à accepter des roubles soviétiques en rétribution de leurs services : elles préféraient soit des devises, soit des articles tels que des pierres précieuses (mais uniquement de bonne taille), des tableaux de maître ou des antiquités.

Les hommes d'affaires clandestins étaient particulièrement bien vus des deux épouses ; grâce à eux, les Tamara purent enrichir leurs collections de pierres précieuses et d'œuvres d'art. Chaque Tamara avait sa propre clientèle ; c'est ainsi que N. A. Lazichvili, le milliardaire clandestin, devint un client de Tamara Mjavanadzé.

Après la révélation du scandale et la purge, Lazichvili fut traduit en justice, et la presse, aussi bien nationale que locale, s'empara de cette affaire. Les journaux mentionnèrent l'étendue de ses activités illicites, et les millions qu'il en avait tirés, mais ils se gardèrent bien d'indiquer qu'il avait toujours été reçu à bras ouverts chez le Premier secrétaire du Comité central du Parti communiste de la République, et qu'il avait entretenu des relations d'affaires suivies avec l'épouse de ce secrétaire.

Dans toute la République, il n'était question que des deux Tamara. Et pourtant, quand Mjavanadzé et sa clique furent démasqués, le plénum du Comité central du Parti ne les évoqua qu'en des termes fort délicats : « Des membres de la famille se sont mis à agir comme des substituts de leurs éminents époux, et les problèmes de l'Etat ont fini par être résolus au sein d'un cercle étroit de parents et d'amis » (*L'Aube de l'Est,* 28 février 1973).

Chévarnadzé prépara soigneusement et posément la divulgation des exactions de l'élite dirigeante. Un fonctionnaire du ministère de l'Intérieur qui avait participé à l'opération m'a dit que même au ministère, personne n'était au courant des intentions du ministre. Chévarnadzé était dans l'obligation de dissimuler ses desseins à tout le monde, et surtout au K.G.B. de la République, dirigé par un général qui était entièrement dévoué à Mjavanadzé. Quand Chévarnadzé donna des directives pour que l'on plaçât également sous surveillance les membres de l'élite dirigeante, il allégua que cette mesure était nécessaire pour démasquer des criminels qui étaient parvenus à gagner la confiance d'honnêtes communistes très haut placés.

Finalement, Chévarnadzé considéra que le moment était venu. Il avait reçu des renseignements de Moscou indiquant le numéro de vol, la date et l'heure d'arrivée à Tbilissi d'une importante trafiquante de devises, une habituée du marché noir de Moscou, qui, lui avait-on également affirmé, transportait généralement des pierres précieuses pour Tamara Mjavanadzé. Chévarnadzé demanda à ses collègues du ministère de l'Intérieur de Moscou de laisser la spéculatrice embarquer à Moscou sans l'importuner, et leur promit qu'elle serait arrêtée dès son arrivée à l'aéroport de Tbilissi. Mon informateur du ministère géorgien, qui avait participé à l'opération, m'a dit que la manœuvre avait été préparée dans le moindre détail : la spéculatrice devait être arrêtée à sa descente d'avion à Tbilissi par un groupe d'agents placés sous la responsabilité directe du ministre, et conduite au ministère, pour y être fouillée et interrogée. Au moment où l'on découvrirait les pierres précieuses, on devait lui donner la possibilité de fournir des informations détaillées sur la personne à qui ces pierres étaient destinées, en échange de la promesse que son procès se terminerait par un verdict de clémence. (Le trafic de pierres précieuses est un délit très grave, passible de nombreuses années de détention, voire de la peine capitale.)

Mais ce plan ne fut jamais exécuté. L'avion atterrit et s'arrêta près de l'aérogare. Un groupe d'hommes en civil attendaient, étrangement semblables (comme tous les policiers en civil du monde entier). Ils avaient identifié la femme à l'aide de photographies et allaient passer à l'action quand une énorme limousine noire s'arrêta au pied de la passerelle, une limousine bien connue de tous les agents secrets de Tbilissi. Tamara Mjavanadzé en descendit. Elle embrassa son invitée de Moscou quand celle-ci arriva au bas des marches, et la fit monter dans la voiture.

Les agents, impuissants, virent s'éloigner la limousine du Premier secrétaire du Comité central du Parti communiste de Géorgie. Il était inutile de la suivre pour savoir qu'elle se dirigeait droit vers la résidence privée du Premier secrétaire, où les agents — ni personne d'autre d'ailleurs — ne pouvaient pénétrer sans invitation.

On décida alors d'arrêter la trafiquante après son départ de la maison du secrétaire, bien qu'elle ne transportât plus alors la marchandise compromettante. Mais on espérait qu'en l'intimidant, on parviendrait à lui arracher les preuves nécessaires. Ce plan échoua, lui aussi. L'invitée fut reconduite par Tamara Mjavanadzé jusqu'à la passerelle de l'avion de Moscou, où elle disparut après de nouvelles effusions. Tamara resta sur l'aire d'embarquement jusqu'à ce que l'avion eût atteint la piste d'envol et eût décollé, tout en jetant des regards méprisants au groupe d'agents.

Le fait que Tamara Mjavanadzé fût venue elle-même à l'aéroport pour accueillir la spéculatrice qui transportait ses pierres précieuses (chose qu'elle n'avait jamais faite auparavant) prouvait qu'il y avait eu une fuite dans l'entourage de Chévarnadzé, et que la famille Mjavanadzé avait déjà été informée de l'opération qui se tramait contre elle. Il était dangereux d'attendre. Aussi Chévarnadzé décida-t-il de se rendre immédiatement à Moscou et de soumettre son dossier de preuves compromettantes à Brejnev.

Cela se passait vers la fin de l'été 1972. Le Premier secrétaire du Comité central du Parti communiste de Géorgie passait l'été comme à son habitude dans ses résidences secondaires — en montagne, au bord du lac Ritsa, et à Gagra sur la côte de la mer Noire.

Le 10 août, le journal de la République annonça que le Premier secrétaire avait reçu le secrétaire du Comité central du Parti communiste d'Israël et son épouse, qui passaient leurs vacances en Géorgie, et qu'il les avait « accueillis chaleureusement et fraternellement ». Après avoir fraternellement accueilli le secrétaire du Parti d'Israël et son épouse, Mjavanadzé, selon un article du 20 septembre, reçut une délégation d'Allemagne de l'Est. Le 30, le Comité central de Géorgie se réunit en séance plénière extraordinaire, et « accéda à la requête de Mjavanadzé, en l'autorisant à faire valoir ses droits à la retraite en raison de son âge ». A cette même séance, Chévarnadzé fut élu Premier secrétaire du Comité central, selon des instructions de Moscou.

Presque tous les dirigeants de Géorgie (aussi bien du Parti que de l'Etat) furent destitués pour raisons de santé, départs à la retraite, ou même renvoyés sans raison officielle. Treize membres du gouvernement furent démis de leurs fonctions : le président du Conseil des ministres, le président du Présidium du Soviet suprême, tout le sommet de la hiérarchie de l'appareil du Comité central du Parti, le président de la Cour suprême et le procureur de Géorgie. Les décrets prononçant la révocation de tous ces cadres furent publiés dans *L'Aube de l'Est* en 1972 et 1973.

Mais la purge s'arrêta là. Pas un seul des concussionnaires révoqués ne passa en justice, et presque tous conservèrent leur carte du Parti, et par là la possibilité de réoccuper des postes de direction dans l'industrie ou dans l'administration. Quant à Mjavanadzé, il fut radié de la liste des membres candidats du Politburo (en décembre 1972, à un plénum du Comité central du P.C.U.S.) ; il resta toutefois membre du Parti communiste et obtint une pension spéciale, habituellement accordée aux membres et aux candidats du Politburo disgraciés, et s'élevant à près de cinq fois la pension maximale que peuvent toucher les citoyens ordinaires.

Tchourkine, le Deuxième secrétaire du Comité central du parti géorgien fut le seul officiel exclu du Parti. On lui donna toutefois un poste de la *nomenklatoura,* la liste des emplois réservés aux membres du Parti et soumis à ratification par l'Obkom du Parti ou par le Comité central. On le nomma vice-président de l'Union des consommateurs de la région de Kalininskaïa, en République socialiste fédérative soviétique de Russie (R.S.F.S.R.).

Les deux principales intermédiaires dans le transfert des pots-de-vin, les deux Tamara, échappèrent elles aussi à la justice. Les personnes qui se retrouvèrent devant les tribunaux furent celles qui avaient versé ces pots-de-vin, qui avaient acheté des postes, et des titres universitaires. Des procès similaires eurent lieu en Géorgie entre 1974 et 1977.

Dans les années 70, on assista à une âpre lutte entre deux clans au sein de l'élite dirigeante d'Ouzbékistan. Il y avait d'un côté le clan d'un certain Charaf Rachidov, Premier secrétaire du Comité central du Parti communiste de la République et membre candidat du Politburo, et de l'autre le clan où s'étaient réunis Mankoul Kourbanov et Yaggar Nasréddinova (respectivement président du Conseil des ministres d'Ouzbékistan et présidente du Présidium du Soviet suprême).

Dans cette lutte, la principale tactique des deux parties consistait à envoyer des lettres de délation à Moscou. Chaque clan avait au sein du Comité central de Moscou ses protecteurs attitrés (qui n'agissaient certainement pas par altruisme), par l'intermédiaire desquels il tentait de compromettre ses adversaires aux yeux de Brejnev et des autres secrétaires du Comité Central du P.C.U.S. Les lettres de dénonciation pleuvaient ; chaque clan accusait l'autre de corruption, d'entraver la bonne marche du travail et de fabriquer de toutes pièces des comptes rendus triomphants sur la réalisation des objectifs du plan relatif à la récolte du coton. (Le coton est la principale culture d'Ouzbékistan, et a une importance nationale.) Il faut ajouter que ces dénonciations étaient absolument exactes : une corruption systématique régnait dans les sphères dirigeantes de la République.

J'ai eu plus tard l'occasion d'assister à des procès à Tachkent, lors d'assises locales de la Cour suprême d'U.R.S.S. (avec la participation d'avocats de la défense venus de Moscou). J'ai pu d'autre part me procurer certaines informations confidentielles sur les hautes sphères du Parti et de l'Etat d'Ouzbékistan. Je peux donc affirmer avec certitude que les dirigeants de cette République touchaient des tributs réguliers des responsables des kolkhozes et des sovkhozes, tributs payés en espèces et en moutons ; des troupeaux entiers étaient ainsi amenés pour eux depuis les pâturages de montagne jusqu'à la capitale. Les propriétaires d'entreprises clandestines versaient, en échange de protections, des mensualités en espèces, ou sous forme de pierres précieuses et, souvent, conformément aux goûts et aux traditions orientales, de tapis faits main, de très grande valeur.

Chaque haut fonctionnaire avait sa propre sphère d'influence et sa clientèle personnelle, qui lui versait un tribut régulier en échange de sa protection. Par exemple, toutes les petites boutiques et les échoppes du bazar d'Alaï dans le vieux Tachkent payaient tribut à Kourbanov, président du Conseil des ministres.

Mais il existait un secteur d'activité clandestine qui versait de l'argent à tout le monde : aux secrétaires du Comité central de la République, aux dirigeants gouvernementaux, au ministre de l'Intérieur, au chef de l'O.B.K.H.S.S. (Département pour la lutte contre le pillage des biens socialistes), et à bien d'autres encore. Ce secteur était spécialisé dans la culture et la préparation de drogues illégales, l'activité la plus dangereuse — et la plus lucrative — de toutes.

Outre les paiements réguliers destinés à s'assurer que les autorités fermeraient les yeux sur ces activités illicites, certains pots-de-vin rétribuaient également des services particuliers : des nominations à des postes lucratifs et prestigieux, des diplômes universitaires. La présidente du Présidium du Soviet suprême d'Ouzbékistan, Nasréddinova par exemple, était spécialisée dans le commerce des grâces. Ses tarifs étaient bien connus : la grâce officielle du Présidium du Soviet suprême en faveur d'un criminel reconnu coupable d'un grave délit coûtait cent mille roubles. Poulat Khodjaev, président de la Cour suprême, demandait quant à lui entre vingt-cinq et cent mille roubles pour un acquittement.

La guerre continuait de faire rage entre les deux clans rivaux de l'appareil dirigeant ; chaque partie comptait les points, mais le Comité central de Moscou faisait de son mieux pour empêcher une révélation scandaleuse des activités de l'élite dirigeante d'Ouzbékistan. On tenta de désamorcer la situation en déplaçant Nasréddinova, qui avait joué un rôle un peu trop actif dans les intrigues ouzbèkes. On la muta, sous couvert d'une promotion : elle fut « élue » (c'est-à-dire nommée par le Comité central du P.C.U.S.) présidente du Conseil des nationalités du Soviet suprême, l'une des deux Chambres du Parlement soviétique.

Mais en 1975, on assista à un tournant dans la guerre des clans. Profitant de la primauté de l'appareil du Parti sur celui de l'Etat, Rachidov (Premier secrétaire du Comité central du Parti communiste), assisté du K.G.B. de la République (officiellement subordonné au Conseil des ministres), accumula les preuves de la corruption de ses adversaires. Il soumit ces preuves à Moscou et parvint à obtenir l'autorisation de mener une purge. Selon mes informateurs ouzbeks, il insista tant que l'on décida d'organiser plusieurs procès publics de membres de l'élite dirigeante de la République.

Pour éviter de compromettre le régime dans ce scandale, on préféra ne pas engager de poursuites contre Nasréddinova, qui occupait désormais son poste extrêmement prestigieux au Soviet des nationalités. Elle resta membre du Parti communiste, mais fut discrètement mutée à l'un des nombreux postes de vice-ministre que comptent les ministères soviétiques de l'Industrie textile.

Le premier procès fut celui du président de la Cour suprême, Poulat Khodjaev; il fut suivi par celui du président du Conseil des ministres de la République, Kourbanov.

Ces procès, qui eurent lieu entre 1976 et 1977, ne donnèrent pas une image complète de la corruption de l'élite dirigeante ouzbèke. Les agents d'instruction chargés de l'affaire parvinrent à éviter que les déclarations des témoins ou des prévenus n'élargissent le nombre d'affaires examinées, et par là, le nombre des éventuels prévenus. A cet égard, Kourbanov leur donna bien du fil à retordre. Pendant l'instruction et le procès — qui eut lieu en public (un public soigneusement filtré : il fallait être muni d'un laissez-passer pour pouvoir assister aux audiences) —, les instructeurs et le magistrat de la Cour suprême d'U.R.S.S. chargé de présider les débats se bornèrent tous à examiner certains cas particuliers de corruption, dont on avait spécifiquement accusé les prévenus, le président de la Cour suprême, et celui du Conseil des ministres.

Ils plaidèrent tous deux non coupables ; et comme les pots-de-vin en question n'avaient pas été touchés directement par les prévenus, mais transmis par des intermédiaires (ou même par de véritables réseaux d'intermédiaires), leurs avocats firent valoir que les preuves de leur culpabilité étaient loin d'être irréfutables. Effectivement, la Cour suprême d'U.R.S.S. rejeta certaines accusations, faute de preuves. Ils furent toutefois reconnus coupables, mais la justice soviétique fit preuve à leur égard d'une mansuétude inaccoutumée. Pour permettre au lecteur d'évaluer correctement cette mansuétude, je citerai le cas d'un directeur d'auto-école du district moscovite de Baumansky, condamné à sept ans de prison pour avoir touché des pots-de-vin de vingt-cinq à trente roubles, d'élèves à qui il avait procuré des permis de conduire ; il était accusé d'avoir perçu au total mille cinquante roubles de pots-de-vin. Quelle différence avec nos deux fonctionnaires, qui occupaient des situations très importantes dans l'administration ouzbèke, et avaient été reconnus coupables d'avoir touché illicitement plusieurs centaines de milliers de roubles : ils furent condamnés à huit ans (pour le président de la Cour suprême) et dix ans (pour le président du Conseil des ministres).

Cette indulgence insolite n'était pas le fait d'une décision arbitraire des juges : les sentences avaient été arrêtées à l'avance, à un très haut niveau de l'appareil du Comité central du P.C.U.S. Ces condamnations démontrent une fois de plus la tolérance des autorités centrale à l'égard de la corruption qui règne dans les plus hautes instances du Parti et de l'Etat.

Pour quelle raison les autorités font-elles preuve d'une telle tolérance, devant la corruption qui a gagné leurs propres rangs ? Cette indulgence — dans un régime si impitoyable et si prompt à réprimer tous les autres délits — est due avant tout et surtout au fait qu'une proportion très élevée de membres de l'élite dirigeante elle-même est impliquée dans cette corruption. Cette proportion est si élevée que même le tout-puissant Politburo ne veut pas prendre le risque d'une purge générale ni du conflit ouvert avec l'élite qui en résulterait.

Le régime craint d'autre part de détruire un mythe soigneusement entretenu depuis soixante ans par les services de propagande d'Union soviétique et des partis communistes étrangers : le mythe de l'infaillibilité du Parti communiste d'Union soviétique et de sa direction, formée de « serviteurs du peuple » d'une honnêteté sans tache et au train de vie modeste.

Chapitre III

LA MAFIA DE DISTRICT

Je me rendis un jour en train à Salekhard, une ville située au centre de l'Okroug national de Yamal-Nenetsky[1], près du cercle polaire. Je traversai la région des camps de concentration, et par la fenêtre, je vis passer comme un éclair des noms de gares, des noms qui firent remonter à ma mémoire le souvenir des plus sinistres îles de l'archipel du Goulag : Inta, Petchora...

J'allais défendre un homme nommé Berlin (il s'agit là de son véritable nom). Le peu que je savais de son affaire me laissait totalement perplexe. Berlin était une personnalité éminente de Salekhard ; il était directeur du Département des télécommunications transcontinentales, et placé en tant que tel sous la responsabilité directe du ministère des Communications, et non des autorités locales. Membre du Conseil des délégués de l'Okroug, il jouissait, de par la loi, de l'immunité parlementaire. Il avait cependant été accusé de malversations par la Procurature locale ; on l'avait même arrêté, puis incarcéré. Toute cette affaire était absolument contraire aux habitudes provinciales soviétiques.

Assis dans le bureau du vice-procureur de l'Okroug (qui, contrairement à tous les usages, instruisait personnellement cette affaire), je jetai un coup d'œil au dossier d'instruction ; au fur et à mesure que je lisais, ma perplexité, loin de se dissiper, ne cessait de

---

1. L'Okroug est une subdivision du *Kraï*, ou territoire, fondée sur la nationalité de ses habitants. (Note de l'édition américaine.)

croître. Toutes les accusations portées contre Berlin se limitaient à des vétilles, des affaires courantes dans la vie de n'importe quel cadre économique soviétique. Il était accusé de faits que n'aurait pu éviter aucun chef d'entreprise soviétique, privés comme ils le sont de toute indépendance et du droit de gérer les ressources des entreprises qui leur sont confiées.

Les agents d'instruction n'avaient pas même accusé Berlin d'avoir commis ces infractions par cupidité, fait qui, juridiquement parlant, rendait l'accusation nulle et non avenue. Conformément à l'article 170 du code pénal, sur lequel se fondait l'accusation, ne sont considérés comme délits que les actes qui sont à la fois contraires aux intérêts du service et commis pour des raisons intéressées ou en vue d'un profit personnel. Quand je soulignai l'importance de ce point au procureur et tentai de découvrir le fond de cette affaire, il me répondit évasivement. Il finit toutefois par me laisser entendre que ses services n'avaient rien à voir dans tout cela et qu'il ne faisait qu'exécuter les ordres des chefs du Parti.

Je rendis visite à mon client en prison, un solide bâtiment fait de grosses poutres de pin. Un homme corpulent, de haute taille, m'accueillit ; conformément au règlement carcéral, ses cheveux étaient rasés, mais on discernait encore clairement qu'ils étaient gris. Il se comportait en homme autoritaire, habitué à donner des ordres et persuadé de la légitimité de son pouvoir. Le mystère entourant les raisons de son accusation et de son arrestation fut rapidement élucidé. N'étant responsable de sa gestion que devant ses supérieurs de Moscou, Berlin estimait n'avoir aucun compte à rendre aux autorités locales. Un beau jour, le Premier secrétaire de l'*Okroujkom* (Comité de l'Okroug) du Parti communiste exigea impérieusement (je dis bien exigea, et non demanda) que Berlin lui fournît des matériaux et des hommes pour lui construire une maison particulière avec tout le confort moderne (à Salekhard, à cette époque, seuls Berlin et ses sous-directeurs avaient de telles maisons). Il lui réclama d'autre part du bois de chauffage pour les membres du personnel de l'Okroujkom. Berlin refusa et s'embarrassa peu de formuler son refus en termes diplomatiques.

Le secrétaire n'avait pas le pouvoir de renvoyer Berlin, mais il veilla à ce que l'Inspection de l'Okroug envoyât ses agents visiter l'établissement de Berlin. Cette visite donna lieu à un rapport énumérant toutes les infractions commises par Berlin, et ce rapport servit de base à l'acte d'accusation. Sur les ordres personnels du Premier secrétaire, le Conseil des délégués de l'Okroug leva l'immunité de Berlin. Le procureur put alors entamer des poursuites contre lui et signer un mandat d'arrêt.

Comme il était hors de question d'obtenir un jugement équitable au tribunal de l'Okroug — il était évident que le juge, le procureur, et même les experts comptables feraient ce que le Premier secrétaire du Comité de l'Okroug du Parti leur dirait —, ma tâche fut d'utiliser ce procès pour préparer le futur renvoi de l'affaire devant la Cour suprême.

Le tribunal de l'Okroug condamna Berlin à un an de réclusion, et lui imposa de rembourser les dommages « causés par ses actions contre l'Etat » (en réalité, il n'y avait aucun dommage, et rien à rembourser). La Cour suprême de la République socialiste fédérative soviétique de Russie cassa cette condamnation, et prononça l'acquittement pur et simple de Berlin. Mais l'histoire ne finit pas tout à fait aussi bien. En effet, une fois libéré, Berlin jugea préférable de démissionner et de quitter l'Okroug de Yamal-Nenetsky, où il avait vécu et travaillé pendant près de vingt ans. Ayant choisi de ne pas se soumettre aux règles, de ne pas être tributaire de la mafia de l'Okroug, il avait appris une dure leçon : que personne ne peut enfreindre les règles fixées par l'élite locale.

Voilà comment l'élite de district traite ceux qui ne paient pas leur dû. Mais quel est ce « dû », et quel rôle joue-t-il dans la vie des provinces soviétiques ?

En raison des limites imposées au budget de l'Etat et aux fonds du Parti, le pouvoir central est incapable d'offrir aux échelons inférieurs du gigantesque appareil dirigeant les privilèges qu'il s'est accordés. Il faut donc que les secrétaires de Comités de district, les présidents de Comités exécutifs de district, les directeurs des services de district, et les autres fonctionnaires, défendent eux-mêmes leurs intérêts. Leurs salaires officiels ne sont pas élevés (un secrétaire de Comité de district par exemple gagne à peu près deux cent cinquante roubles par mois). En revanche, ils exercent un pouvoir considérable sur la vie de leurs districts et peuvent compenser leur manque à gagner du côté de l'Etat ou du Parti en usant de ce pouvoir pour extorquer des biens ou des services à leurs administrés. Cette strate inférieure comprend des dizaines de milliers d'agents du Parti et de l'Etat, chargés de représenter le pouvoir dans les provinces, et qui forment l'armature de la classe dirigeante. Ils sont le pilier de soutènement du pouvoir central dont ils sont les représentants. Les autorités suprêmes doivent par conséquent tolérer que les autorités locales se dédommagent de l'absence d'avantages officiels en acceptant des paiements en espèces et en nature.

J'ai eu un jour l'occasion de séjourner quelque temps dans un petit centre de district de la région d'Arkhangelsk, au bord de la mer Blanche. Je devais y rester près de cinq semaines pour participer à un procès et, le seul hôtel de la ville étant épouvantable, je préférai louer une chambre chez l'habitant.

Le propriétaire de cette maison était contremaître dans une fabrique de beurre et sa femme travaillait comme comptable à l'Union des consommateurs du district. Son frère — ancien conseiller juridique d'une usine de Moscou — logeait chez eux. Grâce à lui, j'appris bien des choses sur la vie de ce chef-lieu de district.

Etant à la retraite, cet ancien juriste avait le temps d'observer la vie de cette petite ville. Tous les matins, il se rendait à la poste pour acheter, avec deux jours de retard, les journaux de Moscou. La poste était située sur la même place que les diverses administrations de l'Etat et du Parti. Assis sur un banc du square à côté des autres retraités, et occupé à lire ses journaux, il remarquait fréquemment des camions chargés de choux, de pièces entières de bétail, de poisson séché ou frais, ou d'énormes bidons de lait de quarante litres, qui s'arrêtaient devant ces bureaux. Il vit même un jour un camion chargé de foin se garer devant le bâtiment de la gendarmerie locale. Dès qu'un chargement arrivait à l'entrée d'une administration, les employés se précipitaient dehors pour aider à transporter les produits à l'intérieur du bâtiment ou dans une cour spacieuse.

L'ancien juriste se lia avec quelques retraités du coin qui se retrouvaient tous les jours dans le jardin public pour lire les journaux de Moscou et faire un brin de causette sur les vicissitudes de la situation internationale. Parmi eux, il y avait des fonctionnaires, des comptables et des vendeurs à la retraite. Ils purent fournir des réponses détaillées à toutes ses questions, et il ne lui fallut pas longtemps pour apprendre que ces camions livraient des produits du sovkhoze et du kolkhoze aux employés des administrations du district, produits dont ils avaient besoin pour leur propre consommation, et comme fourrage d'hiver pour leur bétail.

Manifestement bien informés de la question, les gens de la ville lui expliquèrent que le Premier secrétaire du Comité de district « lui même » était un patron juste, sans prétention (c'est-à-dire démocrate et sans arrogance), et respectueux des lois. Ainsi, tout ce qui était livré était équitablement réparti entre les employés, quelle que fût leur fonction. Ils payaient intégralement la viande, le poisson et le miel qu'ils recevaient — pas aussi cher que dans le commerce, bien sûr, mais aux prix demandés par les responsables de sovkhozes et de kolkhozes, qui mettent de temps en temps à la disposition de leurs ouvriers une petite quantité des produits en stock pour le cinquième ou le dixième des prix du commerce. Quant au reste — le foin et les légumes —, les employés de certains services le payaient aux mêmes tarifs réduits ; dans certains autres, ils ne payaient rien du tout.

L'ancien conseiller juridique tenta d'expliquer à ses nouveaux amis que tout cela était illégal, que les responsables du sovkhoze et du kolkhoze se rendaient coupables de détournement de biens socialistes, et que les directeurs des administrations de district, y compris le secrétaire du Comité de district, étaient complices, et même instigateurs de cette grave infraction. Aucun de ses interlocuteurs ne partagea son indignation. Tous considéraient cette situation comme parfaitement normale : ce train-train quotidien ne méritait aucun intérêt particulier. Non contents de ne pas condamner ce système de primes en nature, les gens du coin l'approuvaient même sans réserve et l'estimaient indispensable ; sans lui, en effet, comme ils l'expliquèrent au Moscovite, un employé de bureau ordinaire n'aurait tout simplement pas eu de quoi vivre.

Les gens du coin auxquels il parla professaient la même opinion sur les présents offerts aux patrons. Ils estimaient unanimement le Premier secrétaire, parce que c'était un homme modeste, qui n'acceptait que ce dont il avait besoin, et interdisait à sa femme de prendre plus que le strict nécessaire. Ils condamnaient en revanche d'une seule voix l'attitude du président du Comité exécutif du district, et racontèrent qu'il s'était attribué, pour son usage personnel, un grand bâtiment prévu comme jardin d'enfants (il avait cédé sa propre maison — beaucoup plus petite — au jardin d'enfants). Les services du bâtiment du district avaient équipé cette bâtisse, absolument gratuitement, avec un luxe inconnu jusque-là dans la ville. D'un ton désapprobateur, ils affirmèrent que la voiture appartenant au service des transports automobiles du district était en permanence — et gratuitement, bien sûr — à la disposition de l'épouse du président, et bien d'autres choses encore.

Le juriste put bientôt observer de ses propres yeux le mécanisme du système des présents. Toute la ville ne parlait que du mariage imminent du fils du président du Comité exécutif du district. Tout le monde savait que la noce allait être célébrée avec faste dans le seul restaurant de la localité, et que plus d'une centaine d'invités y participeraient. L'administration était en émoi, et chacun rêvait d'être invité. Ces invitations devinrent une affaire de prestige et furent considérées comme un indice de la position occupée par chacun au sein de l'élite locale.

Le restaurant fut fermé au public pendant une semaine. Des veaux entiers, des cochons de lait, du poisson fumé et frais, et bien d'autres choses encore, affluaient de tous les coins du district. Le jour de la noce, une foule — dont faisait partie mon informateur — se rassembla devant le restaurant pour admirer le spectacle des festivités. Un autocar s'arrêta et on en vit descendre une vingtaine de vieilles femmes toutes vêtues d'anciens costumes paysans brodés. C'était une célèbre chorale folklorique spécialisée dans les vieilles chansons de la Russie du Nord. Par les fenêtres ouvertes, la foule put entendre les vieilles femmes charmer l'élite en interprétant des chansons de noce rituelles.

En tant que comptable de l'Union des consommateurs dont dépendait le restaurant, ma logeuse apprit ce qu'avait coûté la réception au président du Comité exécutif : 85 kopecks par tête. Elle ne put que hasarder une estimation des frais réels engagés par le restaurant pour la noce — sans oublier les douzaines de bouteilles de vodka, de vin et de champagne. Mais l'indignation que manifesta l'ancien juriste ne fut pas comprise de ses parents ; tout en ne recevant pas de présents eux-mêmes, ils ne blâmaient pas ceux qui le faisaient. Ils en étaient seulement un peu jaloux, ni plus ni moins que n'importe qui devant plus aisé que soi.

Ma logeuse et son mari me racontèrent bien des choses intéressantes, sans se rendre compte qu'ils trahissaient des secrets locaux. La logeuse nous apprit que tous les mois, tous les magasins coopératifs locaux remettaient des liasses de billets au président de l'Union des consommateurs ; il en conservait une partie, et transmettait l'autre à un membre du Comité de district (elle ne savait pas exactement à qui). Il en envoyait aussi une partie à l'Union régionale des consommateurs, située dans la capitale régionale. Son mari raconta que sa laiterie livrait du beurre et de la crème aigre aux principaux patrons du district.

Le conseiller juridique de Moscou décida alors de dénoncer ceux qu'il appelait « les pillards qui s'étaient insinués aux postes de direction du district, et qui étaient la honte du régime soviétique et du Parti communiste ».

Je lui conseillai d'adresser directement sa plainte à Moscou. Mais, juriste de formation, il était habitué à observer les règles hiérarchiques ; aussi écrivit-il d'abord aux organes régionaux : au Comité du Parti communiste, et à la Procurature. Il ne reçut pas de réponse, mais sa confiance dans la justice et la légalité ne fut pas ébranlée pour autant. Il écrivit alors à Moscou, au Comité central du Parti communiste d'Union soviétique et à la Procurature générale d'U.R.S.S., qui lui firent savoir que ses plaintes avaient été retransmises pour examen aux organisations régionales compétentes, qui le tiendraient informé de leurs conclusions.

Leur réponse ne se fit pas attendre. Son accueillant beau-frère fut bientôt convoqué au Comité de district (il était membre du Parti), et le Second secrétaire l'avertit que si son parent ne regagnait pas Moscou sur-le-champ, il serait licencié, et qu'on leur rendrait la vie impossible, à sa femme et lui. Il n'y avait rien à faire ; mon informateur ne pouvait pas causer délibérément la ruine de sa famille ; il capitula donc, accepta l'ultimatum du Comité, et rentra chez lui, à Moscou.

Le tableau que je viens de tracer est typique. Dans les régions reculées du pays, le système du tribut est devenu une forme de corruption caractéristique du bas de l'échelle hiérarchique de l'élite dirigeante. Son trait distinctif est que les membres de l'élite de district ne se bornent pas à toucher des pots-de-vin en échange d'une faveur particulière : ils reçoivent également des présents en nature et sous forme de services de tous ceux qui dépendent d'eux. Or, comme toutes les administrations et toutes les entreprises du district se trouvent dans cette situation de dépendance, la gamme de biens et de services disponibles n'a pour limite que les possibilités du district lui-même. Il est possible de se faire une idée relativement cohérente et presque complète de la manière dont fonctionne le système des tributs dans ces régions perdues grâce aux dossiers de procès, aux articles contenus dans la presse soviétique, aux récits de témoins oculaires, et à mes propres observations.

Dans les petites villes de province, il n'existe ni « colis du Kremlin » — comme ceux dont dispose l'élite moscovite — ni de ces magasins réservés où les classes dirigeantes peuvent faire leurs provisions. En fait, les habitants des petites villes perdues, en particulier en Russie même, n'arrivent pas à se procurer les produits de première nécessité de façon normale, même en les payant, et aux prix d'Etat courants. Comme par le passé, la population moyenne de ces localités vit encore essentiellement d'agriculture vivrière. Les gens cultivent un petit lopin de terre, et, dans la mesure du possible, élèvent une chèvre ou une vache. De plus, ils achètent des choses au marché[1]. Les membres de l'élite dirigeante locale, pour leur part,

1. Le marché kolkhozien, seule forme autorisée de commerce privé, où s'écoulent les produits des lopins de terre individuels (de 0,2 hectare à un demi-

vivent essentiellement de tributs. Et, suivant la saison et les conditions climatiques locales, un flot constant de denrées provenant des sovkhoses et des kolkhozes vient se déverser dans les garde-manger et les cuisines des cadres du district : des tonnes de fruits et de légumes, de la viande et du poisson, des pots de miel, des paniers d'œufs, des dizaines d'hectolitres de vin de pays, et diverses autres victuailles.

Le meilleur (et généralement le seul) restaurant de chaque ville a une petite pièce dont le patron conserve la clé. Cette pièce n'est ouverte qu'à certains privilégiés : les membres de l'élite locale et leurs invités. On ne leur sert pas la même nourriture qu'aux modestes clients de la salle commune ; on leur offre des plats préparés spécialement, à partir d'ingrédients choisis.

Dans ce genre d'endroits, ils mangent généralement et, cela va sans dire, boivent absolument gratuitement.

Ces villes de province ne connaissent rien de comparable aux garages du Comité central ou du Conseil des ministres, où les dignitaires du régime peuvent commander n'importe quel nombre de voitures, à toute heure du jour ou de la nuit. Le Comité de district et le Comité exécutif de district peuvent posséder une ou deux voitures, et l'élite dirigeante doit s'en contenter. Elle peut toutefois réquisitionner tous les véhicules, voitures ou camions, appartenant au service de transports automobiles du district, ou même à n'importe quelle administration locale.

Sur l'ordre du secrétaire du Comité de district, les véhicules de l'Etat conduiront, toujours gratuitement, le secrétaire, sa famille et ses amis à la chasse, à la pêche ou en pique-nique. Ou bien ils iront chercher des meubles et des matériaux de construction à la capitale régionale ou même à Moscou si la maison particulière du secrétaire a besoin de réparations.

Dans ces villes de province, il n'y a pas de maisons du gouvernement, comme il y en a à Moscou, rue Granovsky ou rue Serafimovitch ; ni, non plus, d'immeubles réservés comme ceux qui sont construits pour les fonctionnaires gouvernementaux dans les centres régionaux plus importants. En revanche, les régions reculées ont des présidents de kolkhozes et des directeurs de sovkhozes qui, à la requête du Comité de district, piochent dans la caisse de leur ferme pour régler les frais de construction de résidences privées destinées à

hectare), lesquels ne représentent que 1 % des terres cultivées en U.R.S.S., mais fournissent 12 % de la production agricole et sont donc d'un intérêt vital pour l'économie soviétique. (N.d.E.)

l'élite dirigeante locale, frais qui s'élèvent à plusieurs dizaines de milliers de roubles. Elles ont aussi des offices du bâtiment dont les directeurs sont prêts à attribuer à ces entreprises privées des matériaux de construction de l'Etat, prévus peut-être pour la construction d'un jardin d'enfants ou d'un hôpital. Enfin, les soviets de village et de district n'hésitent pas à violer la loi et à réquisitionner des parcelles pour construire ces résidences privées.

On pourrait poursuivre indéfiniment la liste des tributs versés sous forme de services : les réparations gratuites d'automobiles effectuées dans les garages des entreprises d'Etat, les travaux de bricolage bénévoles faits par les services du bâtiment du district, l'envoi d'ouvriers d'entreprises d'Etat locales pour entretenir, pendant leurs heures de travail, les jardins des dirigeants, etc.

Il est évidemment impossible de cerner avec précision l'ensemble des personnes qui bénéficient de ce système de tributs. Mais tous les membres de ce groupe touchent des tributs personnels en fonction de leur place dans la hiérarchie du district, de l'étendue et de la nature du pouvoir qu'ils exercent. Ainsi, le Premier secrétaire d'un Comité de district du Parti communiste représente le sommet de cette hiérarchie ; il est immédiatement suivi du président du Comité exécutif de district ; leur pouvoir est en effet universel, et s'étend à tout le district. Aussi chacun d'eux peut-il requérir les services de toutes les administrations et de toutes les entreprises du district et recevoir des dons de tous les kolkhozes et sovkhozes. Ces dirigeants ne perçoivent pas ces contributions en échange d'un service défini, mais simplement d'une attitude généralement bienveillante, ou de leur patronage. On leur paie tribut pour la simple raison que tout le pouvoir du district est concentré dans leurs mains ; on leur rend des services afin de s'assurer qu'ils n'useront pas de leur pouvoir contre le donateur, pour prévenir tout ennui éventuel et pour être sûr qu'en cas de poursuites contre l'un de leurs tributaires, ils exerceront leur autorité pour le défendre.

Ce type de relations entre les dirigeants de districts et les responsables d'entreprises ou d'administrations qui leur sont subordonnées, repose, répétons-le, sur le pouvoir absolu de l'appareil du Parti et de l'Etat, et sur le fait que ce pouvoir n'est pas soumis à la loi, ni contrôlé par l'opinion publique et la presse. Un autre facteur essentiel est qu'il n'existe pas en Union soviétique un seul responsable — même le plus inébranlablement honnête, le plus incorruptible de tous — capable de gérer efficacement son entreprise ou son administration sans enfreindre la loi. Aussi le bonheur et la tranquillité d'esprit de ces responsables dépendent-ils des personnes qui exercent le pouvoir dans le district, de l'attention bienveillante ou critique que celles-ci accorderont à leurs rapports outrés sur la réalisation du Plan, et à leurs infractions à la loi ainsi qu'aux ordres reçus touchant les dépenses et l'emploi du matériel.

Mais rares sont les responsables qui n'exploitent leur situation officielle que dans l'intérêt de leurs administrations ou de leurs entreprises respectives. Il y a également quantité d'autres raisons — dont l'une, et non la moindre, est la nécessité de trouver l'argent de tous les tributs qu'ils doivent verser ! — qui les poussent à commettre des malversations pour défendre leurs intérêts personnels. C'est ainsi que les procureurs de districts et les commissaires de police peuvent saisir certaines occasions de profit.

Les procureurs et les officiers de police n'occupent pas une position très élevée dans la hiérarchie du district ; fréquemment, ils ne sont pas même membres du bureau du Comité de district (indice sûr de l'appartenance à l'élite locale). Mais ils ont leur mot à dire dans la décision éventuelle d'engager des poursuites contre tel gérant de magasin, tel patron de restaurant ou tel responsable de kolkhoze ou de sovkhoze ; et c'est ainsi que ceux-ci sont devenus les tributaires dociles des services de police et des procuratures.

Les inspecteurs des finances, des services sanitaires et vétérinaires et des offices de lutte contre l'incendie n'exercent dans le district qu'un pouvoir très limité ; mais, dans son domaine propre, chacun d'eux peut causer un certain nombre d'ennuis au responsable d'une administration ou d'une entreprise. L'inspecteur des finances peut vérifier les comptes de près, dénoncer les opérations illicites et les fraudes, et rédiger un rapport contraignant le procureur à entamer des poursuites.

Les inspecteurs des services sanitaires et des offices de lutte contre l'incendie peuvent faire des rapports sur les violations de la législation sanitaire ou des règlements de sécurité, et sont autorisés à fermer temporairement un magasin ou un restaurant, ou à infliger une amende à son gérant.

Dans les grandes villes — les centres régionaux, les capitales de Républiques, ou Moscou elle-même —, l'élite dirigeante locale profite également de sa situation pour lever des tributs. Ce système y prend cependant une forme un peu différente, et intervient beaucoup plus discrètement que dans les zones rurales. Mais, malgré la proximité de l'administration régionale ou centrale, il fonctionne de la même manière dans toutes les grandes villes.

Aucune information sur cette version urbaine du système de tribut ne transpire jamais dans la presse soviétique, et je n'ai jamais entendu dire qu'un membre haut placé de l'appareil du Parti et de l'Etat ait été poursuivi pour en avoir profité. J'ai pu néanmoins réunir des renseignements sur les tributs versés à l'élite de district des grandes villes, grâce à mon expérience d'avocat, en consultant les archives judiciaires et en interrogeant certains membres de l'élite et des employés de magasins d'alimentation.

Dans les cas de ce genre, les employés des magasins, des restaurants et des cafés sont toujours les seuls inculpés ; leurs clients privilégiés ne comparaissent jamais devant les tribunaux, même comme témoins. Les responsables de magasins ou de restaurants, les vendeurs et les serveurs de cafétérias sont généralement accusés d'avoir chapardé ou escroqué leurs clients.

Comme à la campagne, l'élite de district des grandes villes dispose librement des véhicules appartenant aux différentes administrations ou entreprises du district, et peut utiliser les services des garages pour faire réparer ses voitures personnelles. Mais les grandes villes manquent de kolkhozes et de sovkhozes susceptibles de livrer à l'élite les produits alimentaires dont elle a besoin ; cette fonction est remplie par les magasins et les restaurants d'Etat.

Tous les districts des grandes villes possèdent deux ou trois magasins spécialement réservés à l'élite locale. Ils ne diffèrent des autres ni par leur aspect extérieur, ni par la gamme de produits disposés sur leurs rayons, ni par la foule de clients qui s'y presse. Et pourtant, en coulisse — dans les bureaux des responsables et dans les réserves — tout est différent : la situation sociale privilégiée des clients, l'assortiment de marchandises, et même les prix.

Un exemple typique d'organisation moscovite a été mis en lumière lors du procès de dix-sept employés du Magasin d'alimentation n° 5, situé à proximité du stade Loujini (où se sont déroulés les Jeux Olympiques de 1980). Presque tous les employés du magasin étaient cités comme prévenus — depuis l'apprenti de seize ans jusqu'au vieux et vénérable directeur, un lieutenant-colonel à la retraite, Boris Adamov. (Je donne ici son véritable nom, car il est mort en camp, pendant qu'il purgeait sa peine.)

Le Magasin d'alimentation n° 5 avait été désigné pour servir l'élite dirigeante d'un des districts de Moscou. Le magasin tenait une liste des membres du personnel de l'Etat et du Parti du district, à qui il devait accorder certains privilèges. Lorsqu'il fallait ajouter ou retrancher quelqu'un de la liste, l'inspecteur du Raïkom responsable de la surveillance du commerce téléphonait au directeur (cet inspecteur profitait bien sûr, lui aussi, des avantages offerts par ce magasin). Les personnes qui avaient été exclues de l'élite comprenaient généralement les conséquences inéluctables qui en découlaient et ne se représentaient plus au magasin. Ceux qui essayaient d'user de leurs privilèges, alors qu'ils n'en avaient plus le droit, n'étaient pas ouvertement expulsés, mais on trouvait divers prétextes limpides pour les empêcher de faire leurs courses : les employés se plaignaient par exemple d'un retard de livraison, ou affirmaient que le directeur n'avait pas le temps de les servir.

Voici à quoi ressemblait la routine du tribut : une ou deux fois par semaine, les épouses des membres éminents du personnel du Raïkom et du Raïispolkom se rendaient au magasin. Elles demandaient ce qui était disponible et remettaient une liste de ce dont elles avaient besoin. Pendant qu'on préparait leur commande, elles attendaient dans le bureau du directeur, où on leur apportait les colis emballés. Le directeur indiquait alors à la cliente le montant de la note. Les produits de luxe, vin, vodka et cognac, leur étaient soit facturés au prix normal, soit offerts gracieusement (cas très fréquent la veille de jours fériés ; le Raïkom donnait alors des directives pour que l'on préparât des paquets-cadeaux pour les cadres en congé). Les autres articles étaient vendus au tiers ou à la moitié des prix courants.

Outre les cadres supérieurs du Raïkom et du Raïispolkom, d'autres membres de l'élite bénéficiaient de services préférentiels, sans figurer cependant sur la liste du Magasin d'alimentation n° 5. Le magasin comptait par exemple au nombre de ses plus fidèles clients le commissaire de police du district et le chef du Département pour la lutte contre le pillage des biens socialistes (l'O.B.K.H.S.S.). Mais ils venaient choisir ce qu'ils voulaient en personne, sans envoyer leurs femmes, cette finesse de procédure indiquant que leur statut de clients privilégiés n'était pas aussi officiel que celui des employés des organes du Parti et de l'Etat. En revanche, aucun article — alimentation ou alcool — ne leur coûtait jamais un kopeck, preuve que le magasin dépendait plus directement de la police que de la direction du district en général.

Le magasin comptait encore d'autres clients qui, sans être hauts fonctionnaires, réclamaient régulièrement des marchandises gratuites : l'inspecteur des services sanitaires (heureusement, c'était une femme qui n'exigeait pas souvent de boissons aussi coûteuses que la fine champagne ou la vodka), l'inspecteur de la lutte contre l'incendie (qui lui, en revanche, s'intéressait essentiellement aux alcools forts), un représentant de la police d'arrondissement, ainsi que des personnages aussi insolites qu'un technicien du central téléphonique local.

Le procès permit d'établir le nombre de personnes qui jouissaient des faveurs du Magasin d'alimentation n° 5 : elles étaient une quarantaine au total. La sous-directrice du magasin (qui passait elle aussi en jugement) avait tenu un registre « noir », où elle avait consigné toutes les recettes et dépenses illicites ; on put ainsi estimer approximativement ce que ces faveurs avaient coûté au magasin : elles atteignaient la somme impressionnante de près de 90 000 roubles par an.

Le cas des employés du Magasin d'alimentation n° 5 est loin d'être unique. Il y eut plusieurs affaires du même genre à Moscou et à Leningrad, et le système de tribut révélé par les dossiers de ces procès ne diffère que sur des points de détail des manœuvres du Magasin d'alimentation n° 5.

Dans les districts des villes régionales, par contre, les mécanismes sont un peu différents. Ces dernières années, les provinces russes ont été de plus en plus mal ravitaillées. Dans la grande majorité des centres régionaux (et à plus forte raison dans les petits centres de districts) même les produits de première nécessité comme la viande, le poisson, la volaille, les saucisses, les produits laitiers et les légumes, sont introuvables dans les magasins ouverts au public ordinaire. Cette difficulté peut être partiellement surmontée en achetant certaines denrées au marché, à des prix qui, en 1978, atteignaient trois fois à trois fois et demie les prix du commerce normal. (Si j'en crois des informations qui me sont parvenues d'Union soviétique, en août 1979, ils atteignaient cinq ou six fois les prix affichés en magasin.)

Etant donné ces difficultés de ravitaillement, il va de soi que les quelques bribes qui arrivent jusqu'aux magasins des centres régionaux n'atteignent jamais le panier de la ménagère ordinaire ; elles se dirigent soit vers le marché noir, soit vers tous ceux dont dépendent la tranquillité d'esprit et le bonheur du responsable du magasin : les membres de l'élite locale, la police, la Procurature, et les multiples inspecteurs. Et en règle générale, même ces clients privilégiés (à part la police) paient ces produits au prix fort.

Malgré ce système de tributs et de faveurs, les responsables des magasins n'acceptent pas de perdre de l'argent ; la seule perte qu'ils puissent tolérer est celle qu'ils appellent un « bénéfice perdu », c'est-à-dire la différence entre le prix officiel d'un article et le prix que celui-ci rapporterait au marché noir.

Où le directeur du Magasin d'alimentation n° 5 se procurait-il les quatre-vingt-dix mille roubles nécessaires pour couvrir le coût des tributs et des faveurs ? Comment les kolkhozes et les sovkhozes parviennent-ils à livrer gratuitement des camions entiers de provisions à l'élite locale ?

La réponse à toutes ces questions semblera parfaitement évidente à tous ceux qui ont quelque connaissance de cet aspect de la vie soviétique : illégalement. Ce n'est qu'en commettant des vols, en escroquant le gouvernement et les consommateurs et en falsifiant les comptes, que les employés et les directeurs de sovkhozes, de kolkhozes, de magasins d'alimentation et de restaurants peuvent supporter le poids du système de tributs. Voilà comment la corruption permanente de l'élite dirigeante au niveau des districts a donné naissance à un véritable système de fraude organisée. Par essence, c'est là l'histoire de la mafia soviétique de district. Les lecteurs peu familiers avec les méthodes soviétiques de gouvernement vont peut-être s'interroger : Pourquoi ces gens ne refusent-ils pas tout simplement de payer ? Que peut-il arriver dans un Etat moderne à quelqu'un qui refuserait de se soumettre à ce système de tributs ? L'histoire de l'inculpation de mon client Berlin, qui a servi d'introduction à ce chapitre, apportera une réponse à ces questions.

Il est intéressant de noter à présent comment la mafia de district assure l'impunité de ceux qui lui paient tribut, même s'ils ont commis de réelles infractions. En Union soviétique, il y a deux jours fériés importants au début du mois de mai : la Journée internationale de la Solidarité des Travailleurs le 1er, et le Jour de la Victoire le 9. A cette occasion, comme du reste lors des autres fêtes officielles ou religieu- ses, on se livre traditionnellement, dans les villages russes, à une beuverie de plusieurs jours. Au début du mois de mai 1978, toute la population mâle du sovkhoze « Bolchevique » de Koltchouguino, dans la région de Vladimir, se retrouva ivre morte, et incapable de tout travail. Les patrons étaient partis dans un autre village « prendre du bon temps » (se soûler eux aussi). Les vachers et les conducteurs de tracteur prenaient du bon temps comme les autres. Pendant ce temps, à la ferme, les réserves de fourrage s'étaient épuisées ; comme il n'y avait personne pour aller en chercher d'autre, les vaches passèrent plus d'une semaine sans être nourries. De plus, une longue période de pluie s'installa, et les routes menant à la ferme devinrent impraticables aussi bien pour les piétons que pour les véhicules.

Le 11 mai, quand tous ces braves gaillards parvinrent enfin à retrouver le chemin de leur ferme, ils découvrirent seize vaches déjà mortes d'inanition, et les quelque deux cents autres couchées dans un état de faiblesse extrême devant leurs mangeoires de bois rongées. Mais il n'y avait rien à leur donner, car les ouvriers n'étaient pas encore remis de leurs dix jours de bringue, et aucun d'eux n'était en état d'aller chercher du fourrage — même si les tracteurs avaient pu se frayer un passage dans la boue. Il fallut nourrir le bétail avec de la paille pourrie qui avait passé tout l'hiver dans les champs, sous la neige. Le lendemain, les bêtes empoisonnées furent frappées d'épizootie, et 219 succombèrent.

Le préjudice financier s'éleva à quarante mille roubles, et le scandale fut tel qu'on ne put éviter de traduire en justice le directeur du sovkhoze et les principaux responsables. (A mon sens, ces poursuites ne furent entamées que sous la pression des autorités régionales.) Mais les coupables s'en tirèrent presque impunis. Le Raïkom n'en exclut aucun du Parti ; aucun ne fut licencié ; et toutes les condamnations prononcées par le tribunal populaire du district furent assorties d'un sursis (conformément aux accords passés au préalable avec le Raïkom). Au lieu de faire rembourser aux coupables les quarante mille roubles perdus par la ferme à cause de leur négligence d'ivrognes, ils n'eurent à en reverser que 10 %, et qui plus est, on leur accorda sept ans pour le faire.

Cette anecdote illustrant la protection que le Raïkom offre à ses tributaires a été relatée dans la *Literatournaïa Gazeta* (n° 5, 1979) ; elle n'est pas seulement caractéristique de la Russie, mais de n'importe quelle République de l'Union.

Ce qui frappe le plus dans cet exemple, comme dans d'autres, c'est l'impudence et l'audace de l'élite de district, qui n'hésite pas à couvrir des criminels nuisibles à l'Etat lui-même, cet Etat à la classe dirigeante duquel cette élite appartient. Son indifférence totale aux intérêts nationaux est saisissante.

La lutte contre le crime organisé a toujours posé de graves problèmes à tous les Etats, quel que soit leur régime politique. Dans un pays démocratique comme les Etats-Unis, ces problèmes résultent du respect de la légalité et des principes fondamentaux de la justice. La police connaît les chefs des familles de la mafia et leurs domiciles, mais elle n'a pas suffisamment de preuves à soumettre à un tribunal pour pouvoir engager des poursuites judiciaires. Dans un Etat totalitaire comme l'Union soviétique, la lutte contre le crime organisé se heurte à des obstacles tout à fait différents, car le crime touche pour ainsi dire tout le pays, et tous les échelons de l'appareil du Parti et de l'Etat.

La mafia de district d'Union soviétique est invulnérable aux attaques provenant de l'intérieur même du district. Son pouvoir ne peut être ébranlé que par l'administration supérieure de l'*Obkom*, au niveau régional du Parti. L'*Obkom* pourrait en effet décider de remplacer les chefs de district et de renvoyer ou de muter les principaux responsables du milieu local. Mais c'est là un événement rare et extraordinaire ; le fonctionnement même de ce système de crime organisé réduit singulièrement les chances qu'il se produise, et les rend même tout à fait négligeables.

En effet, en règle générale, les instances supérieures de l'appareil dirigeant sont parfaitement au courant de ce qui se passe dans les districts, mais préfèrent l'accepter.

Il est très facile d'en trouver la preuve dans les articles que publie la presse soviétique. Chaque année, des centaines d'articles paraissent dans tous les journaux nationaux (la *Pravda,* les *Izvestia,* ou la *Literatournaïa Gazeta*) sous des rubriques intitulées « A la suite de notre action » ou « Après nos critiques ». On peut ainsi apprendre que le bureau de tel Obkom ou de tel Raïkom a pris des mesures disciplinaires contre un fonctionnaire de district ou contre le responsable d'une administration ou d'une entreprise pour des actions qui relèvent en fait du code pénal, telles que des malversations commises dans un but lucratif, l'établissement de faux rapports sur le travail réalisé dans le but d'obtenir des primes illégales (ce qui équivaut à un détournement de fonds de l'Etat), la falsification de comptes, etc. Ces articles ne mentionnent presque jamais que les auteurs de ces délits ont été inculpés et jugés.

Un article de la *Pravda* (l'organe officiel du Comité central du Parti communiste d'Union soviétique), dénonçant publiquement les délits commis par des responsables d'administrations ou d'entreprises de district, appartenant à la mafia locale, est aussi efficace et irréfragable qu'une condamnation judiciaire. Mais ces articles eux-mêmes jouent rarement un rôle aussi répressif que leurs auteurs le souhaiteraient ; la plupart du temps, en effet, le Raïkom ou l'Obkom amortissent leur impact en rapportant au journal et au Comité central que les coupables ont été arrêtés, démis de leurs fonctions, et sanctionnés par le Parti. Ces sanctions du Parti ne causent à peu près aucun tort aux contrevenants. A peine ont-ils été renvoyés d'un poste, qu'immédiatement — ou après un bref délai — on leur en offre un autre, tout aussi prestigieux et lucratif, dans la même région. Il peut même leur arriver d'obtenir une promotion.

Aussi curieux que cela puisse paraître, les méthodes habituelles des instances locales et régionales de l'appareil du Parti et de l'Etat pour saboter la lutte du gouvernement central contre la mafia de district ont été décrites dans les pages de la *Pravda.* L'un des nombreux articles consacrés à ce sujet a paru le 2 septembre 1979.

L'action se déroule dans la région de Saratov, district d'Ivantéévo. « Certains hauts fonctionnaires du district n'ont pas toujours — c'est le moins qu'on puisse dire — respecté les règles morales du Parti, ni même quelquefois de notre législation. Cependant, le bureau du

Raïkom et son Premier secrétaire, N. Misioura, ont fermé les yeux, et se sont même faits complices de ces délits. » Si l'on interprète bien le jargon traditionnellement employé par la presse soviétique lorsqu'elle mentionne des méfaits commis par des agents de l'Etat, ces quelques lignes laissent entendre que l'élite du district, dirigée par le Premier secrétaire du Raïkom profitait largement et cyniquement du système de tributs.

A la suite d'une lettre du président du Comité de contrôle du Parti du district, plusieurs inspecteurs de l'Obkom avaient visité le district et établi que « les agissements mentionnés dans la lettre étaient une réalité ». L'article de la *Pravda* poursuit : « L'affaire fut transmise au bureau de l'Obkom. Et pourtant, les personnes qui avaient participé aux aventures d'Ivantéévo s'en tirèrent avec quelques réprimandes et des avertissements anodins leur conseillant de " prendre garde " et de " faire attention ". »

Un article incendiaire parut de nouveau dans la *Pravda* pour fustiger cette inaction de l'Obkom. Puis une année s'écoula. Et à la fin de cette année, quand le tout-puissant Comité central du Parti communiste d'Union soviétique eut exigé que l'on prît dans l'affaire d'Ivantéévo « des mesures sérieuses, dans l'esprit du Parti », que fit l'Obkom de Saratov ? Certains membres de la mafia de district, dont le Premier secrétaire Misioura, furent appelés à de hautes fonctions au centre régional ; quant au président du Raïspolkom, il conserva son poste. Mais le président du Comité de contrôle, qui avait été assez téméraire pour révéler l'affaire, fut exclu de l'élite locale : il ne fut pas réélu à son poste au bureau du Raïkom.

En ce qui concerne la protection qu'accorde l'appareil régional du Parti et de l'Etat à la mafia de district, je ne peux qu'approuver l'auteur de l'article de la *Pravda* : « Malheureusement, il ne s'agit pas là d'exemples isolés. »

Ainsi donc, l'appareil régional ne fait rien pour combattre la corruption au niveau des districts ; les autorités centrales ne peuvent remporter de succès dans cette lutte qu'au prix des plus grandes difficultés, en neutralisant les organes régionaux du Parti. Mais le pouvoir central lui-même ne montre aucun empressement à combattre la corruption qui règne dans les districts, et, pour tout ce qui touche aux mafias locales, il ne fait que très rarement usage de son pouvoir illimité pour faire appliquer la loi.

Quelles sont les raisons de cette tolérance ? Tout d'abord, l'élite de district est liée à l'appareil dirigeant par tout un réseau de corruption, et une partie des abondants tributs et pots-de-vin s'écoule en un flot continu des centres de districts vers les centres régionaux.

Mais la seconde raison — et la plus importante — est que presque tous les districts du pays sont infectés par la corruption ; pour lutter contre elle efficacement, il faudrait purger de fond en comble l'appareil dirigeant de tous les districts de toutes les régions du pays. La clique au pouvoir en Union soviétique n'est pas prête à déstabiliser ainsi l'appareil du gouvernement.

Même si le pouvoir central pouvait infliger quelques coups — bénins sans doute — à la mafia de district, celle-ci resterait invulnérable à toute tentative pour combattre ses activités de l'intérieur même du district. Du reste, elle n'hésite pas à passer à la contre-offensive, et à expédier sans ménagement quiconque empiète sur ses pouvoirs. J'ai pu observer plus d'une fois comment la mafia traite ses ennemis. L'affaire suivante illustre bien ses méthodes habituelles. Mes sources d'information sont les pièces d'un procès, quelques entretiens avec les personnes qui ont pris part aux événements, et mes impressions personnelles.

Je trouvai un jour un client inhabituel assis dans la salle d'attente de mon cabinet de consultation juridique : un homme en uniforme de colonel de gendarmerie. Sa femme et lui attendaient mon arrivée. Le colonel était un homme d'expérience. Il était taciturne et considérait d'un œil plutôt sombre les perspectives de l'affaire au sujet de laquelle ils venaient me demander de l'aide. Sa femme, quant à elle, bouillait d'indignation ; elle était fermement convaincue que la justice triompherait et que le vice serait puni. L'affaire concernait son père, qui vivait au fin fond de la région d'Arkhangelsk ; il avait été arrêté et inculpé, pour diffamation de hauts fonctionnaires du district.

L'instruction était close, et l'affaire avait été déférée au tribunal ; le colonel ne pouvait donc pas user de son influence officielle pour aider son beau-père. Mais il pouvait encore engager un avocat de Moscou qui, contrairement à un avocat local, ne craindrait pas d'entrer en lutte avec les autorités locales.

En U.R.S.S., les membres du barreau sont autorisés à plaider devant n'importe quelle Cour du pays. L'avocat passe un accord avec son client, qui se charge de tous les frais de déplacement et d'hébergement. Au cours de mes années d'exercice, j'ai fait plusieurs voyages d'affaires à travers le pays, quelquefois dans les coins les plus reculés. J'aimais ces déplacements, parce qu'ils me donnaient la possibilité d'observer la vie en province, et ensuite parce que plaider devant des cours provinciales supposait une lutte âpre, voire dangereuse, contre la mafia locale, dans l'intérêt d'hommes et de femmes injustement poursuivis.

Une semaine plus tard, donc, je partis pour le village d'Oustye, enfoui au fond des bois de la région d'Arkhangelsk. Je fis la première partie du voyage en train, puis des camionneurs acceptèrent de me prendre en stop ; quant aux quinze derniers kilomètres, je les fis à pied. J'étudiai le cas de mon client, et écoutai ce que lui-même, ses fils et ses amis avaient à me dire. Je commençai ainsi, petit à petit, à me faire une idée de la vie du district.

L'agriculture ne joue qu'un rôle secondaire dans l'économie du district d'Oustye ; le fondement même de la vie, la ressource essentielle, c'est le bois. Des stations forestières, où l'on procède à l'abattage et à l'équarrissage des troncs, sont dispersées sur tout le territoire, dont la superficie est égale à la moitié de la Belgique. Ces stations sont donc vitales pour l'économie du district, et d'autant plus, comme nous allons le voir, qu'elles représentent les principales sources de tributs de l'élite locale.

L'Union soviétique est l'un des pays les plus boisés du monde, et pourtant le bois, sous forme de troncs et de planches, est l'un des matériaux les plus rares et les plus recherchés par toutes les entreprises et tous les sovkhozes. En effet, comment construire quoi que ce soit sans bois ? Mais l'Etat soviétique considère le bois comme un produit d'exportation de choix, et comme une source de dollars dont il a le plus grand besoin. Aussi les produits de l'industrie forestière sont-ils strictement contrôlés ; les stations d'abattage ne sont autorisées à les expédier qu'avec des papiers spéciaux émis par les organes gouvernementaux compétents. Les gens qui ont besoin de bois et n'ont pas pu obtenir les autorisations nécessaires n'ont plus qu'un recours : envoyer leurs agents directement aux stations forestières se procurer les planches dont ils ont tant besoin en soudoyant les responsables. C'est là la source abondante et intarissable de l'argent grâce auquel les directeurs peuvent faire des dons, qui vont droit dans les poches de l'élite de district (et grâce auquel, bien sûr, ils s'enrichissent également personnellement).

Dans la région d'Arkhangelsk, chaque station forestière est une île perdue dans un océan de forêts, isolée du monde entier et même du centre de district par l'impraticabilité des routes. Une station forestière est une sorte de hameau, qui comprend en tout et pour tout un bâtiment administratif, un cercle, une cantine et un magasin. Les habitants logent soit dans de petites maisons individuelles, qui rappellent les isbas paysannes, soit dans des foyers du type caserne — de grands bâtiments bas d'un étage, comprenant plusieurs dizaines de petites chambres. Chaque famille occupe une chambre — même si cette famille compte quatre ou six membres — et utilise une des deux grandes cuisines. Ces baraques n'ont ni toilettes, ni baignoire, ni même l'eau courante.

Ce genre d'avant-poste est dirigé — comme une dictature — par le directeur de la station forestière. C'est lui qui décide à qui la station fournira du travail (et il n'y a pas d'autre endroit où travailler), et si ce travail sera facile et rémunérateur, ou pénible et mal payé.

Mon client, un homme nommé Popov (tous les noms de cette histoire sont authentiques), vivait dans l'une de ces communautés et travaillait comme conducteur de tracteur. Un certain Romanov dirigeait la station, et sa femme gérait le magasin et la cantine, qui avait le monopole des services offerts à la petite colonie. Les Romanov gouvernaient la station forestière et toute la communauté comme des despotes. Le mari était mince et de petite taille, et offrait un aspect comique à côté de sa grande et corpulente épouse ; mais tout le monde — y compris *madame* Romanova — tremblait devant lui. C'était un homme rancunier et vindicatif, qui ne tolérait pas la moindre manifestation de mécontentement. Comme dans toutes les monarchies, le couple Romanov était assisté, dans le gouvernement de ses domaines, par des courtisans qui formaient l'élite de la communauté : le secrétaire du bureau du Parti, le président du Comité syndical local, les contremaîtres et les responsables de secteurs. Il existait aussi évidemment un réseau d'indicateurs, organisé par le directeur lui-même.

Cette cour tenait à l'œil tous les habitants de la communauté, et deux fois par mois, les jours de paye, ses membres prélevaient une partie des salaires des ouvriers, et remettaient la somme réunie au directeur. Pour s'assurer qu'ils ne gardaient rien pour eux, des espions du directeur les surveillaient eux aussi — de plus près même que les ouvriers ordinaires. Le directeur partageait lui-même le butin ; il remettait leur part à ses auxiliaires (une part plutôt chiche), et gardait la plus grosse pour lui. Cette somme était destinée à payer un tribut régulier aux patrons du district que Romanov estimait important de cultiver. Des versements réguliers étaient adressés notamment aux secrétaires du Raïkom et aux présidents du Raïspolkom, tandis que des sommes plus modestes, et versées plus sporadiquement, revenaient au commissaire de police et au procureur du district.

Le magasin et la cantine étaient le domaine de Mme Romanova ; là, c'était elle qui exerçait un pouvoir absolu. Elle fixait les prix de tous les articles recherchés, sans tenir aucun compte des tarifs officiels, qu'elle était censée appliquer. Elle avait également dressé une liste des personnes à qui il fallait remettre des articles particulièrement rares. La nourriture de la cantine était absolument détestable.

Certains jours, les bûcherons qui, passant plusieurs semaines d'affilée en forêt, étaient pourtant peu exigeants sur ce chapitre, ne pouvaient plus se contenir et faisaient une scène de tous les diables au cuisinier et aux serveuses. (Les hommes avaient peur de Mme Romanova et s'aplatissaient humblement quand elle était dans les parages.) De plus, les clients de la cantine se faisaient escroquer sans pitié : on leur servait généralement un peu plus des trois quarts de la ration à laquelle ils avaient droit.

Mais l'exploitation des habitants de la colonie ne s'arrêtait pas là ; ils étaient encore soumis à une autre obligation, celle de travailler bénévolement pour la famille Romanov. Les Romanov possédaient une maison avec un grand jardin, et au moindre geste de « la patronne » (c'est ainsi que Romanov appelait sa femme, devant elle et dans son dos), tout membre de la colonie était tenu de travailler au jardin, de faire du bricolage dans la maison, ou de satisfaire aux multiples besoins de la famille Romanov, le tout gratuitement.

Cela faisait un certain temps que les Romanov dirigeaient de la sorte la station forestière et la communauté, et, durant toutes ces années, personne n'avait essayé de briser leur joug. Tout le monde savait qu'il était inutile d'envoyer une plainte contre eux « au district » ; personne n'ignorait en effet que les Romanov partageaient leur butin en bonne et due forme avec les gens qu'il fallait, à commencer par le Premier secrétaire du Raïkom.

En 1972 cependant, un nouveau venu ne craignit pas d'entrer en lutte contre les tout-puissants directeurs de la station forestière. Popov était le meilleur conducteur de tracteur de la station, et, dans une communauté dont presque tous les membres étaient habitués à boire sec, ses fils et lui se faisaient remarquer par leur sobriété. Le sergent Popov s'était inscrit au Parti communiste pendant la guerre, alors qu'il était au front, et il faisait encore partie de ces communistes — une espèce rare de nos jours en U.R.S.S. —, qui croient religieusement tout ce qu'affirment les journaux soviétiques sur la justice et la nature démocratique du régime, qui croient que les ouvriers sont les maîtres du pays, et d'autres articles de foi du même genre. Popov s'expliquait la situation d'Oustye — et l'expliquait aux autres —, en affirmant qu'il y avait tout simplement des gens malhonnêtes parmi les responsables. Il était fermement convaincu qu'il suffisait d'informer les instances supérieures du Parti de ces agissements honteux pour que tous les criminels fussent exclus du Parti et sévèrement châtiés.

Popov entreprit donc de les dénoncer. Il écrivit des lettres circonstanciées à l'Obkom du Parti et au journal régional. Il fut rapidement convoqué à Oustye ; là, le représentant du Raïkom discuta avec lui et tenta de le persuader de cesser d'envoyer des plaintes. Il usa de démagogie, fit appel à son sens du devoir envers le Parti et à sa conscience de communiste, qui ne pouvait vouloir saper l'autorité de la direction du Parti — et, bien sûr, il finit par le menacer. Mais Popov continua à envoyer des lettres, de plus en plus détaillées, au Comité central du P.C.U.S. et à la *Pravda*. Les fonctionnaires du Comité central et de la *Pravda* l'informèrent que ses lettres avaient été transmises à l'Obkom du Parti pour examen.

Cette fois, ce fut le Premier secrétaire du Raïkom lui-même qui parla à Popov, sans démagogie ni flatteries. Il lui présenta tout simplement un ultimatum : « Si tu n'arrêtes pas d'écrire des lettres de délation, je te fais renvoyer et exclure du Parti. »

Après cet entretien, Popov expédia un nouveau paquet de lettres de plaintes à Moscou, toujours au Comité central et à la *Pravda* ; mais cette fois, il ajouta une nouvelle adresse à sa liste de correspondants : celle du procureur général d'U.R.S.S. (J'ai pu retracer toutes ces démarches, car ces plaintes, comme les précédentes, avaient été soigneusement classées par l'agent d'instruction dans le dossier que j'étais en train de lire.) Popov ne fut pas reconvoqué au Raïkom ; mais à la réunion du bureau du Parti de la station forestière, on étudia le cas personnel de Popov, membre du Parti communiste d'Union soviétique, et le camarade Popov fut accusé de diffamation des responsables du Parti du district et du directeur de la station forestière. Le secrétaire du bureau, l'un des plus proches complices de Romanov, n'eut aucun mal à faire adopter une résolution prononçant l'exclusion de Popov, « pour avoir diffamé et discrédité les responsables du Parti ». Cette décision fut rapidement suivie d'ordres émanant du directeur de la station : Popov fut licencié.

Une fois de plus, Popov envoya une multitude de lettres de réclamation à Moscou ; en même temps, il intenta une action au tribunal populaire du district, pour être réintégré dans son poste. Bien que sa requête fût indubitablement justifiée, le tribunal la rejeta, tandis que Moscou continuait de l'informer que ses plaintes étaient examinées par les organismes régionaux compétents. Malgré tout, Popov continuait de croire au triomphe ultime de la justice et ne cessait d'envoyer des plaintes à Moscou.

Mais la crise finit par éclater. Un matin, un agent de la police locale remit à Popov une convocation de la Procurature du district, où un instructeur souhaitait le voir. A la Procurature, on lui notifia son inculpation, en vertu de l'article 130 du code pénal de la République socialiste fédérative de Russie, « pour avoir sciemment répandu des calomnies visant à discréditer les citoyens Romanov ». On lui présenta alors un mandat d'arrêt signé par le procureur du district, et on le conduisit dans une cellule.

Le tribunal populaire tint audience dans l'affaire Popov au cercle de la communauté. Le procureur du district était là en personne pour soutenir l'accusation de l'Etat (événement rarissime dans les procuratures de districts). Les Romanov comparurent en tant que partie plaignante. Dans la pièce, remplie d'habitants de la communauté, l'ambiance était tendue. Au début, tout se passa comme le procureur et le juge l'avaient prévu. Tous les ouvriers de la station forestière, convoqués comme témoins à charge, déclarèrent sous serment qu'ils n'avaient jamais remis à personne un seul kopeck de leurs salaires, que le magasin et la cantine ne pouvaient être mieux gérés, et que, s'il leur était peut-être arrivé, de temps en temps, de travailler dans le jardin du directeur ou d'effectuer des réparations dans sa maison, ces travaux leur avaient toujours été payés.

Tous mes efforts pour leur arracher un témoignage sincère au cours des contre-interrogatoires échouèrent. Puis une femme, pas très âgée mais d'une maigreur extrême, se présenta à la barre. Je savais qu'elle était veuve depuis le jour où son mari, ivre, était tombé sur la lame d'une scie électrique à la scierie, et qu'elle avait deux enfants à charge. Elle ne pouvait pas travailler à la fabrique, parce qu'elle n'avait personne à qui confier ses enfants, et elle avait bien du mal à joindre les deux bouts avec la maigre pension qu'elle touchait. Je savais également qu'elle exerçait les fonctions de fidèle servante de la famille Romanov.

Elle commença par agir comme tous les autres témoins, et déclara que « la patronne » lui payait tout le travail qu'elle faisait, et lui donnait régulièrement de l'argent, de la nourriture et des vieux vêtements. Mais on sentait bien qu'elle était terriblement nerveuse et devait se forcer à parler. Connaissant la situation, je lui demandai si elle emmenait ses enfants quand elle allait travailler chez les Romanov, ou si elle les laissait chez elle.

— Je les laissais à la maison. Ils sont encore petits : l'une des filles a trois ans, l'autre cinq.

— Et qui s'en occupait ? Qui leur donnait à manger ?

— Personne. Quelquefois la vieille d'à côté passait leur donner à manger.

— Pourquoi n'emmeniez-vous pas vos enfants chez les Romanov ?

Silence.

Je répétai ma question. Elle haussa les épaules et répondit à contrecœur :

— La patronne ne voulait pas.

— Lui aviez-vous demandé la permission de le faire ?

Un long silence... puis, ce fut l'explosion ! Ce n'était plus une déposition de témoin, mais une suite de cris incohérents, hystériques, sur cette « vache de Romanov », qui ne lui permettait pas d'emmener ses enfants, de peur d'avoir à les nourrir ; elle hurla qu'après une journée de travail harassant, la patronne lui donnait quelques morceaux de sucre « pour les enfants » ; qu'après de longues et humiliantes supplications, elle touchait un rouble, et qu'elle se faisait écharper à la moindre maladresse, pour une malheureuse assiette cassée.

L'hystérie se propage rapidement dans une foule, et celle-ci était tendue dès le départ. Ce qui se passa dans cette salle d'audience est inimaginable. Des témoins qui avaient déjà été interrogés se levèrent d'un bond et demandèrent au juge de les autoriser à revenir à la barre. Même des gens qui n'étaient venus qu'en simples spectateurs se mirent à crier : en fait, ils étaient tous témoins et pouvaient raconter ce qui s'était passé à la station forestière et dans la communauté.

Quand le juge et le procureur furent parvenus à rétablir le calme le contre-interrogatoire prit un cours tout différent : la digue était rompue. L'un après l'autre, de nouveaux témoins, et ceux qui avaient déjà déposé mais qui furent rappelés à ma demande, se présentèrent à la barre. Ils racontèrent à la Cour ce qui se passait réellement à la station. Rien ne put interrompre le flot de révélations, ni les cris du procureur ni la résistance du juge qui menaça les témoins de poursuites pour faux témoignage, car ils avaient fait des déclarations toutes différentes lors de la première audition.

Mais rien de tout cela n'eut la moindre influence sur l'issue du procès. Popov fut condamné à deux ans de détention dans un camp de travail « de régime général[1] ». Je fis appel, mais après avoir examiné ma requête, le tribunal régional refusa de modifier le jugement. Et lorsque la Cour suprême de la R.S.F.S.R. révoqua enfin la sentence et abandonna les poursuites, Popov avait déjà fait six mois de prison et de camp. Il rentra chez lui, prêt à reprendre la lutte. Mais ses fils, et surtout leurs femmes, ne voulurent plus supporter les menaces et la recrudescence des pressions dont ils étaient l'objet. Les Popov durent vendre leur maison et quitter le district d'Oustye.

---

1. *Cf.* note p. 130.

La corruption qui règne, massive et omniprésente, à l'échelon du district de l'appareil du Parti et de l'Etat a forgé des liens très étroits entre celui-ci et le monde du crime. Aussi est-on parfaitement en droit d'affirmer qu'il s'est créé en Union soviétique un milieu criminel qui s'est infiltré dans les centres du pouvoir politique, ainsi que dans l'appareil administratif, le système judiciaire et dans les postes clés de l'économie. Bien qu'elle n'ait pas été conçue comme telle par ses fondateurs, cette variété soviétique du crime organisé procède de la dictature exercée par l'appareil du parti unique de ce pays, le Parti communiste d'Union soviétique, dont elle est devenue une composante essentielle. Le crime organisé porte l'empreinte du système politique soviétique, de l'économie soviétique, bref, de tout ce que l'on peut considérer en bloc comme le régime soviétique. Les quelques points que voici révèlent bien sa nature paradoxale.

Le paradoxe tient tout d'abord à ce que la pègre de district n'est pas formée de bandits, de trafiquants de drogue ou de truands spécialistes de la traite des blanches. Le monde du crime des districts comprend des gérants de magasins et de restaurants, des responsables d'entreprises, d'administrations, de kolkhozes et de sovkhoses. Tous sont membres de ce monopole de gouvernement qu'est le Parti communiste, et leurs activités professionnelles principales sont parfaitement légales et honnêtes. Mais leurs occupations ont une autre facette, une facette secondaire — et inévitable — qui, bien qu'intimement liée à la gestion de leurs administrations ou de leurs entreprises, n'en est pas moins délictueuse. Aussi tous ces éminents communistes, qui versent régulièrement leur cotisation au Parti, ces membres des Raïkoms et des Raïspolkoms, ces piliers du régime, forment-ils néanmoins l'une des deux composantes du monde du crime organisé qui s'est infiltré dans les districts de la nation.

On ne trouve pas non plus de bandits ni de familles de *mafiosi* dans la seconde composante de ce milieu, mais des personnes occupant le bas de l'échelle hiérarchique du Parti et de l'Etat ; ce qui est également tout à fait typique du monde du crime organisé d'Union soviétique.

La dernière caractéristique de ce milieu est que les dirigeants des districts exercent, au nom du Parti, une activité de racketteurs et d'extorqueurs de tributs, et que le monde criminel *per se* se fait littéralement exploiter par l'appareil de district.

C'est ainsi que le Milieu régional s'intègre au régime politique et au système économique du pays, au point d'en devenir indissociable.

CHAPITRE IV

JUSTICE A VENDRE

Dans la salle d'audience du palais de justice municipal de Moscou, tout le monde était debout : le juge, les deux assesseurs du peuple, les vingt-sept prévenus, le public, et nous, les avocats. Nous étions en train d'écouter la sentence de la Cour dans une affaire d'entreprise clandestine : un groupe de négociants malhonnêtes avaient utilisé un certain nombre de fabriques de tricots d'Etat pour monter une véritable entreprise privée, illégale. Cette entreprise avait été organisée et dirigée par l'un des nombreux membres d'un célèbre groupe moscovite de multimillionnaires clandestins.

« Au nom de la République socialiste fédérative soviétique de Russie... » Le président de la Cour commença à lire le jugement. Ce fut une interminable lecture, qui dura plus de deux heures. Le jugement donnait tous les détails touchant la fabrication et la vente des articles, les preuves qui avaient permis de confondre chacun des prévenus, et, bien sûr, les peines d'emprisonnement qui leur étaient infligées. Plusieurs chiffres sonnèrent à nos oreilles : sept, huit et dix années de travaux forcés pour les vendeurs des magasins d'Etat qui avaient écoulé illégalement les produits de cette entreprise ; douze, treize et quinze ans pour ceux qui avaient organisé et géré la partie fabrication. Certains avaient plaidé coupable, d'autres non coupable ; certains étaient jeunes, d'autres vieux ; mais tous furent condamnés à d'importantes peines de camp de travail.

Les sanglots et les cris étouffés des épouses et des mères des inculpés résonnaient dans la salle d'audience. Soudain, tout le monde se tut, et un silence absolu se fit dans la salle : « La culpabilité d'Isaak Solomonovitch Koïfman (j'ai changé son nom) dans cette affaire n'a pu être établie... Isaak Solomonovitch Koïfman est acquitté au bénéfice du doute. L'accusé est libre. »

Au moment où le juge lut cette décision, je me trouvais à côté de l'avocat de Koïfman, l'un des meilleurs avocats de Moscou, et l'un de mes vieux camarades d'études. Il se tourna vers moi et me dit d'une voix grave, teintée d'amertume : « Honnêtement, je n'y suis pour rien. » Et je le crus. Je savais que Koïfman ne devait pas son acquittement à une brillante plaidoirie. Je savais même que le pot-de-vin avait été transmis en fait par un autre avocat impliqué dans l'affaire, et que celui-ci l'avait versé au juge, un magistrat du palais de justice municipal de Moscou. Tout cela n'était pas un secret pour nous autres avocats, qui travaillions régulièrement sur d'importantes affaires de ce genre ; nous connaissions les juges qui se laissaient graisser la patte, et les filières par lesquelles les atteindre.

L'action se déroulait à Moscou, capitale de l'Union soviétique, dans les années 40 et 50, années de corruption effrénée dans les tribunaux et les procuratures moscovites. Toutefois, même pendant cette période, aucun juge n'allait généralement jusqu'à acquitter purement et simplement les gros bonnets des entreprises clandestines, les figures principales des grands procès. Les raisons d'un tel acquittement auraient été trop évidentes, et le risque encouru par le juge trop grand.

Dans cette affaire, le scandale fut tel que le procureur général de la République socialiste fédérative soviétique de Russie se pourvut en cassation devant la Cour suprême de la République et exigea que le verdict fût annulé et l'affaire rejugée. Son pourvoi fut accepté, et le tribunal municipal de Moscou fut ressaisi de l'affaire. Mais cette fois, Koïfman fut jugé par un autre magistrat. Il fut de nouveau acquitté. Le procureur éleva une nouvelle protestation, et la Cour suprême cassa une nouvelle fois le jugement de non-culpabilité. Un troisième magistrat du tribunal de Moscou jugea l'affaire, mais l'issue fut la même : non coupable.

La Procurature reconnut alors son impuissance et capitula : le verdict était inébranlable.

Le système de la Procurature et des tribunaux a été mis en place en Union soviétique dans les années 20, et est resté pratiquement inchangé jusqu'à ce jour. Les agents d'instruction de la Procurature et la police mènent les enquêtes dans toutes les affaires criminelles, excepté les affaires politiques et celles qui mettent en cause des étrangers, qui sont du ressort du K.G.B. Ces organes d'instruction ne dépendent pas des tribunaux mais de la Procurature, qui est responsable de la légalité de l'enquête.

Officiellement, la Procurature ne dépend de personne et sa structure suit le principe de la pyramide hiérarchique. Au sommet, se trouve le Procureur général d'U.R.S.S., nommé par le Soviet suprême. Il nomme les procureurs des Républiques de l'Union, qui, à leur tour, nomment les procureurs régionaux. Ces derniers nomment les procureurs de district.

La justice soviétique est administrée par un réseau de tribunaux, qui a pour sommet la Cour suprême d'U.R.S.S., dont les membres sont nommés par le Soviet suprême. Chaque République de l'Union a sa propre Cour suprême, élue par le Soviet suprême de la République. Chaque région a un tribunal régional, élu par son Conseil de délégués, et chaque district a un tribunal populaire, directement élu par la population locale.

Toutes les affaires criminelles et civiles sont examinées en première instance par un juge et deux assesseurs ; les appels sont entendus par trois membres du tribunal, sans assesseurs. Bien que légalement les assesseurs du peuple aient les mêmes droits que les juges, en pratique, leur rôle est réduit à néant. Malgré leur présence aux côtés du juge dans la salle de délibération où l'on formule les sentences criminelles et les jugements civils, ils sont totalement étouffés par l'autorité du représentant du pouvoir étatique, et par sa connaissance professionnelle de la loi. Au cours de mes dix-sept années d'exercice, je n'ai vu que deux cas où les assesseurs aient tenté de contester un verdict qu'ils considéraient injuste.

Voilà un aperçu bref et très général du système judiciaire soviétique. Mais ce système a été progressivement ravagé par deux fléaux : la dépendance à l'égard des autorités du Parti et de l'Etat, et la corruption.

Le pays a connu des conditions extrêmement favorables à la propagation d'une épidémie de corruption. Pendant la guerre et juste après, toutes les personnes employées dans le système judiciaire étaient condamnées à mener une existence de crève-la-faim, comme toute la population défavorisée du pays. La nourriture à laquelle leurs cartes de rationnement leur donnaient droit les empêchait tout juste de mourir d'inanition.

Mais, au même moment, on pouvait se procurer aisément tout ce qu'on voulait au marché noir ; du pain, du lait, de la viande, de la vodka. A Moscou, un juge du peuple gagnait cent dix à cent vingt roubles par mois, et un procureur cent quarante à cent cinquante roubles ; aux tarifs du marché noir, un kilo de pain blanc coûtait douze roubles et demi, et un demi-litre de vodka entre soixante-dix et quatre-vingts roubles. Vers la fin de la guerre, l'Etat créa son propre marché noir, et l'on vit apparaître des magasins libres d'Etat, où l'on n'avait pas besoin de cartes de rationnement pour acheter des produits absolument merveilleux, en n'importe quelle quantité. Des restaurants libres ouvrirent, où l'on pouvait passer la soirée à déguster des plats délicieux en écoutant du jazz. Mais le salaire mensuel d'un juge du peuple aurait à peine suffi à payer un dîner dans un de ces restaurants.

Dans les années 50, la vie devint un peu plus facile pour les fonctionnaires et les gens à revenu fixe. Mais, contrairement à la logique des théories socio-économiques, la corruption judiciaire se fit plus impudente et plus générale encore à cette époque.

Les années 40 et 50 virent donc un extraordinaire développement du monde des affaires illégales. De par son illégalité, ce monde était une proie facile pour la police, les procuratures et les juges et ceux-ci faisaient tous commerce de la justice, parce qu'il leur était difficile de mener une vie décente avec les salaires que leur versait l'Etat. Et qu'est-ce qui aurait pu les arrêter ? La foi dans l'inviolabilité de la loi ? Le respect pour les situations qu'ils occupaient dans l'appareil d'Etat ? La dignité, née d'un sentiment d'indépendance au sein de cet appareil ? La conscience de l'importance de leurs fonctions pour la société ?

Mais comment ces idées et ces sentiments auraient-ils pu naître, dans un pays où le système judiciaire a été placé dès l'origine au service de l'appareil du Parti et de l'Etat — où, en fait, il lui a été subordonné ?

Si l'on en croit la Constitution soviétique — selon le texte de loi sur le système judiciaire et la clause sur la Procurature générale d'U.R.S.S. —, les tribunaux sont indépendants, et ne sont soumis qu'à la loi. En réalité, tous les tribunaux et tous les organes de la Procurature sont soumis à leur point de contact respectif avec l'appareil du Parti.

Si le Parti communiste peut ainsi s'immiscer dans les affaires des tribunaux et des procureurs, ce n'est pas seulement parce que tous les juges et tous les employés de la Procurature sont membres du Parti (ou du *Komsomol**, l'organisation de la jeunesse qui lui est affiliée), et qu'ils sont par conséquent contraints par les règles du Parti de se conformer à ses directives pour des raisons de discipline, ce qui joue indubitablement un rôle important. La raison essentielle de cette ingérence est la subordination générale de tous les organes du pouvoir d'Etat et du gouvernement, sans exception (y compris les tribunaux et les procuratures) à l'appareil du Parti.

L'asservissement des tribunaux et des procuratures n'apparaît pas seulement dans leur obligation de se conformer à la politique générale du Parti ; il se manifeste aussi très clairement dans la manière dont certaines affaires, aussi bien civiles que criminelles, sont traitées. Il existe en Union soviétique une loi tacite, mais universellement appliquée : qu'ils soient ou non membres du Parti, les juges, les procureurs et les instructeurs doivent suivre les directives du Parti même dans des cas particuliers.

Cela ne veut pas dire bien sûr que *toutes* les affaires instruites par les procureurs ou jugées par les tribunaux soient *toujours* tranchées selon des directives du Parti. Dans la très grande majorité des cas, les décisions des instructeurs, des procureurs et des juges sont prises sans qu'aucune pression s'exerce. Toutefois, dès que l'appareil du Parti s'intéresse à l'issue d'une affaire, il peut imposer la décision qui lui convient, quelle qu'elle soit.

Bien sûr, si l'on prend la loi au pied de la lettre, le procureur comme le juge peuvent très bien refuser d'appliquer les instructions du Parti, et prendre librement leur décision dans l'affaire en question ; mais tous les procureurs et tous les juges sont parfaitement conscients des conséquences d'un tel refus d'obéissance : c'est la destitution, soit immédiate, soit imminente. Il suffit que l'organe compétent du Parti donne des directives concernant le fonctionnaire récalcitrant de la Procurature. La procédure suivie pour destituer un fonctionnaire de ce genre est la même que celle qui serait suivie dans n'importe quel département gouvernemental.

Se débarrasser d'un juge, élu en Union soviétique pour cinq ans, est un peu plus compliqué, mais n'a rien d'impossible. Il faut simplement que l'organe du Parti attende patiemment que le juge se représente à une élection ; c'est alors le Parti qui a le dernier mot. Les listes de candidats éligibles (c'est-à-dire élus, car en Union soviétique, il n'y a qu'un candidat par poste vacant) doivent en effet être approuvées par le Parti ; or, un juge dont le nom a été biffé par n'importe quel Comité du Parti n'a aucune chance d'être réélu.

La dépendance des tribunaux et des procuratures à l'égard du Parti est tout à fait passée dans les mœurs. Ce phénomène permet aux patrons de l'appareil du Parti d'user de leur influence sans crainte d'être dénoncés ou châtiés. Je ne connais qu'une exception à cette règle, mais c'est précisément l'exception qui confirme la règle.

Dans les années 50 et au début des années 60, un certain

Galouchko (c'est son vrai nom) était Premier secrétaire du *Raïkom* du district moscovite de Kouïbychevsky, et membre du bureau du Comité municipal — en d'autres termes, c'était un homme relativement haut placé dans la hiérarchie de l'appareil dirigeant.

Ingénieur de formation, Galouchko avait fait une brillante carrière et était sur le point d'obtenir une nouvelle promotion ; la section des hauts fonctionnaires du Comité central avait déjà entériné sa candidature au poste de vice-ministre du Commerce extérieur. Mais, parallèlement à son existence de brillant fonctionnaire du Parti, Galouchko menait une seconde vie, celle d'un concussionnaire audacieux. Pendant de nombreuses années, il avait touché des pots-de-vin de parents ou d'associés d'administrateurs d'entreprises clandestines, qui étaient l'objet de poursuites ou d'enquêtes.

Son intermédiaire et pourvoyeur de clients était le président du Comité exécutif de district, un vieil ami, qui devait sa situation à Galouchko. Après versement du pot-de-vin (les tarifs fluctuaient entre vingt-cinq mille et cent mille roubles), Galouchko convoquait à son bureau le fonctionnaire de la Procurature ou de l'O.B.K.H.S.S. du district qui instruisait l'affaire, ou le juge du peuple qui devait la juger.

S'il se trouvait en présence d'un juge du peuple, Galouchko réclamait un verdict garantissant la libération du prévenu. S'il traitait avec un fonctionnaire de la Procurature ou de l'O.B.K.H.S.S., il donnait l'ordre d'abandonner l'enquête et de libérer le détenu. Sans poser aucune question sur les fondements de l'accusation ou sur les preuves de la culpabilité, Galouchko exigeait formellement l'application de ses directives.

Il agissait absolument ouvertement, comme s'il parlait au nom du Comité de district. Il pouvait arriver quelquefois que son interlocuteur tentât de formuler quelque objection, insistât sur le caractère odieux du crime, ou sur le fait que tous les éléments de l'enquête prouvaient la culpabilité indéniable des prévenus. Galouchko se faisait alors grossier et menaçant.

Tous les juges, procureurs et fonctionnaires de l'O.B.K.H.S.S. à qui Galouchko donnait ses ordres furent interrogés par la Cour, lors de son procès. Tous affirmèrent que toute tentative, non pas de discuter — on ne discute pas avec le Premier secrétaire du Comité de district —, mais simplement d'expliquer la situation, suscitait les mêmes questions menaçantes : « Qu'est-ce qui vous arrive ? Vous en avez assez d'être juge ? » ou « Que se passe-t-il ? Vous n'avez pas honte, vous, un membre du Parti ? Où avez-vous trouvé votre carte ? **Dans une poubelle ? »**

Galouchko finit néanmoins par comparaître en justice, à son propre procès, mais seulement parce que les rouages du pouvoir avaient fonctionné en violation de toutes les règles. Cette violation fut le fait de deux personnages, qui commirent des actes étonnants pour des fonctionnaires soviétiques, et que n'avaient pas prévus les règles tacites qui assuraient le fonctionnement du mécanisme du pouvoir. Le premier à transgresser ces règles fut un jeune homme, enquêteur stagiaire à la division de district de l'O.B.K.H.S.S., frais émoulu de l'Université.

Il n'avait pas encore perdu toutes les illusions de la jeunesse et croyait naïvement tout ce que ses professeurs lui avaient affirmé sur « l'inviolabilité de la légalité socialiste » et sur « l'indépendance de la magistrature, garantie par la Constitution de l'Etat socialiste, qui est l'Etat le plus démocratique du monde ». Quand le patron du jeune homme — le chef de la division de district — lui ordonna de préparer un arrêté décidant l'abandon des poursuites contre un groupe d'hommes d'affaires clandestins sur lequel il avait enquêté, le jeune enquêteur refusa de le faire. On eut beau l'informer qu'il s'agissait d'un ordre du Premier secrétaire du Comité de district, cela ne servit à rien. « Vous ne lui aurez sans doute pas exposé l'affaire correctement, dit-il à son patron. Je vais aller le voir et lui expliquer qu'il doit y avoir un malentendu : tous les prévenus ont plaidé coupable, et ont fait des aveux complets. »

Le jeune enquêteur arriva à obtenir une entrevue avec Galouchko, mais ne parvint pas à lui expliquer l'affaire. A peine eut-il ouvert la bouche, que celui-ci l'interrompit grossièrement et se mit à vociférer, jurant de le faire exclure du Parti.

Après avoir été flanqué à la porte par Galouchko, le jeune enquêteur fit preuve d'une persévérance rare pour un fonctionnaire soviétique, et obtint un entretien avec le général Grichine (c'est son véritable nom), chef de l'O.B.K.H.S.S. de Moscou. Et c'est là que nous rencontrons le second personnage qui, dans l'histoire de la chute de Galouchko, décida d'enfreindre les règles tacites du système.

Grichine était un jeune arriviste aux dents longues, qui venait de gagner ses galons de général. Contrairement à l'enquêteur qui était venu le voir, il n'était pas naïf, et était parfaitement au courant de toutes les règles qui régissaient le système du pouvoir. Mais, de tempérament, c'était un joueur audacieux, un homme aventureux (qualités pour le moins insolites dans la bureaucratie soviétique).

Grichine crut à l'histoire du jeune enquêteur, comprit ce qui se cachait derrière les exigences de Galouchko, et décida de prendre le risque de le dénoncer, espérant ainsi faire faire à sa carrière un bond fulgurant. Il enfreignit alors — avec une hardiesse sans précédent — toutes les règles, écrites et non écrites. Sans l'autorisation du Premier secrétaire du Comité du Parti communiste de Moscou, et sans le feu vert du procureur (il ne prit même pas la peine de leur demander leur accord, car il savait pertinemment qu'on lui opposerait un veto absolu), Grichine décida de faire justice lui-même et dirigea une perquisition dans le bureau du Premier secrétaire du Comité de district, membre du bureau du Comité de Moscou.

Cette perquisition permit de découvrir soixante-dix mille roubles dans le coffre-fort. Galouchko, affolé et ahuri, fut emmené à la division moscovite de l'O.B.K.H.S.S. ; là, dans le bureau de Grichine, il avoua tout, et rédigea de sa propre main une déposition reconnaissant tous ses crimes et nommant tous ses complices.

Grichine prit cette déposition manuscrite et se rendit chez le Premier secrétaire du Comité du Parti de Moscou, qui se vit dans la triste obligation d'autoriser l'arrestation et le jugement de Galouchko.

Galouchko fut jugé à huis clos au tribunal municipal de Moscou. J'assistai aux audiences. Le jugement à huis clos d'une affaire de ce genre était une violation flagrante de la loi, car, légalement, il n'y avait rien qui justifiât une telle procédure. Il y avait cependant des choses auxquelles l'appareil du Parti ne souhaitait pas donner de publicité, par exemple le pouvoir illimité des hauts fonctionnaires du Parti, et la corruption qui régnait dans leurs rangs. Aussi, sur l'ordre du Comité de Moscou, les portes de la salle où se déroulait le procès de Galouchko furent-elles soigneusement fermées.

Galouchko fut condamné à huit années de détention. Mais le général Grichine avait fait un mauvais calcul : sa carrière ne bénéficia pas de la dénonciation de Galouchko. Son initiative ne fut guère appréciée du Comité de Moscou, compromis par toute cette affaire, ni du Comité Central. Sur l'ordre du Comité de Moscou, le K.G.B. monta une opération serrée contre lui. Il fut placé sous surveillance, des agents secrets du K.G.B. s'infiltrèrent parmi son personnel, et son téléphone fut placé sur table d'écoute vingt-quatre heures sur vingt-quatre. Au bout d'une année, Grichine fut arrêté et reconnu coupable de malversations.

Le seul fait unique et extraordinaire dans l'histoire de Galouchko, c'est la dénonciation et le jugement d'un haut fonctionnaire du Parti. Pour tout le reste, cette histoire est parfaitement typique et montre comment la dépendance du système judiciaire envers l'appareil du Parti a joué un rôle funeste dans l'histoire de la justice soviétique en servant de catalyseur à la corruption.

Tout honnête homme, dans toute société, qu'elle soit démocratique ou totalitaire, ne peut, bien entendu, qu'éprouver de l'indignation devant la corruption. Le commerce de la justice est particulièrement odieux à tout juriste, et les faits qui se sont produits au cours de ces années et que je viens de décrire m'ont toujours laissé un sentiment de profond dégoût.

Il m'est pourtant arrivé, ainsi qu'à d'autres avocats qui se tenaient à l'écart de la corruption environnante, de devoir défendre des causes dans lesquelles certaines personnes avaient été soudoyées. On faisait appel à nous, car le versement de pots-de-vin ne dispense pas de la nécessité d'avoir un défenseur compétent. Mais j'ai toujours refusé catégoriquement, en faisant ce travail, de donner à mes clients des conseils ayant trait, même de loin, avec la corruption, tout indirecte qu'elle pût être. J'allais même jusqu'à leur demander de ne pas m'informer de cet aspect de la question.

Si, contrairement à mes vœux, mes clients ne m'épargnaient aucun détail, ce n'était pas seulement parce qu'ils avaient confiance en moi et savaient que je ne les dénoncerais pas. Non. Lorsqu'ils me racontaient toutes les péripéties de leurs tractations avec les intermédiaires qui transmettaient les pots-de-vin, ou avec les juges qui promettaient une issue favorable moyennant finance, peut-être se rendaient-ils compte qu'il s'agissait d'infractions tombant sous le coup de la loi, mais ils n'en sentaient absolument pas l'immoralité.

Et quand l'épouse d'un client, plus toute jeune déjà, m'indiquait le coût impressionnant du verdict qui avait épargné à son vieux mari douze années de détention dans un camp de travaux forcés, comment aurais-je eu le cœur de la condamner moralement ? Aurais-je dû mettre pieusement ma main sur la poitrine et tenter de la convaincre de ne pas recourir à la corruption, lui dire que si son mari était innocent, la justice triompherait tôt ou tard, par des moyens légaux ? Non, bien sûr. Je connaissais le système judiciaire soviétique, et, sachant ce qui se passait en coulisses, je n'avais pas le droit de faire une telle promesse.

Je savais que je n'avais pas affaire à des assassins, à des voleurs et des violeurs. Je savais que ces gens étaient simplement accusés de s'être lancés dans des entreprises ou un commerce privés — c'est-à-dire dans des activités qui sont considérées comme normales et légales dans tous les pays démocratiques, mais qui, en Union soviétique, sont passibles de longues années de détention, voire de la peine capitale. Et je ne pouvais me dissimuler que, dans la plupart des cas, les pots-de-vin ne servaient qu'à obtenir des verdicts justes et conformes à la loi.

Dans la série de procès portant sur des affaires de corruption, qui se sont tenus au début des années 60 et au cours desquels plus de deux cents agents d'instruction, procureurs et juges furent reconnus coupables, une étude juridique spéciale fut entreprise pour chaque procès. Des juristes hautement qualifiés étudièrent chacun des cas où l'accusé avait touché un pot-de-vin. Ils devaient déterminer si la décision prise par l'instructeur ou le procureur, ou le verdict prononcé par le juge en échange d'un pot-de-vin étaient, en fait, équitables et conformes à la loi.

On découvrit ainsi que, dans tous les procès, les chiffres étaient tout à fait conséquents : dans 65 à 70 % des cas, les décisions et les verdicts prononcés moyennant un pot-de-vin étaient parfaitement corrects et conformes à la loi. En d'autres termes, ces décisions et ces verdicts étaient légaux — c'étaient ceux qui auraient dû être prononcés immédiatement, sans qu'il fût besoin de pot-de-vin.

Une question évidente se pose alors : est-il vraiment nécessaire de verser des pots-de-vin pour obtenir des résultats légaux ? La réponse est malheureusement affirmative car, dans le système judiciaire soviétique, on ne peut jamais être sûr d'obtenir un résultat légal par les seuls moyens légaux. Et, pour de multiples raisons qui n'ont rien à voir avec la loi, il y a même de fortes chances pour que la décision d'un instructeur ou le verdict d'un juge ne soient pas équitables. En même temps, il n'y a qu'une très faible chance d'obtenir la révision d'une décision illégale par des moyens légaux. Cela apparaît de façon flagrante dans l'issue de l'affaire que voici.

Dix-huit horlogers avaient pris place au banc des prévenus du tribunal municipal de Moscou. Ils étaient accusés d'avoir acheté et revendu des montres en or importées. Toute l'accusation reposait sur le témoignage d'un informateur secret du Département d'enquêtes criminelles de Moscou. Cet informateur était manifestement un agent provocateur ; il avait lui-même organisé les opérations criminelles et y avait participé personnellement. Mais l'accusation décida de ne pas le convoquer comme témoin. En dépit des objections véhémentes de la défense, qui réclamait son audition, la Cour suivit l'accusation et rendit son jugement sur la seule foi de la déposition écrite faite par l'informateur au cours de l'instruction — ce qui est formellement interdit par la loi. Sur la foi de ce témoignage, dix-sept des inculpés furent reconnus coupables, qu'ils eussent plaidé coupable ou non coupable. Quant au dix-huitième, les preuves de sa culpabilité furent jugées insuffisantes, et il fut acquitté. L'avocat de cet homme et le juge avaient autrefois travaillé ensemble comme juges du peuple dans l'un des districts de Moscou.

Dix-sept pourvois en appel furent adressés à la Cour suprême de la République socialiste fédérative de Russie ; tous furent rejetés. Toutes les tentatives ultérieures pour faire réviser le verdict par l'inspection furent vaines, bien que la défense eût porté l'affaire jusqu'aux plus hautes instances — la Procurature générale et la Cour suprême d'U.R.S.S.

Sur les dix-huit prévenus, un seul fut jugé avec justice, et cet unique jugement équitable fut acheté.

Cet exemple fera mieux comprendre mon attitude face à certains de mes clients qui avaient soudoyé les juges ou les agents d'instruction pour tenter de venir en aide à leurs parents. Toutefois, chaque fois que je savais défendre une cause où des pots-de-vin avaient été versés, je me trouvais en proie à des doutes déchirants. Devais-je refuser mes services à ces gens ? La loi soviétique ne donne pas ce droit aux avocats. Devais-je en informer les autorités ? C'était une possibilité que je n'envisageais même pas. Il ne me restait qu'à ignorer le fait accompli, et à essayer de faire mon devoir professionnel.

Je ne suis pas sûr que cette attitude soit la bonne, mais je n'ai pu en trouver de meilleure.

Dans neuf des quinze Républiques fédératives qui composent l'Union soviétique (c'est-à-dire dans trois Républiques transcaucasiennes — la Géorgie, l'Azerbaïdjan et l'Arménie —, cinq Républiques d'Asie centrale — l'Ouzbékistan, le Turkménistan, le Tadjikistan, le Kirghizistan et le Kazakhstan — et en République fédérative de Moldavie) ainsi que dans les districts très éloignés des capitales et des grands centres des six Républiques restantes, la corruption, sous quelque forme que ce soit, est la règle plus que l'exception parmi les juges, et dans les services d'instruction et de procurature. Cette affirmation se fonde sur des dossiers de procès, sur mes propres observations faites au cours de dix-sept années de voyages professionnels à travers le pays, sur les anecdotes que m'ont racontées mes collègues de Moscou et de province, et sur les informations qu'ont pu me donner des clients qui avaient eu affaire à d'autres juristes de Moscou.

Imaginez une petite ville située à deux cents kilomètres de la capitale du district, et coupée d'elle par le manque de routes et de communications ferroviaires. Au cours de mes années d'exercice professionnel, j'ai eu l'occasion de séjourner dans plusieurs coins perdus de ce genre. Et partout où j'allais, une image se formait devant moi, née de mes propres observations et des récits de la population locale ou de mes collègues — l'image de la corruption intégrale de la police, des organes d'instruction et des tribunaux populaires. Mais c'était un type de corruption curieusement patriarcal et tristement provincial. Le rôle des simples coutumes et des liens de parenté était tel, qu'habitué à la raideur et à l'impersonnalité des tribunaux et des procuratures de Moscou, il m'arrivait d'imaginer qu'une machine à remonter le temps m'avait transporté dans la première moitié du XIXᵉ siècle, dans la Russie provinciale de Gogol.

Un jour, mon travail me conduisit dans une ville perdue de la région d'Arkhangelsk. Pendant que j'étudiais le dossier de l'affaire, je pus observer le juge local qui recevait des visiteurs. Un matin d'été, de bonne heure, j'étais assis dans la salle du tribunal, où s'étaient réunis une vingtaine de solliciteurs, qui attendaient patiemment d'être reçus par le juge. Finalement, la porte du cabinet du juge s'ouvrit. Un homme d'âge mûr apparut, mal rasé, portant son veston à même son tricot de corps, et des bottes de feutre aux pieds malgré la chaleur de la journée. Il invita le premier de la file à entrer. Les solliciteurs entrèrent un par un. Presque tous pénétraient dans la pièce en portant un paquet enveloppé d'un fichu blanc, ou une jarre de terre, ou un pot. Ils en sortirent tous les mains vides.

Dans ces régions reculées, il est normal que les quelques instructeurs, les deux ou trois juges, et l'unique, ou au maximum les deux avocats qui travaillent quotidiennement avec eux, établissent des relations d'affaires. Il existe dans notre vie professionnelle une barrière officielle qui est censée séparer les avocats de ceux qui rendent la justice. Mais les relations familières qui s'établissent dans ces circonstances abolissent le sentiment de cette distance. Et comme aucune des deux parties n'a une conception très rigoureuse de l'importance et de l'inviolabilité de la loi, la familiarité de leurs relations personnelles se transforme rapidement en une attitude excessivement familière à l'égard de la justice.

L'idée que la corruption est un acte criminel ne vient même plus à l'esprit des participants. L'avocat trouve tout à fait normal d'avoir un entretien préliminaire avec l'agent d'instruction ou le juge sur les perspectives de l'affaire, sur la somme que l'avocat touchera de son client en cas d'issue favorable, et sur la répartition de cet argent.

Il existe encore un autre type de corruption, caractéristique des villes de province : tous les membres du Parti et de l'élite bureaucratique se connaissent, tout le monde se voit tous les jours au travail ou aux conférences de district et de région, tout le monde pêche, chasse et joue aux cartes ensemble. Dans ces conditions, on peut toujours trouver en cas de besoin un membre de cette élite que l'on connaît.

On demande alors à ce fonctionnaire de glisser un mot en faveur d'un parent qui vient d'être arrêté.

Imaginons que le chef du département de l'agriculture du Comité exécutif de district vienne à passer dans le couloir du Conseil, et y rencontre le juge du peuple, qui est là pour affaires. Le chef du département de l'agriculture prend le juge à part et lui dit, sans cérémonie : « Ecoutez, Ivan Semyonovitch, vous travaillez bien sur telle ou telle affaire ? C'est quelqu'un que je connais bien ; c'est un chic type. Vous comprenez, c'était un jour de congé, il a bu un coup de trop et il a fait un peu de tapage. Donnez-lui un coup de main, voulez-vous ? Il ne restera pas longtemps votre débiteur. Je vous en donne ma parole. »

Alors, Ivan Semyonovitch lui donne « un coup de main », et, tandis qu'en vertu de l'article 206, alinéa 2, du code pénal, l'individu en question devrait se voir infliger au minimum une année de camp, il est condamné à un an de rééducation sur son lieu de travail et à un prélèvement de 20 % sur son salaire. Il offre au juge un petit quelque chose de son potager, quelques sacs de pommes de terre — en automne, dans les provinces russes, on en engrange pour tout l'hiver — ou bien la moitié du cochon tué traditionnellement la veille de Noël. Ou bien, il lui donne quelques centaines de roubles. Rien de tout cela n'a été fixé formellement à l'avance ; il s'agit simplement d'un cadeau de remerciement adressé à une personne qui l'a aidé à sortir d'un mauvais pas. Le juge ne se considère pas le moins du monde comme corrompu, et l'accusé ne pense pas non plus avoir fait quelque chose de répréhensible. Si vous l'interrogiez, il vous répondrait avec étonnement : « Que voulez-vous dire par pot-de-vin ? Il n'a jamais été question de quoi que ce soit du genre " si vous rendez ce verdict je vous donnerai deux cents roubles " ! C'est un simple remerciement pour un service rendu. »

Dans les Républiques de Transcaucasie et d'Asie centrale, la tradition orientale séculaire du bakchich et la mainmise de l'appareil du Parti sur le système soviétique, dont j'ai parlé au chapitre I, se sont combinées pour donner naissance à une véritable corruption organisée, qui est devenue absolument générale dans ces régions. Les organes judiciaires de ces Républiques n'ont pas été épargnés.

J'étais au courant de l'existence de ce problème, bien avant d'y être personnellement confronté. Je savais que le prix d'une « élection » à un poste de juge du peuple, de procureur de district ou d'agent d'instruction (situations dont les salaires ne sont que de cent

cinquante à cent quatre-vingts roubles par mois) s'élevait à trente
mille ou quarante mille roubles. Je savais par des camarades d'études
géorgiens, arméniens ou azerbaïdjanais, qui étaient retournés dans
leur région d'origine exercer leur métier, que certains enquêteurs du
Département pour la lutte contre le pillage des biens socialistes, et
certains procureurs s'étaient fait construire de superbes maisons en
ville et des résidences secondaires (pour un coût équivalent à
cinquante années de salaire), et bien d'autres choses encore.

Et pourtant, le jour où, pour la première fois, je vis de près le
système judiciaire géorgien, je tombai littéralement des nues. Un
important homme d'affaires clandestin de Tbilissi, que nous appellerons Dandachvili (ce n'est pas son vrai nom), dont le fils avait été
condamné à mort par la Cour suprême de Géorgie, m'avait demandé
de me pourvoir en appel devant la Cour suprême d'U.R.S.S.

Mon client avait été accusé d'avoir tué un homme au cours d'une
rixe d'ivrognes. Lorsqu'il fut arrêté, son père soudoya quelqu'un pour
le faire transférer à l'hôpital de la prison ; là, il soudoya une autre
personne pour organiser son évasion. Pendant un an, « le garçon » —
c'était ainsi que le père appelait son fils de vingt-cinq ans — avait vécu
sous un nom d'emprunt (avec un passeport acheté à la police de
Tbilissi) dans une ville de l'Oural ; tous les mois, il recevait une
importante somme de son père. Il aurait pu continuer à vivre là aussi
longtemps qu'il le fallait, s'il n'avait pas été arrêté, sous son faux nom,
et accusé d'avoir participé à un viol collectif. On découvrit rapidement
sa véritable identité et il fut remis entre les mains de la justice de
Tbilissi. Jugé simultanément pour les deux crimes, il fut condamné à
mort. Il plaida non coupable sur les deux chefs d'accusation, le
meurtre et le viol, prétendant que la victime avait eu des rapports
sexuels avec lui et son ami de son plein gré.

Les miracles commencèrent dès que je franchis le seuil de
l'édifice voûté du palais de justice de Tbilissi, un vieux bâtiment
branlant qui abritait à la fois la Cour suprême et la Procurature de la
République de Géorgie. J'avais atterri à Tbilissi dans la matinée, et
m'étais immédiatement procuré un interprète avant de me rendre au
tribunal pour commencer à travailler sur l'affaire. C'était un vendredi,
et je me plaignis à mon collègue et ami géorgien de ce que j'allais
perdre deux journées, le samedi et le dimanche, où je ne pourrais pas
étudier le dossier. « Tu plaisantes ? Nous allons arranger ça tout de
suite. » Après un bref entretien avec le père de mon client, il partit
pour le bureau du premier greffier. Il revint cinq minutes plus tard et
me dit que tout était en ordre : je pouvais emporter le dossier et le
conserver jusqu'au lundi. (J'appris plus tard que cela n'avait coûté *que*

cinquante roubles.) Mais le vrai choc, je le reçus le soir du même jour, au moment où le père me dit avec désinvolture : « Allons à la prison, vous pourrez discuter avec le garçon. »

En Union soviétique, les condamnés à mort n'ont théoriquement pas le droit de recevoir de visites. Même l'avocat de la défense a besoin d'une autorisation spéciale, qui est loin d'être toujours accordée. Mais la famille d'un condamné à mort n'est jamais autorisée à le voir. Néanmoins, nous arrivâmes à la prison, sans autorisation, et nous rendîmes tout droit au bureau du directeur. Je pus ainsi passer une heure en tête à tête avec le jeune Dandachvili, dans le bureau du directeur de la prison. Je lui donnai du chocolat, ce qui est strictement interdit, même pour les criminels ordinaires et, à plus forte raison, pour les condamnés à mort. Je pensais que j'allais avoir à le calmer et à lui remonter le moral, mais, apparemment, il n'en avait guère besoin. Il était fermement convaincu que son père, selon ses propres termes, « achèterait sa sortie ».

La Cour suprême d'U.R.S.S. révoqua le jugement et renvoya l'affaire devant la Cour suprême de Géorgie.

Bientôt, le père vint à Moscou, moins pour s'entendre avec moi que pour acheter un luxueux ensemble de meubles yougoslaves. « Le procureur en avait terriblement envie », m'expliqua-t-il. Quand je lui demandai quel procureur, il me répondit, visiblement surpris de ma lenteur d'esprit : « Comment ça, quel procureur ? Ces meubles sont évidemment pour la personne qui soutiendra l'accusation, mon garçon ! Il s'est acheté une maison à cent mille, une Volga [c'est une voiture] à vingt-cinq mille, et maintenant, il a absolument besoin de meubles. »

Je fus stupéfait de l'audace éhontée du procureur, qui, avec un salaire mensuel de cent quatre-vingts roubles, ne se contentait pas de dépenser allègrement cent vingt-cinq mille roubles pour une maison et une voiture sans craindre de se faire prendre, mais n'hésitait pas à accepter en cadeau le mobilier complet d'une pièce, du père de quelqu'un qu'il allait poursuivre au nom de l'Etat. Si un scandale devait éclater, la corruption serait aisée à prouver, ne fût-ce que sur la foi des reçus d'expédition par chemin de fer.

Le procès se termina bien. Le procureur maintint l'accusation, mais demanda à la Cour d'infliger treize années de détention au lieu du maximum prévu par la loi. (Le mobilier yougoslave avait déjà pris place dans la salle à manger de la nouvelle maison.) La requête du procureur garantissait presque que le prévenu sauverait sa tête ; il est en effet extrêmement rare que les tribunaux soviétiques rendent un verdict plus sévère que celui qu'a requis le procureur.

Il m'arriva plusieurs fois par la suite de me rendre en Géorgie, et je cessai de m'étonner lorsqu'un client me disait qu'il lui fallait un avocat qui fût spécialiste de tel ou tel juge. Je compris qu'il s'agissait d'un avocat par l'intermédiaire duquel le juge en question accepterait sans crainte un pot-de-vin. Je ne fus plus surpris de l'hospitalité célèbre et générale des juges et des procureurs locaux à l'égard d'avocats venus de Moscou ; je savais désormais fort bien d'où venait l'argent.

Mais quelquefois, même la tradition d'hospitalité et le charme irrésistible des Géorgiens ne suffisent pas à masquer la nature cynique et révoltante de la corruption qui a érodé le système judiciaire de cette petite nation. J'arrivai un jour avec un confrère de Moscou à Soukhoumi, une station thermale située au bord de la mer Noire. Nous venions de travailler à la Procurature de la République autonome d'Abkhazie en Géorgie, sur une affaire criminelle où plus de vingt personnes avaient été inculpées. Nous fûmes accueillis chaleureusement par l'agent d'instruction et par nos collègues locaux. Nous reçûmes bientôt une invitation de l'agent d'instruction lui-même, qui nous conviait à une grande réception comptant une quinzaine d'invités — des juges, des instructeurs et des avocats — qui se tint dans la salle privée d'un restaurant du bord de mer. Le patron du restaurant commandait en personne aux garçons qui nous servaient, et donnait lui-même ses instructions au chef. Les plats étaient exotiques et plantureux, même au regard des traditions généreuses de la cuisine géorgienne. On ne nous servit pas le vin local ordinaire, mais de vénérables cognacs — à la bouteille. Mais à la fin de ce festin, je ne vis pas apporter d'addition. Quand j'exprimai ma surprise, mon confrère local (qui avait passé son diplôme à l'université de Moscou) m'expliqua que le patron du restaurant entretenait des relations particulières avec la Procurature et la police.

— Ne vous en faites pas pour lui. Il a tout intérêt à payer le repas. Ce restaurant lui rapporte des centaines de milliers de roubles par an ; il a donc tout avantage à régaler les patrons de la police et de la Procurature, et même à leur verser régulièrement de l'argent. En échange de quoi, il peut dormir sur ses deux oreilles, sans craindre d'inspection ou de perquisition.

— Mais comment se fait-il qu'ils ne craignent pas d'afficher aussi ouvertement leurs relations ? Après tout, nous étions quinze à table. Il suffirait qu'un de nous en informe les autorités pour que l'agent d'instruction et le patron du restaurant en prennent pour leur grade. Même si l'on n'engageait pas de poursuites contre eux, ils perdraient certainement leurs situations, et seraient exclus du Parti.

Mon confrère haussa les épaules :

— Qui voulez-vous qui les dénonce ? Et à qui ? Tout le monde vit comme ça par ici. Tout le monde entretient des relations de ce genre. Si quelqu'un envoyait une dénonciation, beaucoup de gens en souffriraient. Ecrire au Comité régional ? Au Comité central de Géorgie ? A la Procurature de la République ? Les gens qui y travaillent sont comme nous ; ils font le même genre de choses, et n'ont pas l'intention de mordre la main qui les nourrit. C'est notre main qui les nourrit, et l'argent qui part de nous se dirige en ligne droite jusqu'au sommet.

— Et si une dénonciation était envoyée à Moscou ? demandai-je.

— Il n'y a pas à s'en faire pour cela non plus. Moscou renvoie la plainte à Tbilissi, nous charge d'enquêter, et tout va pour le mieux. Et vous pensez que le délateur s'en tirerait comme cela ? Vous savez ce qui est arrivé à Vakhtang, non ?

Je connaissais l'histoire de Vakhtang. En réalité, ce petit homme d'affaires sans envergure était un important intermédiaire professionnel chargé de transmettre des pots-de-vin à des fonctionnaires de la Procurature de Géorgie et au ministère de l'Intérieur. Il avait apparemment escroqué ses complices et ne leur avait pas remis la part d'un énorme pot-de-vin qui leur revenait ; alors, ils le laissèrent tomber. Plus personne ne voulait avoir affaire à lui. Son appartement fut cambriolé deux fois. Il s'aigrit et se mit à envoyer des accusations à Moscou, au Comité central du Parti communiste d'Union soviétique, au procureur général d'U.R.S.S. Il dénonça des juges, des agents d'instruction, des avocats, et même le procureur de la République. Il énuméra des affaires, des sommes, il cita les noms des gens qui l'avaient employé pour transmettre des pots-de-vin, et de ceux à qui il les avait versés.

Ses allégations étaient si précises et si terribles que Moscou envoya le chef du service d'inspection de la Procurature d'U.R.S.S. pour examiner l'affaire. Le procureur commença par étudier les dossiers des affaires dans lesquelles Vakhtang prétendait avoir transmis des pots-de-vin, puis il demanda à voir Vakhtang lui-même. Mais Vakhtang ne vint pas ; le soir qui précédait l'entrevue, il fut renversé et tué par un camion qui était monté sur le trottoir. Le chauffeur fut arrêté, mais rapidement relâché : il avait déjà été condamné pour vol, mais le psychiatre du tribunal établit un diagnostic de schizophrénie profonde et estima qu'on ne pouvait le juger.

Moscou dans les années 40, 50 et au début des années 60 : une corruption généralisée touchant le système judiciaire de la ville tout entier. « Tout entier » n'a rien d'exagéré : cette corruption s'étendait des agents d'instruction des procuratures de district jusqu'à l'appareil de la Procurature d'U.R.S.S. ; des juges du peuple jusqu'aux magistrats de la Cour suprême de la République de Russie. Ce fléau n'épargnait rien. C'était une véritable épidémie. Ceux qui résistaient à l'infection passaient pour des phénomènes ; les gens atteints étaient considérés comme la norme, et, comme toujours en cas d'épidémie, ils contaminaient à leur tour les gens sains. Tout fonctionnaire du système judiciaire est corrompu : telle était la présomption générale. Il n'y avait rien d'extraordinaire à ce qu'un employé offrît un pot-de-vin à un autre, même s'ils ne se connaissaient pas du tout.

Voici par exemple un épisode saillant du procès du personnel du tribunal et de la Procurature de la région de Moscou qui se déroula à cette époque. Un nouvel agent d'instruction était arrivé à la Procurature du district, et s'était vu confier une enquête sur une affaire de malversations à l'Union des consommateurs du district. L'ensemble du monde commercial du district était impliqué dans cette affaire, et un intermédiaire vint bientôt voir le procureur adjoint, qui avait entretenu des relations étroites avec ce milieu pendant de nombreuses années. Ils discutèrent des moyens d'étouffer l'affaire et du coût de l'opération. Ils parvinrent rapidement à un accord. Dans la déposition qu'il fit au cours du procès pour corruption, ce procureur adjoint raconta avec un calme olympien qu'il avait convoqué le nouvel agent d'instruction dans son bureau et lui avait suggéré de mener l'enquête de façon à limiter au maximum le nombre des inculpations et à ne compromettre que des personnages secondaires, afin de minimiser l'affaire.

Le juge qui présidait les débats était membre de la Cour suprême de la République socialiste fédérative de Russie et jouissait d'une réputation au-dessus de tout soupçon ; il demanda, stupéfait :

— Mais comment avez-vous osé faire une telle proposition à un parfait étranger ? Quel risque vous couriez !

Le prévenu lui répondit, tout aussi stupéfait :

— Comment cela, un « risque » ? Je savais que c'était un homme de métier ; il devait savoir comment les choses se passaient à l'époque !

— Et s'il avait refusé ce marché ? demanda le juge.

La réponse fut absolument formelle.

— Dans ce cas, un des parents de l'accusé aurait écrit à mes services en affirmant que l'agent d'instruction lui avait extorqué un pot-de-vin. Nous aurions passé l'affaire à l'un des nôtres, et la lettre de dénonciation aurait été soigneusement conservée dans le bureau du procureur de district, au cas où l'agent d'instruction aurait eu la lubie d'aller raconter notre entretien. Alors, nous aurions toujours pu le menacer d'envoyer cette déposition au procureur de la région[1].

En fait, cela ne fut pas nécessaire, car il se révéla que l'agent d'instruction était « l'un des nôtres », et donc digne de confiance.

Pendant ces années-là, la mafia des concussionnaires gouvernait la justice de Moscou.

Le chef du département d'instruction, O., dirigeait une véritable organisation de corruption au bureau régional de Moscou. Cela faisait de nombreuses années qu'il occupait ce poste, et il avait établi des relations de confiance avec de nombreux agents d'instruction et procureurs de district. Il était également parvenu à former une équipe d'inspecteurs qui lui étaient personnellement dévoués. Il jouissait d'une grande autorité et d'une confiance absolue au sein de la Procurature régionale et même de la Procurature de la République de Russie. Aussi toutes les décisions qu'il prenait dans des affaires instruites par les procureurs de district étaient-elles pour ainsi dire sans appel. L'organisation d'O. avait l'exclusivité de la corruption dans l'appareil d'instruction de la région de Moscou. Bien sûr, les agents d'instruction de district pouvaient, malgré tout, toucher des pots-de-vin sans partager leur butin avec personne, mais uniquement dans des affaires tout à fait mineures, vérifiées par les inspecteurs régionaux. Si O. allait simplement jusqu'à suspecter que les rouages avaient été huilés par de l'argent dont il n'avait pas touché sa part, il cassait sans pitié la décision de l'agent d'instruction.

La législation soviétique prévoit que la défense comme l'accusation peuvent faire appel de tout verdict criminel et de toute décision civile prononcés par un tribunal populaire ou régional. La cour d'appel est autorisée à casser tous les verdicts et toutes les décisions, et même à les invalider et à renvoyer l'affaire devant le même tribunal pour y être rejugée, par un autre juge bien sûr. Aussi risquait-on perpétuellement de voir annuler ultérieurement le jugement prononcé par un tribunal de première instance en échange d'un pot-de-vin, et d'obtenir du second juge, lors de la représentation de l'affaire, un verdict ou une décision tout différents. Cela se serait évidemment accompagné pour le premier juge de la déplaisante perspective de devoir restituer l'argent du pot-de-vin.

---

1. Comme tous ceux de cet ouvrage, ce dialogue est cité à partir de mes notes personnelles prises au cours des débats, et non à partir des comptes rendus officiels d'audiences. (N.d.A.)

Afin d'éliminer le risque d'une telle volte-face, et pour donner des bases solides aux « affaires de corruption », les juges durent cultiver des relations illicites de deux types : soit dans les cours d'appel chargées d'étudier les plaintes déposées contre leurs verdicts, soit parmi leurs collègues éventuellement chargés de réexaminer l'affaire après annulation de leur jugement. Ces liens se forgèrent donc ; ils se solidifièrent et se transformèrent progressivement en filières permanentes de distribution d'innombrables pots-de-vin.

Les procureurs qui défendent les intérêts de l'Etat en justice ne sont pas totalement indépendants. Dans sa plaidoirie, un procureur est autorisé à requérir une plus ou moins longue peine de détention, conformément à l'article concerné du code pénal, sans soumettre son réquisitoire à une approbation préliminaire. Cependant, il ne peut requérir de sentence n'entraînant pas de peine de prison, ni demander à la Cour d'abandonner l'accusation et conseiller l'acquittement, sans l'autorisation de ses supérieurs. Aussi ne peut-on être sûr qu'un pot-de-vin donnera le résultat souhaité qu'en constituant un groupe sur le principe vertical, c'est-à-dire avec la participation de fonctionnaires mieux placés hiérarchiquement.

Ces années virent la formation de nombreux groupes criminels de ce genre ; quelquefois, ils n'étaient créés que pour mener sans heurt une affaire importante au-delà des écueils judiciaires. De temps à autre, la composition de ces groupes se stabilisait, et ils fonctionnaient des années durant comme des machines bien huilées. Dans plusieurs cas, leurs activités furent découvertes (par exemple celles des groupes opérant dans les districts de Kiev, Volgograd, Balachikhinski et Podolsk de la ville et de la région de Moscou), et leurs membres furent inculpés. D'autres groupes se sont dissous d'eux-mêmes, se sont mis à l'abri et ont cessé d'opérer.

Dans les tribunaux municipaux et régionaux, il existait des organisations de magistrats spécialisés dans les affaires de crimes économiques. Malgré leur caractère informel, ces associations étaient stables ; elles poursuivaient un seul but et travaillaient selon des méthodes uniformes. Leur rôle était de s'assurer que les verdicts rendus moyennant finance ne seraient pas cassés. Pour ce faire, ils passaient un accord préalable prévoyant que si un jugement était invalidé par une instance juridique supérieure, le membre du groupe appelé à rejuger l'affaire s'arrangerait pour confirmer le premier verdict.

Ces groupes comprenaient différents types de juges. Certains vivaient sur un grand pied, et pendant la pause de midi, ils allaient déjeuner dans des restaurants de luxe. Ils s'habillaient chez les meilleurs tailleurs de la ville, et, pendant les week-ends, ils prenaient l'avion pour Sotchi — une station à la mode située au bord de la mer Noire — avec leurs petites amies du moment, dépensant à chaque voyage deux ou trois fois leur salaire mensuel. D'autres, en revanche, portaient des vêtements élimés et informes, et déjeunaient pour soixante-dix kopecks à la cantine située au sous-sol du palais de justice, et réputée pour sa mauvaise nourriture : ils faisaient des économies. Un juge de ce groupe, une femme d'un certain âge, au teint fané, toujours vêtue de la même robe de couleur indéterminée et de forme indéfinissable, fit faire des travaux dans son appartement un jour où elle n'était pas en ville. Quand les peintres arrachèrent le papier peint, ils découvrirent une cavité creusée dans le mur et bourrée de billets de banque, dont le total s'élevait à plus de cinquante années du salaire d'un juge.

Cette orgie de corruption s'acheva par une vague de procès qui balaya le système judiciaire moscovite au début des années 60. En moins d'un an et demi à deux ans, une vingtaine de procès eurent lieu ; près de trois cents agents d'instruction, procureurs et juges furent reconnus coupables d'avoir touché des pots-de-vin. Il n'y eut pas une procurature, pas un tribunal de Moscou (excepté la Cour suprême d'U.R.S.S.) qui ne vît une partie de son personnel traduite en justice. Dans certains districts de Moscou, il fallut procéder à un recrutement complet de personnel, car il n'y restait plus un seul juge du peuple, plus un agent d'instruction, plus un procureur. La majorité d'entre eux furent reconnus coupables de corruption ; les autres furent relaxés au bénéfice du doute, malgré des soupçons très fondés.

Ces arrestations et ces relaxes touchèrent la Procurature de Moscou, le tribunal municipal de Moscou et la Cour suprême de la République socialiste fédérative soviétique de Russie (le chef de son bureau d'accueil fut poursuivi pour avoir exercé les fonctions d'intermédiaire entre les corrupteurs et certains membres de la Cour). Le tribunal régional de Moscou et la Procurature régionale furent soumis à une purge particulièrement drastique — en fait, ce fut de là que partit la vague de procès.

L'opération fut préparée dans le plus grand secret par une équipe d'élite d'agents d'instruction spéciaux de la Procurature générale d'U.R.S.S., avec le concours du K.G.B., qui se chargea de toutes les filatures, des mises sur table d'écoute des lignes téléphoniques, du noyautage, etc. Un jour, à la stupéfaction générale, Nicolas Chépilov (c'est son véritable nom), l'un des plus brillants juges du tribunal régional de Moscou, fut pris la main dans le sac, dans une librairie où il se faisait remettre une liasse de billets, et fut arrêté.

Tout hébété et bouleversé, on le conduisit directement dans le bureau d'un agent d'instruction, qui le mit au courant de certaines informations recueillies par le K.G.B., par exemple sur l'identité et les mobiles des gens qui lui graissaient la patte, lui révélant ainsi que la Procurature était bien renseignée sur ses malversations. Puis l'agent d'instruction laissa Chépilov seul dans la pièce, après lui avoir suggéré d'écrire tout ce qu'il savait sur les pots-de-vin que lui-même et d'autres juges avaient touchés. En échange de ce témoignage sincère de repentir et des renseignements, l'agent d'instruction promit à Chépilov qu'il n'aurait à répondre que de l'affaire où on l'avait pris en flagrant délit, et qu'il ne serait pas condamné à plus de trois ans de détention. Il scella cette promesse de sa « parole d'honneur de communiste ».

Alors Chépilov se mit à écrire. Il écrivit plusieurs heures par jour, plusieurs jours durant, et essaya consciencieusement de se souvenir de tout ce qu'il savait sur la corruption qui régnait au tribunal régional de Moscou. Et ce qu'il savait, c'était à peu près tout, sur presque tous les membres du tribunal, depuis l'intermédiaire qui transmettait les pots-de-vin, jusqu'aux magistrats de la Procurature régionale de Moscou qui les touchaient.

Une semaine plus tard, les arrestations commencèrent : des membres du tribunal régional, des greffiers, le personnel de la Procurature régionale, des avocats. Dès qu'une personne était arrêtée, l'agent d'instruction lui faisait la même proposition qu'à Chépilov : des aveux citant d'autres noms en échange d'une promesse de « clémence ». L'avalanche était déclenchée ; des personnes de plus en plus nombreuses se trouvaient sur son passage et étaient englouties avant même de l'avoir entendue gronder. Le nombre des arrestations dépassa bientôt la centaine.

Pourquoi cette fièvre de remords et d'aveux ? Certains voulaient sincèrement se laver de la boue dont ils étaient couverts et à laquelle ils avaient cessé de prêter attention dans la fièvre de la vie quotidienne. Ils recommencèrent à la sentir lorsqu'ils se retrouvèrent face à leur conscience, dans le silence et la solitude d'une cellule. Mais la majorité d'entre eux étaient poussés par la crainte d'un châtiment inéluctable et par le désir de gagner à tout prix l'indulgence des agents d'instruction et des juges. C'était un mauvais calcul, car on ne leur accorda aucune pitié. On ne considéra pas toujours — et de loin — que la seule preuve dont on disposât contre eux était leurs propres aveux. Certains refusèrent d'avouer et passèrent neuf mois en prison avant leur procès. A cette époque, la loi ne prévoyait pas la peine capitale pour le délit de corruption ; mais de lourdes peines de prison furent requises, douze, treize, quinze ans même.

Je me souviens d'un interrogatoire où nous avions convoqué Chépilov comme témoin, pendant l'un des procès qu'avait entraînés son « désir de repentir ». On l'avait amené sous escorte depuis le camp de travaux forcés où il purgeait sa peine ; il était d'une maigreur extrême, le visage blême, bouffi par la faim, le crâne rasé. Vêtu de son uniforme trop large de prisonnier, il me fit penser aux patients d'un asile psychiatrique. Chépilov était effectivement au bord de la folie. Le camp l'avait brisé par un travail au-dessus de ses forces et par une sous-alimentation systématique. Mais ce qui le torturait le plus, c'était le sentiment de s'être fait duper si facilement par l'agent d'instruction, de s'être condamné lui-même à de nombreuses années de réclusion.

A la barre des témoins, il revint alors sur toutes les accusations qu'ils avaient portées contre lui-même et contre les autres. Il joua à l'imbécile, singeant le juge et le procureur, grimaçant et se moquant de lui-même. Il finit par devenir presque hystérique, et le gardien l'emmena, gémissant et se tordant convulsivement.

Tout le monde n'eut pas la même attitude pendant l'instruction et les procès. Certains ne cédèrent pas, refusèrent d'avouer, et ne dénoncèrent personne. Mais ce n'était pas facile. Un certain Spektor (c'est son véritable nom), procureur adjoint de la région de Moscou, fut de ceux qui résistèrent à toutes les formes de pression — chantage, menaces, promesses. Les dépositions infamantes de témoins et de leurs complices lors de la confrontation préliminaire le laissèrent de marbre. A deux reprises, il fut jeté « par mégarde » dans des cellules de criminels endurcis, qui avaient appris que leur invité était procureur (que ce procureur était juif — *jid* — de surcroît, ils purent s'en rendre compte par eux-mêmes).

Spektor subit de terribles tortures physiques au cours de ces journées, mais il se rendit tout de même au tribunal où il plaida non coupable. (Aujourd'hui encore, j'ignore si Spektor était un criminel où s'il était victime de calomnies.) A son procès, il se défendit avec compétence et courage. Dans sa déposition finale, il parla à la Cour des tortures qu'il avait subies pendant l'instruction, et du drame qu'endurait un homme accusé à tort. Il parla avec sincérité et passion. Soudain, il se tut. Puis il dit, d'une voix très faible :

— Je me sens mal ; je me sens mal. Il faut que je me repose.

— Peu importe. Poursuivez votre déposition, répliqua le juge.

Mais Spektor ne poursuivit pas. Il chancela et s'effondra aux pieds de la personne qui était à côté de lui. Sa femme poussa un cri, et se précipita, un flacon de cordial à la main, mais les huissiers la firent reculer. Un hurlement collectif hystérique fusa du banc des vingt-neuf prévenus. L'un d'eux, un métallurgiste, souleva un lourd banc de chêne et se mit à vociférer à perdre haleine, frénétiquement : « Salauds de patrons ! Salauds de patrons ! » Les avocats hurlaient ; le public hurlait.

Le juge annonça immédiatement une suspension d'audience et on appela une ambulance. Mais il était trop tard : Spektor était mort.

Ainsi s'acheva la période « impudente » ; mais ce ne fut pas la fin de la corruption. Elle ne fut qu'amputée, et se fit plus discrète. Pour l'essentiel, elle disparut dans la clandestinité. Les pots-de-vin continuent à être versés et touchés, mais ces tractations s'entourent désormais d'une prudente atmosphère de conspiration.

Dans les années 70, certains clients me parlèrent encore de cas où ils avaient versé des pots-de-vin pour obtenir l'indulgence envers leurs parents. Dans une de ces affaires, un fonctionnaire de la Procurature de la R.S.F.S.R. avait été soudoyé pour faire appel d'un verdict de culpabilité qui était déjà entré en application. Dans un autre cas, un pot-de-vin avait été versé à un membre de la Cour suprême de la R.S.F.S.R. contre la promesse d'une réduction de peine lors de l'examen d'un pourvoi par la Commission d'appel. J'ai eu vent également d'autres affaires de corruption fructueuses, et toujours impunies, à Moscou, à cette époque.

De temps en temps cependant, des scandales finissent par éclater. Entre 1974 et 1976 encore, des juges du peuple des districts moscovites de Kievsky et Babouchkinsky ont été reconnus coupables d'avoir touché des pots-de-vin, en compagnie de plusieurs agents d'instruction du district ; un important groupe d'agents d'instruction du Département d'enquêtes criminelles du ministère de l'Intérieur a été jugé pour corruption par la Cour suprême de la R.S.F.S.R.

Néanmoins, dans les dernières années, la justice s'est relativement bien portée dans les grandes villes ; en tout cas, il n'y existe plus de corruption de masse, de corruption organisée.

Chapitre V

LA CORRUPTION ET L'INDUSTRIE

L'usine de réparation de moteurs de tracteurs de Siversky fut homologuée par une attestation officielle de la Commission d'inspection, en date du 28 décembre 1978. (Cette date n'est pas fortuite : c'est en effet à la fin de l'année que l'industrie du bâtiment procède aux estimations concernant la réalisation du plan annuel. Sa non-réalisation fait perdre aux ouvriers leurs gratifications et menace les responsables d'ennuis beaucoup plus graves encore.) Le 16 février 1979, le ministère de la Machinerie agricole promulgua un décret de mise en fonctionnement de l'usine, et lui assigna un certain nombre d'objectifs. Au même moment, on ferma l'ancienne usine qui s'était jusque-là chargée de toutes les réparations, et qui devait être remplacée par la nouvelle. Le décret du ministre se fondait sur l'attestation de la Commission d'inspection qui affirmait : « L'usine est opérationnelle, et est prête à atteindre sa capacité totale de production. »

En fait, sur les cinquante et un ateliers que devait compter l'usine, quatorze étaient plus ou moins prêts ; dans neuf autres, le travail n'avait même pas commencé. Quant aux vingt-huit restants, voici comment le journaliste qui rendit compte du scandale les décrivait : « Sur le chantier jonché d'ordures se dressaient des cloisons à moitié construites ; on pouvait voir des tranchées effondrées pleines de briques cassées et de morceaux de ciment sec. »

Comment la Commission avait-elle pu homologuer l'usine et prétendre qu'elle était opérationnelle ? La Commission n'avait *jamais* homologué l' « usine » ; elle n'avait jamais vu les tranchées effondrées, ni les bâtiments à moitié achevés ; pour tout dire, les membres de la Commission ne s'étaient même jamais réunis. Les responsables du bureau régional du ministère de la Machinerie agricole à Leningrad s'étaient contentés de réunir les signatures de tous les membres de la Commission. Les obstinés, ceux qui refusèrent de signer l'attestation, furent simplement remplacés par des collègues plus obligeants. Dans les cas où cette substitution était impossible, on contrefit tranquillement les signatures.

Pendant plus d'une année, l'usine — qui en fait n'existait pas — figura dans les rapports statistiques, qui enregistrèrent que les objectifs de production fixés par le Plan avaient été réalisés. Pendant ce temps, les tracteurs en panne restaient là sans que personne s'en occupât, car l'ancienne usine avait été fermée, et la nouvelle n'existait que sur les rapports de l'Office central de la statistique.

Les listes d'usines officiellement en fonctionnement en Union soviétique en comptent quelques-unes qui n'existent ainsi que sur le papier. Cela n'empêche pas le *Gosplan** (Comité d'Etat du Plan) de leur fixer des objectifs, ni l'Office central de la statistique de faire figurer les chiffres de leur « production » dans ses rapports. En l'espace d'une seule année, deux publications nationales ont fait paraître des articles sur cinq usines fantômes de ce genre ! (*Pravda,* 31 janvier, 20 octobre, 22 novembre 1979 et 30 janvier 1980 ; *Literatournaïa Gazeta,* n° 13, 1979).

Le 1er janvier 1973, plusieurs groupes de hauts fonctionnaires de l'appareil du Comité central du P.C.U.S. et du Comité de contrôle populaire de ce Comité, menèrent des opérations-surprise dans les entrepôts de quatorze des plus connues et des plus importantes usines de Moscou. Ils étaient chargés de contrôler des articles qui, selon la comptabilité de l'entreprise, avaient été fabriqués au 31 décembre 1972, conformément aux objectifs du plan annuel. Les résultats furent stupéfiants : sur les quatorze entreprises inspectées, pas une n'avait réellement produit dans leur intégralité les marchandises comptabilisées. Les fonctionnaires qui avaient fait cette descente (c'est l'un d'eux qui m'a fourni ces renseignements) se rencontrèrent le lendemain et durent reconnaître le triomphe de la *pripiska.*

Le terme de *pripiska* désigne le fait de faire figurer dans les comptes d'une entreprise de fausses données, gonflant le volume de travail effectué ou portant comme achevées des tâches qui n'ont jamais été réalisées. Cette définition, cependant, ne donne pas une idée tout à fait exacte du rôle de la *pripiska* dans l'économie soviétique et même dans la vie de tous les citoyens soviétiques. Elle pourrait donner à croire au lecteur peu familiarisé avec les habitudes de la société soviétique, que la *pripiska* n'est qu'une simple fraude envers l'administration ou les autorités ; mais cette impression serait fausse. En réalité, le système de la *pripiska* est nécessaire et utile non seulement à la partie qui commet la fraude, mais aussi à la partie dupée.

Mais les ministères, le *Gosplan* ? Le Comité central du P.C.U.S. ? Le gouvernement ? Il *leur* faut sans doute des informations qui reflètent l'état réel de l'économie de la nation ! Comment pourraient-*ils* ne pas désirer de comptes rendus honnêtes ? Certes, mais il ne faut pas négliger un autre facteur : chaque chiffre gonflé par chaque entreprise traverse tous les échelons de la bureaucratie ; arrivé au sommet, après avoir été traité par ordinateur, il prend place dans le rapport final sur la réalisation du Plan, établi par l'Office central de la statistique d'U.R.S.S. (sous l'égide du Conseil des ministres). Une fois rédigé, ce rapport devient un instrument essentiel de la propagande soviétique.

Et ce système de la *pripiska* existe en dépit de tout un réseau d'organes répartis dans toute l'Union soviétique et chargés de vérifier l'exactitude des comptes des différentes entreprises et administrations du pays. On pourrait donc s'imaginer qu'il est impossible aux chefs d'entreprise de truquer les comptes régulièrement, pendant des années d'affilée, sans être ni découverts ni châtiés. Sans doute, mais dans l'économie soviétique, en dépit du bon sens, un contrôle général et permanent s'accorde parfaitement avec une fraude générale et permanente. Cette coexistence pacifique est rendue possible, une fois encore, par l'éternelle, l'indéracinable corruption.

Le caractère endémique qu'a pris la corruption dans le milieu des experts-comptables au cours des dernières décennies est attesté par les procès, par la presse soviétique, et, enfin, par le fait que les chiffres continuent d'être falsifiés, année après année, dans toutes les entreprises du pays, alors que quelques cas de fraude sont seulement révélés.

Ce baromètre de précision que sont les tribunaux a prouvé, sans l'ombre d'un doute, que l'habitude de soudoyer les experts-comptables et les hauts fonctionnaires des services d'inspection est extrêmement répandue, et tout à fait courante. Dans toutes les affaires de crime « économique » — c'est-à-dire les affaires où l'on juge un chef d'entreprise pour malversations ou autres délits — le thème de la « cécité » des experts-comptables est inévitablement évoqué. Ces experts sont généralement convoqués comme témoins, bien que tout le monde — y compris les juges — sache fort bien les raisons de leur « cécité » soudaine lors de l'examen des activités des prévenus.

Quelquefois, les inspecteurs se voient attribuer un rôle qui leur convient mieux : celui de prévenus. Il est arrivé — rarement, il est vrai — que toutes les places du banc des accusés soient occupées par des inspecteurs (ce fut le cas par exemple dans l'affaire qui a été jugée par la Cour suprême d'Azerbaïdjan en 1976, où tout le personnel de l'Inspection nationale du ministère du Commerce avait été inculpé : vingt-quatre inspecteurs et leur chef).

Malgré l'atmosphère de corruption qui imprègne les relations entre les inspecteurs et les chefs d'entreprise, ces deux groupes tentent très souvent de dissimuler la vraie nature de leurs rapports. Aussi les pots-de-vin donnés sous forme de présents et d'invitations — plutôt qu'en espèces — jouent-ils un rôle important, voire prépondérant.

Les pots-de-vin en nature sont devenus particulièrement courants lorsqu'ils sont destinés, non aux inspecteurs d'Etat ordinaires, mais aux fonctionnaires plus puissants, représentant des organes supérieurs, qui viennent contrôler les activités des établissements dont ils sont responsables. Humainement parlant, c'est parfaitement compréhensible. L'argent énonce les choses clairement : il n'y a pas moyen de feindre envers soi-même, ni de se dissimuler les éventuelles conséquences ; et tout concussionnaire ne peut manquer de songer à ce qui lui arrivera s'il se fait prendre, et à la manière dont il pourra se défendre contre les accusations.

Mais la forme de corruption la plus répandue en l'occurrence n'est pas le présent ; c'est le pot-de-vin sous forme d'invitation. Cela comprend des repas au restaurant, des parties de chasse ou de pêche, des beuveries ou des orgies. Psychologiquement, le calcul des chefs d'entreprise est ici très juste : il tient compte des traditions nationales ancestrales d'hospitalité (en usage non seulement en Russie, mais également dans le Caucase et en Asie), et d'une autre tradition, nationale elle aussi, qui consiste à se soustraire à la tutelle familiale pour aller faire la noce dans une ville éloignée. Un officiel soviétique est toujours disposé à faire la bringue aux frais de ses subordonnés. Ces sorties coûtent cher, et les entreprises constituent à cet effet des caisses noires (appelées dans le jargon des planificateurs des « caisses à cognac »). On entretient des maisons et des pavillons de chasse pour les visiteurs, et l'on engage des domestiques séduisantes et complaisantes, comme il se doit.

La presse soviétique publie régulièrement de nombreuses informations sur cette forme de corruption. Dans le lot d'anecdotes publiées, j'en ai sélectionné une. Je ne l'ai pas seulement choisie pour son pittoresque, mais parce qu'elle donne une bonne idée du véritable visage de ces pots-de-vin en forme d'invitation. Je l'ai également choisie parce que j'ai eu connaissance de détails inédits, par des sources d'information absolument dignes de foi.

Dans la ville de Kouïbychev, au bord de la Volga, une grosse entreprise de bâtiment construisit un petit hôtel avec des chambres d'hôtes et un sauna, réservé aux inspecteurs et fonctionnaires de passage. L'hôtel était situé dans un parc entouré d'une haute clôture surmontée de barbelés, et l'entrée était étroitement surveillée par des patrouilles de gardiens, tous champions de lutte. Outre ces gardiens, le personnel de l'hôtel comptait un cuisinier, quelques pêcheurs, chargés d'approvisionner l'hôtel en poissons de première fraîcheur, dont le célèbre sterlet de la Volga, et deux femmes de chambre. Celles-ci n'avaient pas seulement pour fonction d'entretenir les chambres, mais aussi d'y coucher avec les invités. Mais deux filles ne pouvaient de toute évidence suffire aux divertissements de nombreux invités ; en effet, pour le plus grand plaisir des visiteurs et des dirigeants régionaux de Kouïbychev, on organisait fréquemment des orgies dans le sauna. Aussi les gardiens-lutteurs furent-ils chargés d'une mission supplémentaire : trouver des femmes.

Sous divers prétextes, ils attirèrent des jeunes femmes et des lycéennes à l'hôtel, les violèrent, et photographièrent la scène. Puis ils laissèrent le choix à leurs victimes : les photos seraient envoyées à leurs parents, leurs patrons ou leurs professeurs, à moins que les filles ne viennent à l'hôtel lorsqu'on les appellerait et ne couchent avec les personnes qu'on leur désignerait. La plupart des jeunes femmes, bouleversées par leur horrible aventure, cédèrent aux menaces et travaillèrent à l'hôtel comme prostituées, prenant part aux orgies du sauna. Quelques-unes cependant ne craignirent pas de tout raconter à leurs parents et de porter plainte à la Procurature régionale et à la police. Ces plaintes contenaient des faits concrets, des dates et des noms, mais toutes se virent opposer la même réponse : « Après examen de votre déposition, il nous a été impossible de confirmer les faits. Nous n'avons pas estimé qu'il y avait lieu d'engager des poursuites contre X en vertu de l'article 117 du code pénal de la R.S.F.S.R. » (l'article relatif au viol).

Ainsi, l'hôtel de plaisir et son sauna continuèrent de prospérer. L'article paru dans la *Literatournaïa Gazeta* ne dévoile pas clairement le secret de cette invulnérabilité. S'il décrit en détail les divertissements offerts aux inspecteurs de Moscou et à d'autres hauts fonctionnaires de passage, pour des raisons évidentes, il n'indique pas que des dirigeants du Comité régional du Parti, des policiers haut placés et des fonctionnaires de la Procurature figuraient également parmi les visiteurs assidus du petit hôtel situé sur les rives pittoresques de la Volga.

Les dirigeants locaux continuèrent à protéger les accueillants propriétaires de l'hôtel même quand tout Moscou fut au courant des viols et des orgies sordides qui se déroulaient dans le sauna avec des mineures. Mais en raison de l'intérêt que portait à cette affaire la *Literatournaïa Gazeta,* qui entretenait d'excellentes relations avec le Département administratif du Comité central et avec la Procurature, les autorités ne purent étouffer le scandale. Les responsables furent accusés de détournement de fonds et d'autres malversations, et les gardiens-lutteurs furent inculpés de viol collectif. Le Comité régional du Parti communiste n'en continua pas moins à défendre les responsables de l'entreprise de bâtiment. Il fit pression sur le tribunal régional chargé de l'affaire ; la loi fut appliquée dans toute sa rigueur aux gardiens (que personne ne protégeait) : ils furent condamnés à de lourdes peines de prison. Quant aux responsables, ils s'en tirèrent à bon compte ; tous se virent condamnés à des peines assorties d'un sursis, à l'exception d'un des accusés secondaires qui servit de bouc émissaire. On en fit une victime et il fut condamné à six ans de réclusion criminelle.

Pourquoi toutes les entreprises du pays sont-elles contraintes de recourir aux *pripiski* ou à d'autres expédients ? Et pourquoi les autorités se font-elles complices de telles manœuvres ? On peut en trouver la raison dans les conditions économiques ambiantes du système soviétique.

En 1966, une fabrique de papier couché de haute qualité, dirigée par le consortium de papeterie de Kama, fabriqua dix mille tonnes de papier de mauvaise qualité, au lieu des quarante mille tonnes de papier de luxe fixées par le Plan.

La première raison de ce déficit était que les machines-outils de fabrication australienne qui venaient d'être livrées à l'usine étaient déjà désuètes à cette date. Il fallut en mettre un certain nombre au rebut ; les autres ne purent être mises en service qu'après que les employés les eurent modernisées de leur mieux. La seconde raison était que le kaolin — matière première essentielle entrant dans la fabrication du papier couché — reçu par la fabrique était si médiocre qu'il était inutilisable pour une production de qualité supérieure.

Sept années s'écoulèrent, et en 1973, les machines-outils — qui étaient déjà considérées comme dépassées en 1966 — étaient toujours en usage, et la qualité du kaolin livré à la fabrique toujours aussi médiocre. La production avait chuté de dix mille tonnes à six mille (*Literatournaïa Gazeta,* n° 35, 1973).

Tout lecteur peu au fait des réalités soviétiques, qu'il soit économiste ou simplement homme de bon sens, ne manquera pas de s'interroger : « Pourquoi le responsable de la papeterie a-t-il accepté ces machines-outils australiennes inutilisables ? Pourquoi les a-t-il supportées pendant sept ans au lieu de les remplacer par un équipement convenable ? Pourquoi a-t-il accepté un kaolin médiocre pendant toutes ces années, au lieu de s'adresser à un autre fournisseur pour obtenir le produit de qualité dont il avait besoin ? » Bref, pourquoi le responsable n'a-t-il pas agi conformément à la logique de la plus élémentaire des gestions, dans l'intérêt de son entreprise ?

Il suffit d'être informé du système économique soviétique pour pouvoir répondre sans peine à toutes ces questions : le responsable a agi comme il l'a fait parce que la législation soviétique ne lui donnait pas le droit d'agir autrement.

Dans le système économique soviétique rigoureusement centralisé, tout est déterminé par un plan établi par les organes compétents du Parti et de l'Etat. Tous les éléments économiques et commerciaux de la vie des entreprises et des chantiers de construction sont planifiés simultanément. Tous ces plans qui concernent des dizaines de secteurs et des centaines de milliers d'entreprises et de chantiers définissent d'une part ce qu'une entreprise doit produire — le type et la quantité de marchandises — ainsi que la nature et le lieu de construction de nouvelles usines ou d'autres bâtiments. Ces plans établissent d'autre part le type et la quantité de matériaux qui leur seront attribués, l'équipement qu'ils recevront, et de quel fournisseur, ainsi que les acheteurs de leurs produits, et les quantités vendues à chacun. Voilà pourquoi les entreprises et les chantiers de construction sont incapables d'obtenir les matériaux et l'équipement qu'ils jugent nécessaire, et à l'emplacement le plus favorable à leurs besoins.

Ainsi, le responsable d'une entreprise qui fabrique pour des dizaines de millions de roubles de marchandises ne peut refuser les machines-outils qu'il a reçues conformément au plan de livraison, même s'il sait déjà qu'elles ne valent rien ; de même, il doit accepter des matériaux, tout en sachant parfaitement que le produit qu'ils permettent de fabriquer sera de piètre qualité. Ce n'est pas que la loi ne lui en donne pas le droit, mais la planification des livraisons fait qu'il ne recevra rien en échange des machines et des matériaux refusés.

Le responsable d'une entreprise soviétique gère des millions de roubles destinés à payer les livraisons planifiées par le pouvoir central ; mais il n'a pas le droit d'en dépenser ne serait-ce que mille comme il l'entend. Les actions de tous les responsables sont rigoureusement arrêtées à l'avance ; ils n'ont aucune liberté de choix ni de décision dans leur gestion. Cela pourrait faire croire que le système ne laisse pas de place à la corruption. Mais en fait, cette hypercentralisation et ce contrôle permanent de la gestion ont engendré une corruption si envahissante et si générale dans l'industrie, que l'on est en droit d'affirmer qu'un second système économique non officiel s'est mis en place et fonctionne parallèlement au système économique officiel. Ils sont si étroitement imbriqués que le premier, le système officiel, est incapable de fonctionner sans le concours du second, c'est-à-dire sans recourir à la corruption.

Le système économique officiel impose une lourde exigence aux directeurs d'entreprise ou de chantier : exécuter à temps et intégralement le plan qui leur a été fixé. Le bien-être des employés et des ouvriers dépend de la réalisation du plan : s'il est réalisé, ils touchent une prime qui augmente leur salaire annuel de 20 à 25 %. La carrière et la tranquillité d'esprit du directeur en dépendent également : s'il « fait le plan », comme on dit, on lui pardonnera bien des péchés — et même des violations de la loi relevant du code pénal. Mais s'il « fait échouer le plan », rien ne pourra le sauver, même s'il n'est responsable en rien de cet échec et si les coupables sont les organes de planification et d'approvisionnement qui ne lui ont pas livré les matériaux ou l'équipement nécessaires. Ce cas est si fréquent dans l'industrie soviétique que l'on peut dire qu'en règle générale, les organes de planification et d'approvisionnement de l'Etat ne fournissent pas suffisamment d'équipements et de matériaux aux chantiers de construction. Cela ne dispense toutefois pas les chefs d'entreprise et de chantier de l'obligation de réaliser les objectifs du plan. Il faut donc qu'ils se procurent, par n'importe quel moyen, tout ce que l'Etat ne leur fournit pas, et faute de quoi ils ne pourraient exécuter le plan.

Et quels sont ces moyens ? En Union soviétique, il n'existe aucun moyen légal de se procurer les matériaux nécessaires. Mais il existe un moyen d'obtenir tout ce dont on a besoin pour « faire le plan » : la corruption.

Grâce au passe-partout de la corruption, les chefs d'entreprise obtiennent des ordres de livraison des fonctionnaires chargés de distribuer les matériaux et l'équipement ; ils obtiennent que les fournisseurs leur livrent ce que les bons de livraison de l'Etat leur avaient déjà attribué ; ils obtiennent enfin les moyens d'expédier la marchandise.

Les procès et les articles publiés dans la presse soviétique ont démontré de façon formelle que des représentants des fabriques, des usines et des chantiers sont contraints de soudoyer des fonctionnaires — à tous les échelons — des ministères, du Gosplan et des comités chargés des livraisons. Ils doivent les soudoyer pour obtenir des articles supplémentaires non prévus par le Plan, mais aussi pour s'assurer que les fonctionnaires feront leur travail consciencieusement, et qu'ils établiront les ordres de livraison des matériaux et des équipements déjà attribués à l'entreprise par les organes supérieurs de l'Etat.

Les pots-de-vin que touchent les cadres moyens des ministères et du Gosplan ne sont pas très élevés ; ils sont même quelquefois étonnamment dérisoires. Des dons tels qu'un repas dans un restaurant chic, quelques bouteilles de cognac ou un flacon de parfum français suffisent généralement pour obtenir une faveur d'un fonctionnaire situé au bas de l'échelle hiérarchique.

Les fonctionnaires de rang moyen ne reçoivent pas seulement des pots-de-vin sous forme de cadeaux ou de repas, mais très fréquemment aussi en espèces. Toutefois, si l'on en juge par les comptes rendus des tribunaux, les sommes en jeu sont relativement modestes : ces gens-là ne font pas les dégoûtés devant cinquante roubles, et, dans leurs milieux, une somme de deux cents roubles est considérée comme un pot-de-vin considérable.

Le scénario est tout différent lorsque les concussionnaires sont des personnages haut placés dans la hiérarchie : les chefs d'offices centraux, les responsables de secteurs industriels, leurs adjoints, et, bien sûr, les vice-ministres. Ici, les pots-de-vin se calculent en milliers et en dizaines de milliers de roubles. Les comptes rendus d'audiences montrent, par exemple, qu'un haut fonctionnaire d'un ministère de l'Agriculture a, un jour, touché trois mille roubles en échange d'un ordre de livraison de cinq cents mètres cubes de bois de charpente accordé en sus du Plan. En échange de la fourniture d'équipement et de pièces détachées à un immense sovkhoze de la région de Rostov, le chef de l'office central du Comité national pour la Machinerie agricole de la R.S.F.S.R. touchait vingt-cinq mille roubles par an.

La corruption générale qui règne dans les ministères chargés de gérer l'économie soviétique est un facteur extrêmement important, qui exerce une influence tangible sur la vie de toute la nation. Il est très facile de montrer, à l'aide d'exemples tirés de procès ou de la presse, comment les fils de la corruption s'étendent des bureaux moscovites des ministères jusqu'à l'ensemble du pays, et d'établir comment ces fils finissent par tisser des liens entre un haut fonctionnaire ministériel et un ouvrier vivant dans une ville provinciale éloignée, en les réunissant dans un même réseau national de corruption.

L'exemple que voici est tiré d'archives judiciaires. Le chef d'un des offices centraux du ministère de la Construction de transports, son premier adjoint et plusieurs de ses plus proches collaborateurs touchaient régulièrement des pots-de-vin du directeur d'un grand établissement de transports automobiles situé dans une ville du district de Stavropol. Ces pots-de-vin étaient versés en échange d'ordres de livraison de camions, de voitures et de pièces détachées. Leurs relations étaient bien assises, et solides. Les fonctionnaires ministériels touchaient entre mille cinq cents et deux mille roubles ou plus pour chaque ordre de livraison. De plus, le directeur de l'établissement de transports louait un appartement à Moscou, qui était à leur disposition toute l'année pour des parties fines et des orgies. Quand il se rendait à Moscou, il leur procurait des prostituées, et les invitait au restaurant.

Ceux qui faisaient les frais de la *dolce vita* de ces fonctionnaires ministériels étaient les chauffeurs de l'établissement de transports de cette ville provinciale reculée : pour chaque pièce détachée nécessaire à la réparation de leurs véhicules, ils versaient à leur directeur cent à cent cinquante roubles, et deux mille à trois mille roubles pour chaque nouveau véhicule. Evidemment, les chauffeurs ne pouvaient prélever de telles sommes sur leurs salaires (cent quarante à cent cinquante roubles par mois) ; ils obtenaient cet argent en faisant des trajets « au noir » (*na liévo*[1]), c'est-à-dire en utilisant les véhicules de l'Etat, alimentés par l'essence de l'Etat, pour transporter des chargements privés et des passagers qui les payaient en liquide.

L'entreprise ou le chantier de construction ont donc obtenu l'ordre de livraison des matériaux ou de l'équipement dont ils ont besoin. On pourrait penser qu'il ne leur reste plus qu'à passer la commande : envoyer l'ordre au fournisseur et attendre la livraison.

C'est en effet ce qui devrait se passer, selon les relations entre entreprises telles que la loi les prévoit. Mais prenons un exemple concret. En janvier 1979, une entreprise fixée à Saratov, qui construisait d'énormes stations hydro-électriques sur la Volga, avait reçu moins du quart des produits métallurgiques prévus par le Plan ; à la même date, une autre entreprise de construction de Saratov en

---

1. *Na liévo* signifie littéralement : « à gauche ». (N.d.T.)

avait reçu moins du dixième (*Literatournaïa Gazeta*, n° 26, 1979).

Concrètement, une entreprise qui a obtenu son autorisation et qui a besoin de marchandises précises à temps et en quantité suffisante est contrainte, en règle générale, de recourir à la corruption. La seule manière, ou presque, de faire exécuter un ordre de livraison, c'est de verser un pot-de-vin au directeur de l'entreprise fournisseuse, ou aux employés chargés d'expédier la marchandise — ou plus exactement aux deux.

Voici l'un des rares cas où il m'est possible d'étayer mes propres estimations, fondées sur mes observations personnelles et sur ma carrière de juriste, d'une conclusion autorisée publiée dans les pages de l'organe officiel du Comité central du Parti communiste d'Union soviétique, la *Pravda*. Le numéro daté du 28 juin 1976 raconte l'histoire d'une employée du service des ventes de l'énorme consortium métallurgique de Novolipetsky, qui acceptait des pots-de-vin des représentants d'entreprises clientes en échange de l'exécution de leurs ordres de livraison. Ces pots-de-vin pouvaient être des babioles — une bouteille de champagne, une boîte de bonbons — ou des objets plus importants comme des téléviseurs ou des meubles. L'article insistait sur le fait que l'employée acceptait toujours les pots-de-vin, et ce, sans se cacher le moins du monde : elle se les faisait même envoyer par la poste. Et cela dura des années.

L'intérêt de cette anecdote ne réside pas dans la situation absolument banale et typique qu'elle présente (encore qu'elle soit peut-être significative par sa banalité même), mais dans la conclusion qu'en tirait l'auteur de l'article : lorsqu'ils sont en voyages d'affaires pour obtenir de leurs fournisseurs les marchandises nécessaires, tous les représentants d'entreprises d'Etat emportent des cadeaux pouvant servir de pots-de-vin, cadeaux qui sont toujours payés par leurs entreprises.

Y a-t-il moyen de lutter contre ce type de corruption ? Est-il possible de refuser de verser ces pots-de-vin, et de porter plainte auprès des autorités compétentes en exigeant que le concussionnaire soit poursuivi, ou au moins renvoyé de son poste ?

Théoriquement, c'est possible, bien sûr. Mais les publications soviétiques elles-mêmes montrent clairement la vanité d'une telle lutte. A titre d'exemple, voici un fait véridique qui démontre que la corruption est de règle dans les relations entre les entreprises d'Etat, et que toute dérogation à cette règle entraîne un juste châtiment. (La véracité de l'histoire est absolue ; je la tiens de l'un des deux principaux protagonistes.)

Dans la ville de N., il y avait — et il y a toujours — une usine de moteurs électriques. Cette usine réalisait toujours les objectifs de ses plans de production, et quelquefois elle les dépassait même légèrement. Le secret de sa prospérité était que deux fois par an, un membre du personnel se rendait à Moscou faire une petite visite à l'entreprise qui fabriquait leurs roulements à billes ; là, il remettait au magasinier une somme équivalente au salaire semestriel d'un peintre de l'usine de moteurs, poste occupé par ce magasinier.

Cette idylle dura de longues années, mais un jour, le directeur de l'usine de moteurs électriques se rendit à Moscou pour assister à un congrès. Il y rencontra un vieil ami d'études qui occupait le poste élevé de vice-ministre. Ce soir-là, au cours d'un dîner de retrouvailles, ils évoquèrent leur jeunesse, et chacun se plaignit à l'autre de ses problèmes professionnels. Le directeur d'usine se plaignit de ses difficultés d'approvisionnement et, en passant, se vanta de la manière dont il était parvenu à obtenir ses fournitures de roulements à billes. Le vice-ministre fut outré. Il morigéna le directeur d'usine et lui donna sa parole que les roulements à billes seraient à N. à temps, à condition que l'usine cessât toute relation avec le magasinier. (La fabrique de roulements à billes relevait de son autorité.)

Le vice-ministre fit tout ce qui était en son pouvoir pour tenir sa promesse. Il convoqua le directeur de la fabrique de roulements à billes et lui demanda, comme une faveur personnelle, de faire en sorte que les roulements fussent expédiés à N. comme prévu.

Tout fut fait selon les règles du système économique officiel ; tous les rouages du système furent mis en mouvement, depuis le vice-ministre jusqu'au magasinier de la fabrique. Mais on négligea les rouages du système économique parallèle, et le mécanisme officiel s'enraya. L'usine de moteurs électriques ne reçut pas ses roulements à billes à temps ; son plan ne fut pas réalisé ; ses ouvriers ne touchèrent pas leurs primes ; et le directeur fut blâmé par le ministre.

Le messager de N. reprit alors la route de Moscou et remit au magasinier son salaire du semestre précédent et, à la satisfaction générale, tout continua comme par le passé.

J'ai affirmé plus haut dans ce chapitre qu'en Union soviétique un chef d'entreprise n'a pas le droit de dépenser ne serait-ce que mille roubles de sa trésorerie ; le lecteur ne manquera pas de se demander d'où vient l'argent de tous ces pots-de-vin. Le salaire personnel du directeur, qui s'élève à quelques centaines de roubles par mois, ne peut évidemment pas fournir les milliers de roubles qui sont régulièrement versés à des fonctionnaires des ministères et à ses fournisseurs.

Certes. Les directeurs d'entreprise et de chantier de construction se procurent les fonds nécessaires à l'intérieur de leurs propres organisations ; et pour ce faire, ils emploient des méthodes qui outrepassent les limites de la légalité. En me fondant sur des milliers d'affaires criminelles et sur des articles de la presse soviétique, je suis en mesure d'affirmer qu'il existe trois méthodes couramment utilisées par les directeurs d'entreprise et de chantier de construction pour obtenir le combustible du moteur de la corruption : l'argent.

Le tableau suivant est bien connu de tous ceux qui ont eu l'occasion d'observer de près une usine ou un chantier soviétiques. Les jours de paye et les jours de remise de primes, un homme se tient à côté du guichet du caissier une liste à la main. Il écoute attentivement les noms que crie le caissier et les vérifie sur sa liste. Il coche le nom, appelle l'employé à l'écart et lui parle à voix basse. Alors, l'employé lui remet une partie de l'argent qu'il vient de toucher. Cet homme à la liste agit au nom de l'administration ; il a pour fonction de remettre à celle-ci l'argent qu'il prend aux ouvriers.

L'anecdote que voici provient de la déposition de l'accusation au cours d'un procès, et jette une certaine lumière sur la situation. Par l'intermédiaire des contremaîtres et d'autres agents autorisés, le directeur d'une usine de construction mécanique prélevait sur ses employés une contribution qui allait de 30 à 100 % de leurs primes, des indemnités versées par le syndicat, des récompenses pour des suggestions permettant d'améliorer le rendement, et de salaires fictifs versés pour un travail non effectué. Lorsque la Procurature engagea des poursuites contre le directeur de l'usine, elle se vit contrainte par le Raïkom d'abandonner l'enquête. La justice fut néanmoins saisie de l'affaire sur instructions de Moscou, mais le Raïkom fit pression sur le juge pour qu'il rende un verdict de clémence.

Deux questions intrigantes se posent immédiatement : pourquoi les employés renonçaient-ils de si bon gré à leur argent ? Et pourquoi le Raïkom chercha-t-il à défendre le directeur d'usine véreux ? Le Raïkom demanda à la Procurature d'abandonner les poursuites parce qu'il savait que l'argent extorqué aux ouvriers n'était pas destiné au directeur de l'usine personnellement, mais, sous forme de pots-de-vin et de cadeaux, à toutes les personnes dont dépendaient les fournitures de matériaux et d'équipement de l'usine ; du point de vue du Raïkom, c'était donc dans l'intérêt de l'usine que cet argent était prélevé.

Quant aux ouvriers, ils remettaient ces sommes de bon gré, parce que, bien que l'argent figurât à leur nom dans les comptes de l'usine, il ne leur était pas dû. L'administration a besoin de disponibilités pour s'assurer que l'usine obtiendra ce dont elle a besoin et qu'elle ne peut se procurer par les filières de l'Etat. Elle convient donc avec ses ouvriers qu'on leur versera de l'argent auquel ils n'ont pas réellement droit, et qu'ils le rendront à l'administration.

La seconde méthode pour obtenir de l'argent consiste à utiliser des « âmes mortes[1] ». A la fin du xxe siècle, en fait, ces « âmes mortes » peuvent être mortes ou vives ; elles peuvent aussi n'avoir jamais existé. Ces trois types d' « âmes mortes » sont officiellement embauchées parmi le personnel de l'entreprise ou de l'administration, alors qu'elles n'y travaillent pas réellement — pas même celles qui sont vivantes. Mais leurs salaires leur sont versés régulièrement et sont perçus en leur nom par des êtres dont la réalité ne peut faire de doute : les directeurs des entreprises ou des administrations. Il arrive bien sûr que ceux-ci empochent cet argent à leur propre profit, mais il sert généralement à payer des pots-de-vin en échange de matériaux, d'équipement et d'ordres de livraison.

Les responsables d'entreprise et de chantier de construction prennent des « âmes mortes » partout. Certains d'entre eux, qui manquent un peu d'imagination, utilisent souvent les annuaires téléphoniques, où ils copient les noms qu'il leur faut. D'autres trouvent les noms de leurs « âmes mortes » parmi leurs relations, quelquefois vivantes, et quelquefois bel et bien défuntes.

Le défi le plus compliqué peut-être jamais lancé à des agents d'instruction fut le cas du directeur d'un service de réparations et de construction de district, de la vieille ville de Rouza, près de Moscou. Pour être bien sûr que ses « âmes mortes » fussent mortes et bien mortes, il se rendait au cimetière municipal et recopiait consciencieusement les noms des morts figurant sur les pierres tombales, puis il les faisait figurer sur sa liste. Ces noms appartenaient quelquefois à des personnes qui avaient été enterrées avant l'invasion de Napoléon, subie par Rouza en 1812.

Mais la méthode la plus courante pour obtenir de l'argent est d'autoriser le versement de salaires aux ouvriers pour un travail qu'ils n'ont pas fait (en Union soviétique, les travailleurs manuels sont payés à la tâche), puis de répéter le processus désormais familier :

---

1. Allusion au roman de Gogol *Les Ames mortes,* où un propriétaire terrien achète à bas prix des serfs morts, qui lui serviront de garantie pour emprunter de l'argent. (N.d.T.)

l'argent versé grâce aux bulletins de paye frauduleux est remboursé, intégralement ou partiellement, à l'administration. Mais la mention dans la comptabilité des entreprises et des chantiers de travaux qui n'ont jamais été effectués ne représente que le premier et le plus petit des chaînons du système général de fraudes et de duperies, qui est devenu partie intégrante de l'économie soviétique.

CHAPITRE VI

LE MONDE DES AFFAIRES CLANDESTINES

L'anecdote suivante est tirée du dossier d'une affaire jugée en 1964 par le tribunal municipal de Moscou. Les prévenus étaient un groupe d'hommes d'affaires clandestins.

Un immense appartement de onze pièces — sept familles (une vingtaine de personnes), une seule salle de bains, une seule cuisine, un seul cabinet. Le genre d'endroit où vivent des gens moyens, ordinaires : des ouvriers, des médecins, des ingénieurs. Dans l'énorme cuisine se trouvent sept tables et deux cuisinières à gaz sur lesquelles les femmes préparent à tour de rôle dîners et petits déjeuners. Ici, pas de secret ; tout le monde sait tout ce qu'il y a à savoir sur tous les autres — ce que chacun mange et ce que chacun achète.

La famille d'un contremaître d'une petite usine de bonneterie ne se distingue en rien des six autres familles de l'appartement. Les voisins voient la femme préparer les dîners et les petits déjeuners avec des produits bon marché : des galettes de *tvorog* — du fromage frais — achetées vingt-six kopecks le paquet à la crémerie, des petits pâtés de viande tout préparés — des *kotléti* — vendus 6 kopecks la pièce, des pommes de terre, des macaronis, quelquefois une soupe à base de restes de viande. Mais ce que les voisins ne voient pas, c'est que plus tard, quand tout le monde est endormi, ces repas sont versés dans les cabinets ou jetés à la poubelle. Ils ne savent pas non plus que dans la chambre du fond — la plus petite des deux pièces occupées par le contremaître et sa famille — un autre repas est préparé sur une plaque électrique dissimulée sous la table recouverte d'une grande nappe. Ce second repas est composé des denrées les plus coûteuses, les plus difficiles à se procurer sous le régime soviétique. Les voisins ignorent également que le réfrigérateur du contremaître, qui ne se trouve pas à la cuisine mais dans cette petite pièce, est rempli de mets de choix qu'aucun d'eux ne pourrait se payer. Et même s'ils étaient capables de les payer, ils ne pourraient pas trouver ces produits en magasins.

Quand la famille du contremaître dîne, c'est derrière des portes closes. Deux repas sont servis à table : le repas préparé à la cuisine au vu et au su des voisins, et celui qui a été mitonné dans la pièce du fond. S'il arrive qu'un voisin frappe à la porte pendant le dîner, le bon plat disparaît de la table comme par enchantement et on l'emporte dans la pièce du fond. Ce ne fut que lorsque le contremaître fut arrêté et que les voisins furent convoqués par les agents d'instruction et sommés de comparaître en justice, qu'ils apprirent que le modeste contremaître de l'usine de bonneterie, qu'ils avaient toujours vu vêtu d'un vieux complet bon marché et de chaussures maintes fois réparées, était millionnaire. Un vrai millionnaire : il était propriétaire d'une usine qui lui rapportait un revenu annuel supérieur à l'ensemble des salaires des six autres familles de l'appartement.

Chacun sait que l'Etat soviétique est le *propriétaire exclusif* de l'ensemble des moyens de production et de la terre, et qu'en Union soviétique, *la création d'une entreprise privée est considérée comme un crime.* Mais même les gens qui y vivent ne savent pas toujours qu'il existe de nombreuses entreprises privées qui fonctionnent parallèlement aux usines d'Etat. Un réseau d'usines privées s'étend sur tout le pays ; ces usines fabriquent des marchandises pour une valeur de plusieurs centaines de millions — voire de milliards — de roubles.

Bien sûr, l'industrie privée soviétique ne fabrique pas des machines ou des automobiles ; mais elle réussit à concurrencer dangereusement l'Etat dans la fabrication de vêtements et d'articles de mercerie, par exemple. Ses principaux atouts sont son efficacité et son aisance à s'adapter aux changements de la mode. Les usines d'Etat mettront des années à lancer la production d'un nouveau style de chaussures et de tricots : il leur faut des mois pour mettre au point un nouveau modèle, et plusieurs mois encore, voire des années, pour en faire approuver le prototype par tous les organes gouvernementaux. Une entreprise privée, en revanche, ne connaît aucune entrave, sinon ses propres capacités techniques. Dès que le propriétaire d'une entreprise privée voit un nouvel article à la mode (provenant généralement d'Occident, source de la majorité des modes soviétiques), il en achète un au marché noir et commence à en fabriquer des copies dans son propre atelier.

La ténacité de l'esprit d'entreprise, de l'initiative privée est réellement surprenante. Ni la nationalisation complète de l'industrie, ni les obstacles apparemment insurmontables que celle-ci place sur la route de l'entreprise privée, ni la menace d'un sévère châtiment (qui peut aller jusqu'à la peine capitale) n'ont pu affaiblir cet instinct irrépressible. L'entreprise privée clandestine prend essentiellement pied dans les petites usines, soit dans celles qui font partie du système de la *promkooperatsiya* (coopération industrielle), et qui sont connues officiellement sous le nom d'artels coopératifs, soit dans celles qui sont rattachées à des kolkhozes ou à des organisations bénévoles de l'Etat, et qui sont appelées ateliers de production.

Voici comment se fait l'infiltration. Une entreprise privée coexistera avec une usine d'Etat, sous le même nom et le même toit. Ce genre d'industrie ne peut en effet exister sans la couverture d'une usine d'Etat. Dans cette relation symbiotique, l'usine d'Etat fonctionne tout à fait normalement ; elle est dirigée par un directeur et par un directeur technique officiellement nommés, et fabrique les articles prévus par le Plan, articles qui figurent dans la comptabilité de l'entreprise et sont distribués par des filières de vente commerciales. Dans les procès touchant ce genre d'opérations clandestines, ces articles sont mentionnés comme « justifiés ». Mais, parallèlement à ces articles légaux, la même usine fabrique des marchandises dont la trace ne figure sur aucun document ; ce sont des marchandises non justifiées, ou, pour utiliser le jargon des affaires clandestines, des marchandises fabriquées « au noir » *(na liévo)*.

Ces marchandises sont fabriquées avec le même équipement, elles sont réalisées et contrôlées par le même personnel que les marchandises officielles. Mais les matières premières et autres fournitures, ainsi que la main-d'œuvre nécessaire à leur fabrication ne sont pas payées par l'administration officielle de la fabrique, mais par une personne privée. Cette personne est propriétaire des marchandises ; elle les vend et tire profit de leur vente. On peut donc légitimement affirmer qu'elle est propriétaire d'une entreprise privée. Des dizaines de milliers de ces usines clandestines, disséminées dans tout le pays, fabriquent des tricots, des lunettes de soleil, des enregistrements de musique pop occidentale, des sacs à main et d'autres articles très recherchés par les consommateurs.

Outre Moscou, il existe d'autres centres importants d'entreprises privées, comme Odessa, Riga, Tbilissi, et bien d'autres encore. Dans chacun de ces centres s'est créé un cercle de relations professionnelles et personnelles. Ces différents centres sont, de plus, si étroitement liés que l'on peut dire qu'un système clandestin d'industrie privée existe parallèlement au système d'Etat officiel.

Il existe des compagnies et des clans familiaux multimillionnaires qui possèdent des dizaines d'usines, et ont accès à un réseau de distribution tentaculaire ; mais il y a aussi de petits entrepreneurs, qui souvent n'ont même pas une usine entière, mais un seul atelier.

Le milieu des entrepreneurs clandestins

Au cours de mes dix-sept années d'activité professionnelle, j'ai défendu en justice des dizaines de personnes liées au monde des entreprises clandestines, et je n'ai jamais manqué de jouir de l'entière confiance de mes clients, ainsi que de leurs associés qui n'avaient pas été arrêtés. Cela m'a permis de bien connaître leur milieu, d'apprendre ses usages et ses caractéristiques. J'ai rencontré toutes sortes d'hommes d'affaires clandestins. Certains n'étaient que des escrocs maladroits, minables ; mais j'ai aussi rencontré de fortes personnalités, des organisateurs remarquables, capables d'opérer sur une grande échelle, qui étaient fascinés par le processus même des affaires, et dont le véritable but était de *faire* de l'argent — et non l'argent lui-même.

Je me souviens tout particulièrement d'un client qui fut conduit sous escorte dans un bureau de la prison de la Boutyrskaïa à Moscou. C'était un homme d'environ soixante-dix ans, de lourde stature. Chacun de ses gestes dénotait l'assurance, l'estime de soi. Ce n'était pas à proprement parler un grand manitou, mais il possédait néanmoins deux usines de bonneterie et de sous-vêtements, qui lui rapportaient un revenu annuel de plusieurs centaines de milliers de roubles. Au cours de sa longue existence, il avait amassé un capital que l'agent d'instruction avait estimé à près de trois millions de roubles.

Quand je le connus mieux, je me mis à apprécier le bon sens inné et le savoir-faire qui avaient permis à ce Juif à peine instruit de devenir millionnaire et de s'attirer un respect général dans le monde des affaires. Un jour où nous étions assis dans le bureau, en train de tirer au clair les conclusions labyrinthiques de l'expert-comptable, je lui demandai :

— Dites-moi, Abram Isaakovitch, pourquoi ne vous êtes-vous pas retiré il y a dix ans ? Pourquoi avez-vous continué à faire des affaires, à prendre des risques ? Vous saviez parfaitement que même si vos enfants et vous-même deviez vivre jusqu'à cent ans, vous n'arriveriez jamais à dépenser la moitié de vos économies.

Et cet homme, qui risquait de nombreuses années de prison, voire la mort, me regarda avec surprise, et même avec reproche.

— Vous ne comprenez pas ? Vous croyez vraiment que j'ai besoin de cet argent ? Ce dont j'ai besoin, c'est de ma vie ! Et ma vie, c'est mon travail.

Ce n'est là qu'un des nombreux millionnaires clandestins que j'ai rencontrés et qui, sachant très bien qu'ils risquaient leur liberté, ne pouvaient se décider à abandonner leurs affaires et à se retirer, tranquillement et paisiblement, pour dépenser la richesse amassée pendant de nombreuses années de péril quotidien. Certains, bien sûr, étaient possédés du démon de la cupidité, d'une soif insensée de profit. J'ai rencontré parmi ces deux espèces des personnages remarquables, au destin tragique.

Après la guerre, les frères Silberg (ce n'est pas leur vrai nom) furent démobilisés et revinrent à Moscou. Ils comprirent vite qu'ils ne devaient pas compter sur leur qualité d'anciens combattants ni sur leurs décorations pour trouver de bonnes situations. Ils étaient juifs, et après la victoire sur l'Allemagne nazie, l'Union soviétique poursuivit ouvertement une politique de discrimination antisémite avec un esprit de suite implacable. Les Juifs furent exclus de tous les postes importants des appareils du Parti et de l'Etat. Les ingénieurs juifs avaient le plus grand mal à trouver un emploi dans l'industrie ; lorsqu'on les engageait, c'était seulement à des postes secondaires, mal payés [1].

Les frères Silberg n'étaient pas prêts à accepter des emplois de techniciens subalternes dans une usine, à 120 roubles par mois. Mais il leur fallait du travail ; il fallait qu'ils trouvent un moyen d'employer leur énergie et leurs facultés. C'est ainsi qu'ils entrèrent dans les affaires clandestines. A leur départ de l'armée, ils reçurent l'important pécule accordé aux officiers démobilisés ; ils gagnèrent aussi de l'argent en vendant des « trophées » de guerre qu'ils avaient rapportés d'Allemagne — des objets pris dans les magasins et dans les maisons abandonnés par la population qui fuyait devant l'avance des troupes soviétiques. Avec ce capital de base, ils acquirent un unique atelier dans une usine. Elle fabriquait des sacs à provisions en cuir artificiel.

---

1. Pour plus de détails voir *Les Juifs en Union soviétique depuis 1917*, sous la direction de L. Kochan, Calmann-Lévy, collection « Diaspora », 1971 ; Annie Kriegel, *Les Juifs et le monde moderne*, Le Seuil, 1977. (N.d.É.)

Il se trouva que les frères étaient de remarquables hommes d'affaires ; en l'espace de quelques années, ils furent à la tête d'une compagnie qui possédait au minimum dix usines fabriquant du cuir artificiel, des articles en cuir artificiel et toutes sortes de produits en fibres synthétiques.

En raison de l'illégalité de l'opération, le réseau de distribution qu'ils mirent en place était extrêmement ramifié ; il leur permettait de vendre, à travers tout le pays, pour plusieurs millions de roubles de sacs, de manteaux et de vestes en cuir artificiel, ainsi que de sous-vêtements en tricot, de chemises, etc.

Evidemment, une entreprise travaillant sur une telle échelle ne pouvait manquer d'attirer l'attention de l'O.B.K.H.S.S. qui disposait d'un important réseau d'indicateurs. La suite des événements prouva que ce département conservait un dossier spécial sur la compagnie des frères Silberg. Ce dossier ne donnait pas une image complète de leurs opérations commerciales, mais fournissait une esquisse relativement précise de la structure générale de la compagnie et de la nature de ses activités. (Il s'avéra qu'un comptable d'une des usines de la compagnie était un indicateur.)

Mais le fait que l'O.B.K.H.S.S. fût au courant de leurs activités n'eut pas d'influence directe sur le sort des Silberg. Tous les mois, les frères distribuaient entre cinq mille et dix mille roubles aux dirigeants de l'O.B.K.H.S.S. — chacun, bien sûr, était payé en fonction de son grade. Un jour pourtant, un petit fonctionnaire de l'O.B.K.H.S.S. révéla l'existence du dossier Silberg à un célèbre journaliste qui assurait — et assure toujours — la couverture des affaires criminelles et judiciaires dans les *Izvestia*. Ce journaliste influent, qui avait des relations dans l'appareil du Comité central, s'intéressa au sujet, mais les chefs de l'O.B.K.H.S.S. refusèrent de lui montrer l'ensemble du dossier, invoquant l'anonymat qu'ils devaient garantir à leurs indicateurs. Ils furent cependant contraints de lui donner quelque chose en pâture, et le journaliste commença à éplucher la documentation relative à la compagnie des frères. Dans ces conditions, les chefs de l'O.B.K.H.S.S. ne pouvaient plus sauver les Silberg. Ils les avertirent immédiatement du danger qui les menaçait, pour leur donner le temps de cacher leur argent et leurs objets de valeur.

Au moment où ces événements se déroulaient, un des cadres supérieurs de l'O.B.K.H.S.S. était en vacances dans une station thermale. Les frères conservaient l'espoir qu'il pourrait faire quelque chose pour les tirer de ce mauvais pas, et un messager spécial lui fut dépêché. (Aucun d'eux ne pouvait entreprendre ce voyage car ils étaient surveillés vingt-quatre heures sur vingt-quatre.) Officiellement, le messager occupait le modeste poste de contremaître dans l'une des usines de la compagnie, mais en fait, c'était l'un des plus sûrs adjoints des Silberg ; il était pour ainsi dire directeur général de toute l'affaire. Ce fut à lui que les frères confièrent la mallette destinée au général de l'O.B.K.H.S.S., contenant un demi-million de roubles.

Le messager — un petit homme à la voix fluette — me raconta plusieurs années plus tard les craintes qu'il avait éprouvées en transportant pareille fortune ; il n'avait pas même lâché sa mallette pour se rendre aux cabinets. Quand il eut trouvé le général dans la maison de santé réservée à l'élite gouvernementale et qu'il lui eut transmis les suggestions appropriées, celui-ci demanda vingt-quatre heures de délai afin de prendre l'avion pour Moscou où il voulait se rendre compte personnellement de la situation. Le lendemain, il donna sa réponse : le dossier disparaîtrait des fichiers de l'O.B.K.H.S.S. et la compagnie échapperait à la ruine totale. Mais il faudrait sacrifier le plus jeune des frères, Solomon, ainsi que quelques usines où il avait été particulièrement actif. Solomon fut choisi comme victime essentiellement parce que sa vie de play-boy avait attiré l'attention et l'avait rendu particulièrement vulnérable ; il convenait ainsi parfaitement pour assumer le rôle du protagoniste dans l'article que le journaliste était en train d'écrire.

Avant même de commencer à étudier le cas de Solomon Silberg et *alii* (il y avait vingt-huit autres prévenus — des surveillants d'ateliers et des contremaîtres, des responsables d'entrepôts et des magasiniers), j'avais lu un article sur lui dans le journal. Le journaliste y décrivait avec complaisance sa garde-robe, qui comprenait plus d'une centaine de cravates importées et une vingtaine de complets, la garde-robe de sa femme, une danseuse du Bolchoï, ainsi que d'autres détails de la vie de ce millionnaire clandestin.

Tous ces détails avaient un but bien précis : attiser la haine du lecteur moyen (qui, en règle générale, n'a qu'un costume à se mettre pendant les douze mois de l'année), envers les escrocs juifs qui avaient volé le peuple russe et se vautraient dans le luxe. L'auteur parvint à ses fins, et à l'ouverture du procès, la salle d'audience et les couloirs qui y menaient était bondés de spectateurs curieux, avides d'entrevoir le Juif millionnaire. Ce qu'ils virent, ce fut un homme de haute stature, d'une quarantaine d'années, aux traits fins, remarquables, et à l'épaisse chevelure grise. Comme sont censés le faire les prisonniers, Solomon Silberg marchait entre deux gardiens, les mains derrière le dos, clopinant sur la prothèse qui remplaçait la jambe qu'il avait perdue à la guerre.

Il marchait la tête haute, ne montrant pas l'ombre d'une gêne,

5

saluant aimablement ses amis et ses relations dans la foule. Trois mois plus tard, il sortait de la salle d'audience tout aussi calmement, entre ses deux gardiens, après avoir entendu sa condamnation : quinze ans de camp de régime renforcé [1].

Il est presque impossible à un unijambiste de survivre à quinze années dans un camp de ce genre, à moins que les autorités du camp ne lui accordent une protection spéciale. Solomon Silberg mourut en camp sept ans après son procès.

Chacun des principaux centres d'entreprises clandestines a son propre milieu bien établi, formé de toutes les personnes qui ont un lien quelconque avec l'industrie privée. Il comprend les puissants consortiums familiaux qui contrôlent plusieurs entreprises, les dirigeants indépendants, ainsi que le personnel de vente par l'intermédiaire duquel tous les produits sont écoulés.

Pour des raisons historiques, les Juifs ont occupé une place prédominante dans le monde des affaires clandestines des grandes villes de Russie, d'Ukraine et des Républiques baltes. Sous le régime tsariste, les Juifs russes étaient assignés à résidence dans une « zone de peuplement juif » et étaient soumis à une discrimination légalisée. Une fois libérés par la révolution de Février (et non, comme on le croit généralement, par la révolution d'Octobre), les Juifs se précipitèrent dans les sphères qui leur avaient été fermées jusque-là. Des milliers de jeunes gens et de jeunes femmes venus des *shtetls* [2] affluèrent vers les capitales et les grandes villes universitaires. Ceux qui étaient le plus doués et qui avaient le plus de sens moral embrassèrent des professions scientifiques, artistiques et littéraires ;

---

1. Il existe quatre sortes de camps en Union soviétique : les camps de régime général, de régime renforcé, de régime sévère et de régime spécial. La rigueur de la peine et le degré de restriction des droits des détenus dépend du régime du camp. Les restrictions essentielles portent sur le droit de correspondre, de recevoir des visites de parents, et des colis de nourriture. A titre d'exemple, un détenu purgeant une peine dans un camp de régime « général » est autorisé à envoyer trois lettres par mois, à voir sa famille cinq fois par an et, une fois qu'il a purgé la moitié de sa peine, à recevoir trois colis de nourriture de cinq kilos par an. Le détenu d'un camp de régime « renforcé » peut envoyer une lettre par mois, voir sa famille deux fois par an, et, une fois qu'il a purgé la moitié de sa peine, recevoir un colis de cinq kilos de nourriture par an. Les prisonniers vivent dans des baraquements, sauf ceux des camps de régime « spécial » qui vivent en prison. (N.d.A.)

(La population des camps soviétiques varie entre deux et cinq millions de personnes. D'après Vladimir Boukovsky, l'U.R.S.S. n'a jamais compté moins de deux millions et demi de détenus, soit un Soviétique sur cent, contre quatre cent mille aux Etats-Unis.) (N.d.E.)

2. Mot viddish : bourgades juives. (N.d.T.)

les moins doués, et ceux qui avaient soif de pouvoir, entrèrent au Parti communiste, dans les appareils du Parti et de l'Etat, dans l'Armée rouge ou la *Tchéka** ; dans les années 20, les Juifs occupaient ainsi une place en vue dans l'appareil dirigeant, dans les arts et les sciences.

Mais pendant — et surtout après — la guerre, Staline adopta brusquement et tout à fait ouvertement une politique de discrimination antisémite. Les hiérarchies du Parti et de l'Etat furent presque entièrement purgées ; sur l'ordre du Comité central, de sévères mesures antisémites furent mises en œuvre touchant l'admission des Juifs dans les instituts et les universités, et leur embauche. Aussi un grand nombre de Juifs qui n'appartenaient pas à l'intelligentsia et qui n'occupaient pas de situations universitaires ou professionnelles élevées, se virent-ils contraints de se lancer dans des affaires clandestines. Ce processus fut particulièrement flagrant dans l'immédiat après-guerre.

Au début des années 60, j'ai défendu un Juif qui portait le nom curieux de Gloukhoï (« sourd » — ce n'était pas son vrai nom). Avant la guerre, Gloukhoï avait été haut fonctionnaire du Parti (député au Soviet suprême d'U.R.S.S. et plénipotentiaire du Comité central en Lettonie, récemment annexée par l'Union soviétique). Quand la guerre éclata, sa situation lui permettait de rester à l'arrière en conservant son poste dans le Parti, ou de devenir commissaire d'une unité militaire. Mais Gloukhoï choisit le sort le plus dur : il demanda à être envoyé au front comme *politboets* (homme de troupe qui exerce des fonctions d'agitateur politique).

Il revint de la guerre avec une seule décoration, modeste, et trois galons pour graves blessures. Conformément à ses droits d'ancien combattant, il se présenta à son ancien lieu de travail, au siège du P.C.U.S., où on aurait dû légalement lui redonner son poste d'avant-guerre, ou lui offrir une situation équivalente. Mais le Comité central est au-dessus des lois : Gloukhoï se trouva au chômage. En tant que permanent du Parti, il n'avait pas de métier et, n'étant en outre plus tout jeune, il n'avait aucune chance de trouver un nouvel emploi. C'est alors qu'il rencontra un camarade de front qui était membre d'un puissant clan juif d'affaires clandestines. Quand il apprit la triste situation de Gloukhoï, il lui proposa immédiatement de lui prêter l'argent nécessaire à l'achat d'un atelier de cuir artificiel. Voilà comment cet ancien membre du Soviet suprême d'U.R.S.S. devint entrepreneur clandestin.

Les coutumes régissant les affaires et les diverses transactions du monde des affaires clandestines ont évolué au fil des ans : il y a des règles pour acheter et vendre des entreprises, pour trouver des débouchés, pour régler les comptes entre débiteurs et créditeurs, pour traiter avec des associés, etc. Evidemment, il arrive assez fréquemment que ces règles soient violées, mais on peut en dire autant des lois de l'Etat ; l'Etat, toutefois, dispose de tout l'arsenal de la police, des tribunaux et des prisons, alors que le monde des affaires clandestines, de par sa nature illégale, ne peut recourir à la justice nationale pour régler ses différends.

« En Sibérie, on vous tuerait pour une chose pareille ! » Voilà ce que m'affirma un de mes bons clients, un homme d'affaires clandestin relativement important, qui avait récemment quitté la Sibérie pour s'établir à Moscou. Il faisait allusion à un détaillant à qui il avait livré un lot de marchandises fabriquées « au noir » ; le détaillant ne lui en avait payé que la moitié, et avait ensuite prétendu lui avoir payé le tout.

J'ignore si de tels châtiments non officiels existent vraiment en Sibérie ; mais en Géorgie et en Azerbaïdjan, il arrive, rarement il est vrai, que des hommes d'affaires clandestins soient exécutés pour n'avoir pas rempli leurs obligations commerciales. Je le sais par la lecture de dossiers de procès, et par les affirmations de personnes impliquées dans les affaires clandestines de ces régions. Je n'ai jamais entendu parler de telles peines capitales ni en Russie centrale, ni en Ukraine, ni dans les Républiques baltes.

En cas d'escroquerie ou de fraude dans les transactions clandestines, la seule pression qui puisse être exercée sur le contrevenant est celle de la solidarité du monde des affaires clandestines, et la seule sanction possible est de le mettre au ban de ce monde. Les groupes de chaque région sont relativement restreints, et les centres régionaux sont si étroitement liés les uns aux autres que la consigne de ne pas traiter avec untel ou untel se répand largement et rapidement, et que le contrevenant n'aura presque aucune possibilité de faire des affaires. Quand les parties en conflit espèrent parvenir à un accord à l'amiable, elles recourent à l'arbitrage de leurs propres tribunaux. J'ai toujours refusé toutes les invitations à siéger dans un de ces tribunaux ; mais j'ai pu obtenir des informations de première main sur leur fonctionnement par quelqu'un qui jouissait depuis longtemps à Moscou de la réputation d'arbitrer à la perfection les différends entre hommes d'affaires clandestins. Certains de mes renseignements proviennent également d'hommes d'affaires qui ont eu recours à ces tribunaux pour régler leurs différends.

Ces tribunaux d'arbitrage sont quelquefois formés de trois

membres mais, généralement, les hommes d'affaires recourent aux services d'un arbitre unique : un homme d'affaires d'un certain âge ayant la réputation d'être une personne juste et raisonnable, en qui l'on peut avoir toute confiance pour régler le différend avec impartialité. Il n'existe aucune procédure formelle d'examen des demandes, ni des demandes reconventionnelles. Habituellement, ces arbitres commencent par entendre les parties concernées, puis les témoins qu'elles ont invités ; mais il n'est pas toujours possible de suivre une procédure aussi claire. Il arrive fréquemment que les adversaires s'énervent et commencent à s'interrompre mutuellement ; l'atmosphère s'échauffant, les témoins se mettent à intervenir, et les débats d'arbitrage ressemblent plus à une mêlée générale qu'à une audience judiciaire. Mais si l'arbitre comprend bien les principaux éléments en jeu et connaît tous les détails du fonctionnement des affaires clandestines, son impartialité n'en sera pas affectée ; les jugements rendus sont habituellement équitables.

Les décisions prises sont impératives : généralement, les protagonistes les acceptent et se soumettent aux ordres du tribunal, soit en versant une indemnité, soit en abandonnant les demandes d'indemnités, ou en remplaçant la marchandise, etc. Ceux qui ne se soumettent pas aux décisions des arbitres sont exclus du monde des affaires clandestines. L'excommunication est effective : tout le monde cesse de traiter avec le proscrit. S'il est détaillant, les producteurs clandestins ne lui fourniront plus de marchandises ; s'il est fabricant, les détaillants lui refuseront ses produits.

Il ne faudrait pas cependant idéaliser le monde des affaires clandestines, ni surestimer la solidarité qui y règne. Il est facile de trouver des individus prêts à passer outre au boycottage et à traiter avec des gens qui ont transgressé les règles tacites de ce monde. Ils profitent de la situation désespérée du proscrit pour lui imposer des conditions draconiennes dans tous les marchés qu'ils passent avec lui. Je connais le cas d'un détaillant qui acceptait des marchandises d'un entrepreneur en quarantaine, mais uniquement s'il lui consentait 50 % de remise au lieu du tiers usuel.

Comment devenir millionnaire en Union soviétique

La méthode la plus simple est de devenir propriétaire d'une usine ou d'un atelier fabriquant des articles faciles à écouler : des sous-vêtements féminins, des *pirochki* de viande, des broches formées de deux cerises en plastique, ou des vestes de cuir artificiel et de coupe à la mode. Mais peut-on devenir propriétaire d'une entreprise de ce genre dans un pays dont la Constitution même spécifie que tous les moyens de production sont le monopole du peuple — c'est-à-dire de l'Etat ? Oui, à condition de disposer d'argent ou de relations dans le monde des affaires clandestines.

J'ai eu moi-même l'occasion de devenir millionnaire clandestin. En 1943, cette pénible année de guerre, j'étais étudiant licencié et je préparais ma thèse à l'Institut de droit de l'Académie des Sciences de Moscou. Ma femme était sur le point de passer son examen national final à l'université de Moscou. Nous vivions de nos cartes de rationnement, qui nous permettaient d'acheter du pain en suffisance, des rations dérisoires de viande, de beurre et de sucre, et deux savons par mois. Mon seul revenu était ma bourse d'étudiant qui s'élevait à soixante-dix roubles par mois — et ce, à une époque où un kilo de pain coûtait dix roubles au marché noir et une bonne paire de bas quatre-vingts roubles.

Je me trouvais un jour chez l'antiquaire installé autrefois dans la rue Stolechnikov, en train d'admirer, sans la moindre intention d'acheter, les meubles et la porcelaine russes du xviiie siècle, qui encombraient les magasins d'antiquités en ces années de famine. Je fus hélé par un ami qui avait passé sa licence avec moi à la faculté de droit. Il appartenait à un clan de millionnaires clandestins et était immédiatement entré dans le négoce familial. Nous bavardâmes quelque temps sur le thème de « qu'est-ce que tu deviens », et il me regarda d'un air de regret en disant :

— Ecoute, à quoi diable est-ce que tout cela va te servir ? Tu vas passer ta thèse, et tu seras assistant de recherches à cent vingt roubles par mois. Tu es juif, et en plus, tu n'es même pas inscrit au Parti. Tu vas donc rester assistant dix ans. Tu ferais mieux de venir travailler chez nous. On monte justement une nouvelle affaire — une fabrique de savon. Je sais que tu n'as pas d'argent, mais je vais demander à mon père de te prendre comme conseiller juridique, et tu toucheras une part de 25 % dans l'affaire de savon. Dans trois ans, tu pourras acheter tous les meubles qui sont dans ce magasin.

Je n'ai pas accepté son offre, et, hélas, je n'ai jamais gagné mon million de roubles.

Les années d'immédiat après-guerre virent la création de nombreux nouveaux ateliers et usines, au sein du système de la *promkoopératsiya* et de plusieurs organisations bénévoles. Mais ces deux types d'organisations servirent de couverture aux véritables fondateurs, et futurs propriétaires, d'entreprises privées. Ce furent eux qui se chargèrent de toutes les dépenses que nécessitait le lancement des usines. La première de ces dépenses était les pots-de-vin qu'il fallait verser aux cadres gouvernementaux dont dépendait l'autorisation de fonder une nouvelle entreprise, et aux dirigeants de l'organisation sous l'égide de laquelle la nouvelle affaire était lancée. Une fois obtenue l'autorisation de création, il fallait trouver des locaux pour l'usine ou l'atelier, ce qui impliquait à nouveau de soudoyer un fonctionnaire du gouvernement. Le futur propriétaire de l'usine devait également se charger des problèmes et des frais d'obtention d'équipement : les pots-de-vin destinés aux fonctionnaires ministériels autorisant l'établissement d'ordres de livraison de machines, et les frais d'achat d'équipement volé à des entreprises d'Etat.

Telles étaient — et sont toujours — les dépenses auxquelles doit faire face le créateur d'une nouvelle entreprise privée — et cela représente des sommes considérables. Les dossiers de procès montrent que la mise en service d'un seul petit atelier fabriquant, disons, des souvenirs, coûte entre cent cinquante mille et deux cent mille roubles. Pour une usine de quatre ou cinq ateliers, il faut compter approximativement un million de roubles. Mais si le produit se vend bien, la mise de fonds sera récupérée en deux ou trois ans.

Depuis le milieu des années 50, une méthode de plus en plus courante pour acquérir une entreprise privée consiste à acheter une entreprise existante. Au cours de l'un de mes premiers procès concernant une entreprise clandestine, la femme de mon client se plaignit d'être à court d'argent, et me dit que, moins d'un an auparavant, son mari avait payé quatre-vingts roubles pour un atelier, et quatre « gros roubles » pour une petite usine de tissus de nylon. Je ne compris pas alors ce qu'elle voulait dire ; je n'appris que plus tard que dans leur jargon, un « rouble » représentait cent roubles, et un « gros rouble » cent mille. Je découvris également comment les affaires clandestines peuvent changer de mains, alors que les propriétaires-vendeurs n'ont aucun droit légal.

Lorsque l'affaire est conclue et que la somme agréée par les deux parties a été versée, voici ce que l'acheteur a acquis : selon les conventions du monde des affaires clandestines, il a le droit d'utiliser les équipements, les ouvriers et les employés de l'entreprise pour fabriquer des articles qui ne figurent pas dans la comptabilité, puis de vendre ces articles et de tirer profit de la vente. L'acheteur hérite aussi de toutes les relations internes et externes établies par le précédent propriétaire (les relations « internes » concernent les employés des ateliers de fabrication produisant des articles clandestins, et les relations « externes » le personnel des magasins où sont vendus les articles).

L'éventuel acheteur n'a presque aucun moyen de déterminer avec précision les capacités de production et de vente de l'entreprise, et donc son revenu potentiel. Aussi l'achat et la vente d'entreprises ne peuvent-ils se faire que dans un climat d'entière confiance réciproque, et si les deux parties se soumettent aux lois tacites du monde des affaires clandestines. Dans ce climat, l'acheteur remet au vendeur, sans reçu ni témoins, des dizaines — et souvent des centaines — de milliers de roubles. Toutefois, si les parties ne se font pas entièrement confiance, l'argent est remis à une tierce personne en qui les deux parties ont confiance ; celle-ci ne versera l'argent au vendeur que lorsque toutes les conditions de la vente seront réunies.

Le fonctionnement des entreprises clandestines

Supposons qu'une entreprise clandestine ait été créée ou achetée. Comment le nouveau propriétaire va-t-il gérer son affaire ? Comment organisera-t-il la production ? Les ventes ? Comment gagnera-t-il ses millions ? Les dossiers de procès auxquels sont mêlés des industriels de cette espèce fournissent toutes les réponses à ces questions ; mais il serait difficile de trouver une affaire plus instructive à cet égard que celle de Solomon Silberg, évoquée plus haut.

Au cours de l'instruction et du procès, on se livra à une étude minutieuse des méthodes et des moyens employés pour gérer les affaires de la compagnie. Silberg reconnut une culpabilité partielle dans l'affaire, et fournit au tribunal un certain nombre de renseignements sur les activités de son entreprise privée (mais rien qui pût nuire à ses frères et à la compagnie familiale). Ce qu'il dit au tribunal — et ce qu'il ne dit pas mais que j'ai pu découvrir — permet de se faire une idée relativement précise de ce qui se passait dans les entreprises Silberg, qui ne différaient en rien des autres entreprises privées clandestines du pays.

Au début, avant que l'affaire Silberg ne prît de l'extension, chacun des frères assumait la direction d'un des ateliers qui leur appartenaient ; tous les ateliers cependant étaient leur propriété commune et les frères prenaient conjointement toutes les décisions importantes concernant les investissements et les profits, le type et la quantité de marchandises à fabriquer, etc. Mais quand le nombre de leurs entreprises augmenta, les frères firent fonction de ce que l'on appellerait en Occident un conseil d'administration. Ils prenaient les décisions en commun, et, en cas de désaccord, recouraient à la règle de la majorité.

Dans les affaires clandestines comptant un grand nombre d'actionnaires unis par des liens de parenté ou d'amitié, les décisions se prennent également à la majorité : chaque copropriétaire a une voix, quelle que soit l'importance de sa part. Bien sûr, les sociétés clandestines ne tiennent pas d'assemblées générales d'actionnaires régulières ; les copropriétaires sont généralement sollicités individuellement quand une décision doit être prise. Mais il existe certains hommes d'affaires clandestins dont l'instinct de conservation s'est émoussé, et qui ne craignent pas de tenir des assemblées d'actionnaires — lesquelles dégénèrent quelquefois en coûteuses ripailles.

En Géorgie et en Azerbaïdjan, où le monde des affaires clandestines opère plus ouvertement que dans d'autres régions du pays, ces réunions prennent généralement la forme de banquets qui durent plusieurs heures, et au cours desquels on prend des décisions, on discute affaires, et on distribue les dividendes. A Moscou et dans les autres Républiques, une plus grande circonspection est de rigueur, et seules quelques personnes peuvent se permettre de courir de tels risques.

Mais revenons aux frères Silberg. La gestion quotidienne de leurs affaires était assurée par des hommes de confiance. Ces responsables occupaient généralement un poste officiel dans l'entreprise en question : contremaître, chef d'atelier, ou quelquefois directeur technique de l'usine, mais jamais directeur général. La situation des responsables officiels des affaires des Silberg — et des autres entreprises clandestines — était tout à fait curieuse : ils n'exerçaient aucun contrôle sur la production et les activités économiques dont ils étaient légalement directeurs ; ces fonctions étaient assumées par les propriétaires eux-mêmes ou par les responsables qu'ils avaient engagés. Le rôle des directeurs était donc purement décoratif, et se réduisait à la liaison avec les organes du Parti et de l'Etat. Par l'intermédiaire d'hommes de confiance, les Silberg payaient un directeur entre cinq cents et mille roubles par mois, en fonction de l'utilité qu'il présentait pour eux, et suivant la gamme d'activités de l'entreprise concernée.

Contrairement aux directeurs, les autres membres du personnel administratif des entreprises Silberg gagnaient leur second salaire en participant activement à la production et à la distribution des marchandises non officielles. Les agents d'instruction et le tribunal étaient au courant de cette situation ; mais les relations de ce personnel avec les Silberg présentaient un autre aspect, qui ne fut absolument pas mentionné dans le dossier du procès.

Assis à côté de Solomon Silberg au banc des prévenus, se trouvaient vingt-huit coïnculpés. Seuls quelques-uns d'entre eux, même parmi ceux qui avaient avoué leur culpabilité, donnèrent des renseignements sur le rôle joué dans l'affaire par d'autres personnes ; et un silence tout particulier entoura les activités de Silberg lui-même. Les agents d'instruction qui traitent des cas d'affaires clandestines m'ont affirmé que cette situation est typique, et l'on en connaît bien la raison. En tant que complices, les quelques centaines d'employés de bureau qui étaient payés pour travailler dans l'organisation Silberg savaient que les frères régleraient leurs frais de justice et continueraient à verser leur salaire non officiel à leurs familles pendant leur détention, mais à la condition qu'ils ne trahissent personne pendant l'instruction et le procès, et généralement parlant, que leur coopération avec les autorités ne soit pas trop active. A ma connaissance, sur les vingt-huit coïnculpés de Solomon Silberg, dix-sept au moins remplirent les conditions exigées pour obtenir ce soutien.

En plus de la coopération de tous ces employés de bureau, la fabrication d'articles « au noir » nécessite la complicité de nombreux ouvriers, et il est presque impossible de recruter toute une main-d'œuvre en qui l'on puisse avoir entière confiance. Ces ouvriers étant payés à la pièce, on ne peut leur cacher qu'ils fabriquent des marchandises illégales en plus de la production officielle, et on ne peut porter ce travail supplémentaire sur leurs feuilles de paye officielles. Dans les entreprises des Silberg, cet argent supplémentaire était versé par l'intermédiaire d'hommes de confiance.

Normalement, ce système se justifie de lui-même. Les ouvriers savent parfaitement que des articles sont produits illégalement, mais n'en informent pas les autorités parce qu'ils sont satisfaits de cette rémunération supplémentaire, d'autant plus que leur production illégale leur est payée à des tarifs plus élevés que ceux de l'Etat — et que leurs salaires clandestins ne sont pas imposables.

Outre les dépenses salariales, les Silberg supportaient également tous les frais de production (matières premières et équipement) tant de leurs propres articles clandestins, que des marchandises que les usines étaient officiellement censées produire.

Les frères Silberg entretenaient des relations suivies avec d'importants fonctionnaires ministériels. Ils organisaient par téléphone des rendez-vous dans l'un des meilleurs restaurants de Moscou. Un dîner dans une salle privée, plus le versement de sommes considérables : tel était le coût des ordres de livraison qui leur permettaient d'obtenir les matériaux et l'équipement nécessaires aussi bien pour leur production officielle que pour l'illégale.

Une seconde méthode d'acquisition de fournitures consistait à les acheter. Ces achats se faisaient quelquefois à des détaillants ordinaires ; mais, généralement, les agents de la compagnie achetaient des matériaux et des équipements qui avaient été volés à des entreprises d'Etat, réalisant ainsi d'importantes économies sur les prix de vente au détail.

Aussi curieux que cela puisse paraître vu l'illégalité de toute l'opération, les frères Silberg coopéraient avec d'autres entreprises clandestines. Ils faisaient fabriquer selon leurs indications des fermoirs de sacs à main, des boutons de vestes en cuir et des étiquettes, par des entreprises clandestines de Moscou, Vilnius et Riga. Mais la principale source de matériaux (et en cela les Silberg ne différaient pas des propriétaires d'autres entreprises clandestines) était l'usine elle-même. Des matériaux « économisés » sur ce que l'usine recevait pour sa production officielle — autrement dit des matériaux volés à l'Etat — entraient dans la fabrication des articles des Silberg.

Au cours du procès, les principaux démêlés entre l'accusation et la défense eurent pour thème le volume de marchandises illégales produites à partir de ces matériaux « économisés ». Ce point de droit était d'une importance vitale pour les prévenus ; la quantité de matériaux « économisés » utilisée dans la production clandestine devait en effet déterminer la gravité des accusations portées contre eux : détournement de biens sur une grande échelle (peine maximale : quinze ans de réclusion criminelle) ou sur une très grande échelle (peine maximale : la mort).

L'accusation parvint à prouver que certaines manœuvres permettaient d'obtenir des excédents secrets. Au cours des étapes de planification dans la production d'un nouveau produit, les Silberg se mettaient en contact avec les employés des laboratoires ou des instituts de recherche responsables de l'établissement des normes de l'usine, qui fixaient la quantité des matières premières utilisées par unité fabriquée, ainsi que le coulage admissible. En échange de considérables pots-de-vin, ces employés gonflaient délibérément les normes de fabrication et les taux de coulage ; ces surestimations permettaient la création d'importants excédents utilisables pour la fabrication de marchandises clandestines.

Des économies secrètes étaient également réalisées au cours de la fabrication. Des experts vinrent témoigner au tribunal qu'ils avaient mesuré les manteaux et les vestes fabriqués légalement dans l'usine, et que les mesures ne correspondaient pas aux tailles indiquées sur les étiquettes ; les coupeurs de l'usine avaient en effet réduit la taille de tous les patrons. Des chimistes affirmèrent sous serment qu'ils avaient analysé le cuir artificiel produit officiellement par l'usine Silberg, et découvert que les quantités de colorant et d'autres produits ajoutés au mélange de base étaient inférieures aux stipulations réglementaires.

Les procédés des Silberg n'étaient ni uniques ni originaux ; les frères ne faisaient qu'employer des méthodes répandues dans le monde des affaires clandestines.

A l'époque où les frères Silberg débutèrent dans les affaires, et où la seule production de leurs ateliers (officielle et non officielle) était des sacs à provisions, le problème de la distribution des sacs fabriqués « au noir » ne se posait pas : les employés des magasins qui vendaient les articles légaux de l'usine étaient tout disposés à écouler également une certaine quantité de sacs fabriqués illégalement. Le tiers du produit de la vente revenait aux employés du magasin, les deux tiers aux Silberg.

Lorsque leurs affaires se développèrent et que leur gamme d'articles s'élargit, les Silberg durent trouver des débouchés plus nombreux. Grâce à des amis et à des relations familiales, ils ajoutèrent à leur clientèle des magasins auxquels l'usine ne livrait pas de marchandises officielles ; ceux-ci ne comprenaient pas seulement des petites boutiques de quartier, mais également des grands magasins. A la longue, cependant, ce réseau de détaillants, limité à Moscou, fut incapable d'écouler toute la production clandestine de l'empire Silberg. On créa alors une équipe spéciale de commercialisation, qui sillonna le pays et fut rapidement en mesure d'organiser la vente des articles Silberg dans soixante-quatre villes et régions. C'est le premier cas que je connaisse d'utilisation du système de « commerces itinérants » — système qui existe pour la vente de produits dans les zones rurales — pour vendre des marchandises illicites.

Sous le régime soviétique, le transport de marchandises clandestines de l'usine au magasin n'est pas chose facile. Tous les chargements, même à l'intérieur d'une ville, doivent être munis d'un formulaire spécial — une fiche de chargement indiquant la nature et le volume de la cargaison, sa provenance et sa destination. La police peut arrêter un camion n'importe où, sur une route ou en ville, pour vérifier ses papiers et voir s'ils correspondent à sa cargaison.

Mais les expéditions des usines Silberg avaient toujours des papiers en règle. Cela ne posait pas de gros problèmes. Les services de comptabilité des entreprises concernées inscrivaient des chiffres faux sur des formulaires authentiques, ou encore utilisaient de faux formulaires, fournis par un imprimeur complaisant. Ainsi, la marchandise de contrebande traversait sans encombre le pays, en camions et en trains de marchandises, et même dans des avions-cargos illégalement affrétés.

On trouve de temps en temps dans la presse soviétique des articles donnant le compte rendu de procès de millionnaires clandestins. Les auteurs de ces articles aiment beaucoup tourner la tête à leurs lecteurs en décrivant les fortunes que les criminels ont amassées. Les anecdotes de ce genre sont fort utiles aux autorités. Le mécontentement du citoyen moyen, qui mène une existence de misère avec un salaire dérisoire, et sa jalousie envers ceux qui vivent dans le luxe sont ainsi détournés de l'élite dirigeante et se reportent sur tous ces Juifs, ces Géorgiens et ces Arméniens (la presse soviétique passe généralement sous silence l'existence de millionnaires clandestins russes), qui gagnent des millions si aisément.

Au moment de la révélation des exactions de l'élite dirigeante géorgienne, ce n'est pas un hasard si le journal de la République, *l'Aube de l'Est* (3 février 1973), se complut à évoquer le revenu de plusieurs millions de roubles de l'entrepreneur clandestin Lazichvili, tout en passant sous silence les fortunes considérables amassées par les secrétaires du Comité central de Géorgie, sous forme de pots-de-vin versés par Lazichvili et d'autres millionnaires clandestins.

La presse, la police et les tribunaux étaient cependant incapables d'établir l'ampleur réelle des profits réalisés par les grands hommes d'affaires clandestins. Les agents d'instruction arrivaient, par exemple, à la conclusion que le revenu de Lazichvili pour la période de 1968-1970 s'était élevé à huit cent trente-six mille roubles. Mais, dans le cercle fermé du Parti communiste de Géorgie (selon certains membres de ce groupe), on a dit que Lazichvili versait habituellement un million de roubles par an aux officiels de la République. Des hommes d'affaires de Géorgie et de Moscou, qui étaient en relations d'affaires suivies avec Lazichvili, ont estimé que son revenu annuel se situait entre dix et douze millions de roubles.

En comparant les données des instructions et des procès et celles que m'ont fournies mes clients, je suis arrivé à la conclusion que les autorités ne connaissent qu'entre le cinquième et le tiers du revenu réel d'une grande entreprise clandestine. Si je suis capable, en utilisant toutes les informations que je possède, de faire une estimation grossière des revenus bruts et nets d'une entreprise donnée, je n'ai en revanche aucun moyen — pas plus que le K.G.B. ou même le chef d'un clan clandestin — de calculer le profit total d'un clan familial de millionnaires clandestins.

Qui saura jamais, par exemple, le revenu annuel de la compagnie de la famille Liberman (ce n'est pas son vrai nom) ? Et qui pourra imaginer l'ampleur de la fortune de cette famille ? En 1960, deux membres de la jeune génération de ce clan furent arrêtés par le K.G.B. Tous deux étaient mêlés depuis une dizaine d'années à des affaires clandestines — indépendantes, mais néanmoins sous la tutelle familiale. L'un d'eux remit aux autorités un capital d'environ deux cents millions de roubles et le second à peu près les trois quarts de cette somme. Si deux membres de la famille Liberman, relativement jeunes de surcroît, avaient pu amasser trois cent cinquante millions de roubles, à combien pouvait se monter la fortune de l'ensemble de la famille, sachant que ses membres étaient dans les affaires depuis plusieurs dizaines d'années ?

Le chef d'instruction du Bureau central du K.G.B. demanda au jeune Liberman : « Pourquoi aviez-vous besoin de deux cents millions de roubles ? Que pouviez-vous faire d'une somme pareille ? » Liberman fut incapable de répondre à cette question apparemment sensée. « Eh oui ! seulement deux cents millions ! répliqua-t-il par bravade. J'aurais tant voulu aller jusqu'à deux cent vingt millions ; un rouble par citoyen soviétique. »

Mais y a-t-il en fait une réponse raisonnable à cette question ? Les revenus des grands hommes d'affaires clandestins sont si élevés que la société soviétique ne leur donne pour ainsi dire pas la possibilité de les dépenser. Dans le système occidental de la libre entreprise, les dépenses d'extension, d'amélioration de la productivité, de recherche de technologies nouvelles, de publicité et de relations publiques absorbent une part considérable des revenus industriels. Mais dans un pays où la libre entreprise est un délit, ces dépenses sont soit absolument exclues, soit si restreintes qu'elles ne consomment qu'une part infime du revenu de l'entreprise.

Il est difficile d'établir avec précision le pourcentage des revenus qu'une entreprise clandestine d'Union soviétique emploie pour accroître sa productivité ou pour améliorer sa technologie ; j'aurais tendance à estimer qu'en moyenne ces investissements ne dépassent pas 10 à 15 % de ce revenu, même chez les hommes d'affaires les plus actifs. Pour les passifs, qui se contentent de ce qu'ils ont — et c'est la majorité —, ces dépenses doivent être vraiment très faibles. La seule dépense importante qui puisse être liée aux coûts de la production clandestine est l'argent consacré aux pots-de-vin sans lesquels aucune usine privée ne pourrait résister plus d'un mois.

Au cours du procès du Géorgien Lazichvili, l'une des principales figures du monde des affaires clandestines du pays, l'agent commercial du prévenu fournit à l'instruction et à la Cour une liste des personnes à qui des pots-de-vin avaient été versés. Cette liste commençait par les fonctionnaires de police du district, et se poursuivait par les responsables de l'O.B.K.H.S.S. (y compris le chef de l'O.B.K.H.S.S. de la République) et du ministère de l'Intérieur (y compris le ministre lui-même), et par les procureurs, de l'échelon de district jusqu'au procureur de la République. Une bonne partie de la liste était occupée par des employés de ministères — des échelons les plus bas jusqu'aux ministres eux-mêmes —, dont dépendaient les entreprises de Lazichvili. Pour couronner la liste des fonctionnaires d'Etat régulièrement soudoyés par Lazichvili, on trouvait les noms du président du Conseil des ministres et de ses adjoints. Les plus gros pots-de-vin n'étaient pourtant pas versés aux dirigeants de l'Etat, mais à ceux du Parti, parmi lesquels figuraient aussi bien les Premiers secrétaires des Raïkoms que les Premier et Second secrétaires du Comité central.

Dans les autres Républiques (excepté celles de Transcaucasie et d'Asie centrale), où la corruption n'est pas devenue aussi générale, il est rare que les hommes d'affaires clandestins remettent personnellement des pots-de-vin à de hauts fonctionnaires du Parti et de l'Etat. Mais, même dans ces Républiques, pour autant que nous puissions en juger d'après les archives judiciaires, les entrepreneurs clandestins dépensent entre 15 et 20 % de leurs revenus en pots-de-vin.

On se demandera peut-être comment un millionnaire clandestin dépense sa fortune. En produits de luxe ? En Union soviétique, les occasions de dépenser de l'argent de cette manière sont extrêmement limitées, même pour les rares personnes qui touchent légalement de gros revenus. Que peut faire A. A., l'auteur dramatique, de son argent — des sommes considérables selon les normes soviétiques ? Acheter un appartement de quatre pièces en coopérative [1] (soit quinze mille roubles environ d'apport initial) ? Acheter une Volga (dix mille roubles) ? Se faire construire une datcha d'après les plans d'un architecte estonien, et la remplir de meubles estoniens conçus et réalisés sur mesure (tout cela ne demanderait pas plus de cent cinquante mille roubles) ?

Mais un millionnaire clandestin ne peut même pas se permettre cela. Avant chaque dépense, avant chaque achat, il jette un regard par-dessus son épaule, pour voir si l'O.B.K.H.S.S. le surveille. Qu'il

---

1. La plupart des logements sont propriété de l'Etat ou d'organisations sociales ; mais la propriété coopérative et la propriété privée ont été encouragées ces dernières années. Vers le milieu des années 70, le secteur privé représentait 28 % du patrimoine immobilier urbain. (N.d.T.)

aille au restaurant ou qu'il achète un manteau de fourrure à sa femme, sa première pensée est toujours la suivante : s'ils m'interrogent, pourrai-je justifier ces dépenses en fonction de mon revenu légal ?

Aussi le principal objectif du millionnaire clandestin soviétique n'est-il pas de dépenser son argent, mais de le cacher. Tous, bien sûr, ne vivent pas comme la famille qui préparait deux dîners. La plupart essaient d'offrir à leur famille un niveau de vie confortable, et de tirer au moins un peu de plaisir de leurs richesses, sans se différencier pour autant de la masse des gens ordinaires. L'éventail est considérable : le mode de vie du millionnaire clandestin de Moscou ou d'Odessa est très différent de celui du millionnaire clandestin de Géorgie.

Un de mes clients — que j'appellerai Goglidzé —, qui était jugé par la Cour suprême de Géorgie, possédait ouvertement et légalement deux superbes maisons, l'une à Tbilissi, capitale de la République, et l'autre dans les montagnes, près de Tskhnéti, région considérée comme réservée à l'élite dirigeante de la République. Il avait meublé luxueusement et à grands frais ses deux maisons d'antiquités achetées à des marchands de Moscou et de Leningrad. Des jarres de faïence, appelées des *mérani,* contenant des centaines de litres de vin, étaient dissimulées dans le sol de leurs caves. Au cours de la perquisition, les autorités saisirent quarante-cinq mille roubles en espèces (en plus des bijoux de la maîtresse de maison). Goglidzé m'expliqua que cet argent traînait à la maison pour couvrir les dépenses quotidiennes.

Goglidzé ne craignait pas les agents de l'O.B.K.H.S.S. ; en effet, il versait des pots-de-vin mensuels à tous les cadres supérieurs de ce département. Il faisait souvent dresser des tables pour des dizaines d'invités dans les jardins de ses maisons, et les traditionnels banquets géorgiens se poursuivaient des heures durant, au son d'un orchestre de location qui accompagnait des chorales interprétant de vieilles chansons populaires ; le vin coulait à flots pour arroser les innombrables toasts, et on le buvait dans des cornes à boire ; on servait aux invités des masses de *chachliki*[1], faits de la chair de jeunes agneaux que l'on venait d'égorger dans le jardin.

En cela, Goglidzé ne différait pas des autres millionnaires géorgiens : tous partageaient le même sens de l'hospitalité, le même goût pour les folles dépenses, la même prodigalité. Si quelque chose distinguait Goglidzé, c'était sans doute sa généreuse philanthropie. Bien que peu instruit lui-même, il aida plusieurs de ses jeunes employés à s'instruire ; payant les pots-de-vin sans lesquels il était

---

1. Brochettes. (N.d.T.)

impossible de s'inscrire dans une faculté géorgienne, et leur accordant cinq années de congé payé exceptionnel, afin de leur permettre de se consacrer entièrement à leurs études.

Le mode de vie des millionnaires de Moscou, d'Ukraine et des Républiques baltes ne peut rivaliser, même de loin, avec celui des millionnaires géorgiens. Abandonner l'appartement communautaire pour acheter, à son nom, un appartement privé dans une coopérative immobilière (où on pourra savourer des mets délicats sans avoir à se cacher des voisins), acquérir une modeste datcha au nom d'un parent, s'habiller élégamment, séjourner dans une villégiature bulgare au bord de la mer Noire : voilà à peu près la limite de ce que peuvent se permettre ouvertement les millionnaires de l'ancienne génération.

Sous cette vie de surface, ils en mènent une autre, soigneusement dissimulée aux yeux des étrangers. Mais, même dans cette seconde vie, les millionnaires clandestins de l'ancienne génération ne se risquent pas à faire quoi que ce soit qui implique de très grosses dépenses. Leur principale distraction est de se réunir en privé avec leurs collègues masculins. Ils évitent de se montrer ensemble en public, de peur d'attirer l'attention de l'O.B.K.H.S.S. Ils préfèrent donc se retrouver dans des maisons particulières. L'éternel besoin masculin de prendre un peu de plaisir hors du cercle familial trouve satisfaction grâce à des salons tenus par des femmes qui ont des relations de parenté ou d'affaires avec le monde de l'entreprise clandestine.

Dans les années 60 et 70, le salon d'une certaine Sonya jouissait à Moscou d'une grande popularité. Le mari de Sonya avait travaillé dans l'une des grandes compagnies clandestines, et purgeait alors une peine de camp. Conformément aux lois du milieu, les associés de son mari versaient à Sonya une confortable rente mensuelle, mais elle arrondissait ses revenus grâce au salon qu'elle tenait dans son petit deux pièces. Des hommes d'affaires d'âge mûr aimaient à passer la soirée ensemble chez Sonya. Tout y était à leur goût : la maîtresse de maison elle-même, une femme charmante et corpulente, à la fois affable et apaisante ; les repas délicieux ; et surtout les tables de jeu et la roulette. Dix pour cent sur tous les gains aux cartes, auxquels s'ajoutaient les gains de la maison à la roulette, rapportaient à la dame un revenu intéressant — d'autant plus que les invités ne jouaient pas des roubles soviétiques, mais des dollars et des pièces d'or de cinq et dix roubles de l'époque tsariste, et que les enjeux étaient très élevés.

Les jeux de hasard occupent généralement une place très importante dans la vie du riche homme d'affaires soviétique clandestin. Ce n'est sans doute qu'à la table de jeu ou à la roulette d'un tripot privé (comme le salon de Sonya), qu'il peut — ne serait-ce qu'en risquant d'énormes pertes — éprouver la satisfaction de dépenser sans compter, se sentir riche.

L'ancienne génération de millionnaires ne se permet guère d'autres plaisirs ; ils essaient de soustraire leurs enfants au monde des affaires clandestines, et d'en faire des universitaires, des médecins ou des juristes : « J'ai pris des risques et j'ai ramassé un joli paquet ; maintenant, je veux que mes enfants vivent tranquillement sans courir de risques. Je veux qu'ils profitent de mon argent. » Voilà qui résume bien leur raisonnement. Malgré cela, bon nombre de leurs enfants — après avoir obtenu des diplômes universitaires et même des doctorats — suivent la tradition familiale et entrent dans les affaires clandestines. Ces hommes d'affaires de la deuxième ou de la troisième génération ne se contentent pas de la vie que leurs pères ont menée ; ce sont des habitués des restaurants chics : les garçons et les patrons les connaissent par leur nom et les traitent en hôtes de marque (avant d'envoyer des rapports sur leurs ripailles à l'O.B.K.H.S.S.). Ils ne craignent pas de miser de fortes sommes aux courses, où les agents de l'O.B.K.H.S.S. surveillent de près tous les gros parieurs. Ils s'achètent des voitures et des datchas, pour des sommes équivalentes à vingt ou trente années de leurs salaires officiels. Ils séjournent ostensiblement dans les lieux de villégiature à la mode — qui grouillent d'agents de l'O.B.K.H.S.S. de Moscou, de Riga et d'autres centres d'affaires clandestines — et dépensent cinq années de salaire en un mois de vacances.

Cela ne veut pas dire que toute la jeune génération d'hommes d'affaires clandestins soit formée d'inconscients prêts à payer de plusieurs années de camp de travail une année de grande vie. Tous essaient d'être en mesure, le cas échéant, de justifier leurs dépenses en indiquant une source de revenus légale. La méthode la plus courante consiste à racheter un billet de loterie ou un titre d'emprunt gouvernemental qui a rapporté gros : ils les recherchent avec l'aide des employés des caisses d'épargne, qui, en Union soviétique, sont chargés de verser tous les gains. La majorité des jeunes hommes d'affaires les plus importants ont des agents rémunérés parmi les employés des caisses d'épargne ; ceux-ci persuadent les gagnants qui viennent chercher leur argent de céder leurs billets pour un montant de deux ou trois fois supérieur à leur gain. Un autre subterfuge utilisé par ces hommes d'affaires est de noter les gros versements effectués par les caisses des champs de courses, afin de pouvoir prétendre que tel jour, à telle course, ils ont gagné une très forte somme.

Mais la principale assurance contractée par la jeune génération consiste à soudoyer les fonctionnaires de l'O.B.K.H.S.S. ; ils sont également plus généreux dans leurs pots-de-vin que ne l'étaient leurs parents.

Rien de tout cela, cependant, n'est infaillible. Les employés de l'O.B.K.H.S.S. de Moscou et de Riga m'ont affirmé — et je l'ai d'ailleurs constaté par moi-même — que les hommes d'affaires de la vieille génération sont beaucoup moins fréquemment traduits en justice que leurs descendants.

Les chroniques des clans soviétiques de multimillionnaires attendent toujours leur Zola. Je suis persuadé que l'histoire du clan Liberman (j'ai changé son nom), par exemple, ne serait ni moins intéressante ni moins instructive que celle de la famille Rougon-Macquart. L'ancienne génération de cette famille extrêmement ramifiée a traversé tous les dangers du monde des affaires clandestines sans subir de lourdes pertes. A ma connaissance, un seul de ses membres s'est assis au banc des accusés au cours du dernier quart de siècle, et encore, il ne s'est pas levé de ce banc pour être expédié dans un camp, mais pour rentrer chez lui. Il était arrivé à acheter son élargissement en versant un énorme pot de vin au juge qui présidait l'audience. Mais si le juge put relaxer Liberman, ce fut en partie grâce à l'impuissance du procureur à prouver qu'il avait « mené un train de vie incompatible avec ses revenus », selon la formule consacrée de ces actes d'accusation.

J'ai assisté à la chute de deux représentants de la deuxième génération de la famille Liberman. Léonid Liberman et Mikhaïl Soïfer étaient cousins. Conformément aux traditions familiales, ils travaillaient dans des entreprises de tricot. Dans le monde des affaires, ils avaient tous les deux la réputation d'être de grands entrepreneurs de talent, travaillant avec audace et panache. L'O.B.K.H.S.S. de Moscou les avait à l'œil, mais n'avait qu'une connaissance très vague de leurs activités professionnelles. En revanche, les rapports de ses agents contenaient tous les détails sur leur vie d'habitués des grands restaurants, des champs de courses et des stations à la mode.

Aussi longtemps qu'ils relevèrent de la juridiction de l'O.B.K.H.S.S. de Moscou, dont ils soudoyaient généreusement les chefs, les cousins purent mener cette vie en toute impunité. Mais dans les années 60, le Comité central du P.C.U.S., qui avait été informé de la corruption qui régnait au sein de l'O.B.K.H.S.S., décida de confier les enquêtes sur les principaux hommes d'affaires clandestins au Bureau central du K.G.B.

Léonid Liberman fut immédiatement arrêté. Mais Mikhaïl Soïfer, prévenu par ses relations à l'O.B.K.H.S.S., parvint à disparaître.

Il vécut en hors-la-loi pendant près d'un an, en se cachant du K.G.B., qui ratissait le pays à sa recherche. C'est presque un miracle en Union soviétique : en effet, tout citoyen est obligé d'avoir sur lui un passeport portant sa photographie, et il est illégal de passer plus de trois jours quelque part sans présenter ce passeport à la direction de l'immeuble ou de l'hôtel où on loge, et sans se faire délivrer un permis de séjour par la police. Il est difficile de dire combien de temps Soïfer aurait pu continuer à se terrer, si sa maîtresse ne l'avait pas donné à la police ; un beau jour, quand il arriva à son appartement de Moscou, il tomba dans une embuscade du K.G.B.

Les agents d'instruction purent découvrir un certain nombre d'entreprises clandestines possédées par Liberman et Soïfer — mais pas toutes, et de loin. Quant aux objets de valeur et à l'argent qu'ils avaient amassés, ils restèrent introuvables. Alors, le chef du service d'instruction de l'Office central du K.G.B. leur proposa un marché : s'ils remettaient leurs biens aux autorités, le K.G.B. leur promettait qu'ils auraient la vie sauve. Léonid fut le premier à céder, et il leur indiqua où il avait enterré ses trésors, soigneusement enfermés dans des tubes et des boîtes métalliques hermétiques, dans une forêt à l'extérieur de Moscou. Au bout de quelques mois, les nerfs de Soïfer finirent par craquer, et il révéla à son tour l'emplacement de ses cachettes.

Un agent d'instruction du K.G.B., qui avait participé à l'opération, m'a raconté que tous — enquêteurs comme accusés — contemplèrent, immobiles et silencieux, les monceaux de pierres précieuses et de bijoux, les piles de pièces d'or de l'époque tsariste et les liasses de dollars. Tout fut vidé par terre — il n'y avait pas de table assez grande pour tout contenir. Mais ce trésor — évalué par les experts à 350 millions de roubles — ne représentait pas la totalité des richesses amassées par les cousins. Il y a de bonnes raisons de penser qu'ils ne révélèrent pas aux enquêteurs toutes leurs cachettes, et qu'ils se débrouillèrent pour transmettre une grande partie de leurs biens à leurs familles.

Liberman et Soïfer avaient rempli leur partie du contrat, mais le tribunal les condamna à mort, et le jugement fut exécuté.

Je n'étais pas très lié avec Léonid, mais je connaissais bien Mikhaïl, qui était un de mes clients réguliers. Son apparence un peu quelconque de Juif roux cachait une volonté de fer et une grande détermination. Il n'était ni cupide ni avare. Quels étaient alors ses mobiles ? Etait-ce un instinct aveugle qui le poussait à amasser des richesses pour le seul amour de l'argent ? Dans une certaine mesure, oui. Mais il me semble qu'après qu'il eut assuré son avenir et celui de ses descendants pour plusieurs générations, la principale force qui le poussait à continuer d'étendre ses activités n'était pas la cupidité, mais le besoin d'exploiter ses dispositions innées pour les affaires. Il vivait dans un pays où il ne fait pas bon avoir de tels dons, où en user constitue un grave délit. Si vous n'avez pas de chance, vous finissez en camp ; si vous en avez, vous amassez une grosse fortune, qui est littéralement condamnée à être enterrée ou emmurée.

En raison de la clandestinité absolue imposée aux affaires privées en Union soviétique, le capital amassé ne peut même pas être investi dans une caisse d'épargne, seul moyen offert aux citoyens soviétiques de faire fructifier leur argent — qui rapporte ainsi un intérêt annuel de deux ou trois pour cent. Pour des raisons de discrétion, il est absolument exclu que les hommes d'affaires clandestins déposent de l'argent à leur nom ; en effet, malgré le caractère confidentiel garanti par la loi, le personnel des caisses d'épargne est tenu d'informer l'O.B.K.H.S.S. de tous les dépôts importants. Même les titres au porteur ne sont pas une garantie de sécurité. Aussi l'écrasante majorité des hommes d'affaires clandestins cachent-ils soigneusement tout ce qu'ils ont accumulé. Et, comme ils ne croient pas à la stabilité du rouble soviétique, ils font tout ce qu'ils peuvent pour convertir leur capital en dollars, en pierres et en métaux précieux, et en pièces d'or de l'époque tsariste.

Les détenteurs de trésors enfouissent leurs biens dans de multiples cachettes, et les dissimulent chez eux dans des endroits qui leur semblent sûrs ; mais l'O.B.K.H.S.S. et le K.G.B. connaissent parfaitement toute la panoplie des cachettes. Quand ils font une perquisition, ils n'ont généralement aucun mal à découvrir le magot. Quoi qu'il en soit, les riches entrepreneurs préfèrent conserver leurs biens chez eux plutôt que de les enterrer au fond des bois.

Il peut être difficile d'arriver à mettre en sûreté des objets de valeur, mais il est encore plus difficile de convertir des millions de roubles en devises, en pierres précieuses et en bijoux, dans un pays où le commerce de ces articles est interdit par la loi et considéré comme un grave délit. Cependant, même en Union soviétique la demande crée l'offre, et les années 40 et 50 virent l'éclosion d'un marché noir de devises. Au cours de ces années, des centaines de milliers de dollars et des dizaines de milliers de pièces d'or de l'époque tsariste (authentiques ou fausses) ont circulé au marché noir. Ils entraient en Union soviétique dans les valises de diplomates et d'officiers en formation dans les académies militaires soviétiques (originaires, pour la plupart, des pays arabes et africains). Les pierres précieuses étaient tout particulièrement recherchées, et représentaient l'investissement favori des hommes d'affaires clandestins.

Ces amateurs de diamants firent rapidement monter les cours, qui atteignirent cinq ou six fois leur chiffre antérieur ; mais la demande n'en continua pas moins à dépasser considérablement l'offre. A cette époque, à Moscou, un certain nombre de gros bonnets de la spéculation sur les pierres précieuses parvinrent, malgré l'illégalité de leur situation, à amasser des trésors inestimables.

Un groupe d'agents secrets du K.G.B. fit un jour une descente dans un appartement sombre, humide, situé au sous-sol d'un vieil immeuble. L'instructeur chargé du dossier me dit qu'ils avaient été surpris par la pauvreté — le dénuement même — des lieux. Mais la perquisition leur permit de découvrir des cassettes murées dans les cloisons et cachées sous les planches de l'escalier. Ces cassettes contenaient des pièces d'or de l'époque tsariste : huit cent treize pièces de dix roubles et trois cent huit de cinq, ainsi que cent soixante-treize pierres précieuses — dont une émeraude de trente-huit carats, qui se détachait du lot. Par la suite, les experts estimèrent le poids total des pierres à cinq cent quarante-six carats.

Akhmed Akbarov (c'est son vrai nom) était le vieil Azerbaïdja-nais propriétaire de l'appartement et du trésor. C'était l'un des plus importants et des plus célèbres fournisseurs de pierres précieuses du monde des affaires clandestines. Acheteurs et vendeurs affluaient chez lui de Transcaucasie et d'Asie centrale, d'Ukraine et des Républiques baltes. Si l'on en croit les renseignements, indubitable-ment incomplets, recueillis au cours de l'instruction, son chiffre d'affaires pour une période de dix-huit mois atteignait six cent soixante-dix mille roubles.

Akbarov disposait de deux sources d'approvisionnement en pierres précieuses. Il avait des agents dans toutes les succursales de l'*Youvélitorg* (organisme d'Etat qui exerce un droit de monopole sur l'achat des pierres et des métaux précieux aux particuliers). Dès que quelqu'un apportait une bonne pierre à vendre, l'agent d'Akbarov commençait par verser au client le prix d'Etat officiel (entre 5 et 10 % des cours du marché noir) ; puis il lui proposait immédiatement de le mettre en contact avec quelqu'un qui était prêt à payer deux fois ce prix officiel. D'autre part, Akbarov à Moscou comme ses agents de Yakoutie achetaient des pierres volées dans les mines de diamant de Yakoutie.

Akbarov ne vécut pas assez longtemps pour comparaître à son procès. Il mourut d'un cancer de la gorge — et dans son lit ; en effet, les instructeurs du K.G.B. avaient autorisé son élargissement. (Il s'agit là d'un rare geste d'humanité ; généralement, les malades gravement atteints dont l'affaire est instruite par le K.G.B. sont détenus à l'hôpital de la prison.) Malgré le martyre qu'endurait le vieillard, il trouva la force de s'occuper des trésors que le K.G.B. n'avait pas encore découverts. En effet, sachant pertinemment que sa femme, qui était elle aussi entre les mains du K.G.B., capitulerait tôt ou tard, et révélerait l'emplacement des cachettes restantes, il chargea des personnes de confiance de déplacer ses trésors. Et, quelques mois plus tard, quand les agents du K.G.B. arrivèrent avec la veuve d'Akbarov devant les cachettes qu'elle avait révélées, elles étaient vides ; ainsi finit le commerce de pierres du vieil Akbarov.

D'autres trafiquants de pierres précieuses travaillaient à Moscou, Tachkent, Riga, et dans d'autres villes encore, mais tous ne partagèrent pas le sort d'Akbarov. Certains sont encore en activité aujourd'hui, et continuent à alimenter les caches de millionnaires clandestins. Seul un infime pourcentage de ces cachettes a été découvert par l'O.B.K.H.S.S. et le K.G.B. ; des richesses considérables, plus importantes sans doute que le butin des pirates des Caraïbes, reposent, profondément enterrées ou murées dans d'épaisses cloisons. Et leurs propriétaires ? Qu'attendent-ils ? Attendent-ils une ère future où ils pourront déterrer leurs trésors et en faire légalement usage ? Attendent-ils que l'Etat soviétique trahisse ses principes et les autorise à le faire ? Attendent-ils la chute du régime soviétique et l'avènement d'un nouveau système ?

J'ai bien peur qu'ils ne vivent pas assez vieux pour voir ce jour, et que tous ces trésors, qui représentent un capital de plusieurs millions — de milliards même — de roubles, fruits de l'entreprise privée, ne soient condamnés à rester inactifs, enfouis dans la terre, pendant bien des décennies encore. Ce fait souligne sinistrement l'absurdité et la vanité des affaires clandestines privées en Union soviétique.

D'une part, l'entreprise privée clandestine est visiblement incompatible avec toute la structure de l'Etat et de la société soviétiques ; de toute évidence, elle n'a pas sa place dans une société enrégimentée, viscéralement hostile à toute manifestation d'initiative privée. Une économie qui est un monopole d'Etat et qui devrait, dans l'idéal, garantir le bien-être matériel de tous les citoyens, ne peut en aucun cas, penserez-vous, tolérer l'existence d'entreprises privées clandestines, qui permettent un enrichissement personnel hors du contrôle de l'Etat. Mais d'autre part, l'entreprise privée partage avec la société et l'Etat soviétiques une caractéristique qui leur est organiquement inhérente : la corruption.

L'entreprise clandestine est à proprement parler une tumeur de la corruption. Telle une goutte d'eau, elle reflète tout l'univers de la malhonnêteté soviétique. De même que l'organisme humain ne peut vivre sans oxygène, l'entreprise privée clandestine serait incapable de survivre si l'Etat comme la société soviétiques n'étaient pas pourris jusqu'à la moelle par la corruption.

Aucune entreprise clandestine ne pourrait être créée sans la vénalité de l'administration ; elle ne survivrait pas un mois sans la vénalité des organismes chargés de lutter contre les crimes économiques, et de l'appareil qui dirige le pays — vénalité qui s'étend des échelons les plus bas jusqu'à l'élite suprême.

Mais la corruption de l'appareil dirigeant n'est pas la seule condition de survie des entreprises clandestines. Celle-ci est également assurée par la corruption de la société elle-même, des centaines de milliers d'individus que ces entreprises ont attirés dans leur orbite — les centaines de milliers d'employés et d'ouvriers des usines d'Etat, les vendeurs et les responsables des magasins d'Etat, sans la complicité desquels il serait impossible de fabriquer et d'écouler des marchandises illégales.

Chapitre VII

LA POLICE ET LA CORRUPTION

C'est un lieu commun d'affirmer que la police de tous les pays du monde est vénale.

Dans le monde entier la police touche des pots-de-vin de ceux qui dépendent d'elle : les gens qui sont amenés par leur mode de vie à enfreindre la loi — bandits, voleurs, trafiquants de drogue, prostituées, proxénètes. C'est la même chose partout, des démocraties les plus libérales jusqu'aux Etats totalitaires les plus rigoureux. En revanche, dans un Etat démocratique, quelqu'un qui n'exerce aucune activité illégale dépend très peu de la police ; mais en Union soviétique, les citoyens les plus honnêtes, les plus soucieux de ne pas violer la loi, ne cessent de se voir rappeler leur dépendance à l'égard de la police, et jugent nécessaire de la soudoyer.

A quel rond-de-cuir un fermier américain doit-il s'adresser s'il a décidé de quitter sa ferme et de s'installer en ville ? A aucun, bien sûr. Mais si un ouvrier d'un kolkhoze soviétique souhaite devenir citadin, il faut d'abord qu'il en demande l'autorisation au président de la ferme (moyennant une approbation officielle, qui ne peut être donnée qu'au cours d'une assemblée générale de tous les ouvriers de la ferme), puis au chef du département de la police de son district de résidence.

De quelle autorisation un citoyen français ou britannique a-t-il besoin pour quitter sa ville et aller vivre dans une autre ? D'aucune. Mais un citoyen soviétique ne peut s'installer définitivement dans une ville ou un village sans avoir obtenu au préalable une autorisation spéciale du département de la police de la localité où il souhaite s'établir.

Sans l'approbation de la police soviétique, personne n'a le droit de déménager d'un appartement à un autre, ni de recevoir sa famille ou ses amis les plus proches pendant plus de trois jours. C'est là la base du système des permis de séjour. Ce système a été établi en 1932, en même temps que celui du passeport intérieur, et a représenté une source de profit abondante et inépuisable pour tous les fonctionnaires de police chargés de ces services. Fondamentalement, ce système implique que tout citoyen soviétique qui souhaite passer plus de trois jours dans une ville et une maison données obtienne une autorisation spéciale sous forme d'un « permis de séjour » délivré par le service des passeports de la police de district ou de la police municipale.

Dans les petites villes et les villages, il n'y a pas de restrictions officielles à la délivrance des permis de séjour ; selon la loi, ceux-ci sont délivrés à qui en fait la demande, que le requérant ait ou non un emploi permanent ou des parents proches dans la ville en question, et que son casier judiciaire soit vierge ou non. La seule condition est qu'il dispose de ce que l'on appelle en Union soviétique un « espace vital » — c'est-à-dire un appartement, une chambre, ou même un coin de chambre où loger. Pourtant, malgré la facilité avec laquelle ces permis de séjour sont accordés, les responsables des services de passeports de la police s'arrangent toujours pour extorquer des pots-de-vin.

Des millions de Soviétiques souhaitent déménager dans les grandes villes. Mais dans ces villes, les permis de séjour ne sont pas accordés aussi aisément que dans les petites agglomérations. Toutes les grandes villes font partie de la catégorie des localités à population contrôlée, et la délivrance de permis de séjour à de nouveaux habitants y est généralement interdite ; ces permis ne peuvent être accordés qu'à titre exceptionnel, moyennant une autorisation spéciale du département de la police municipale. En fait, toutes les villes importantes du pays appartiennent à cette catégorie « contrôlée », et la plus « contrôlée » de toutes, celle où la délivrance de permis de séjour est soumise aux règles les plus strictes, est Moscou. Selon les règlements, les permis de séjour pour Moscou ne peuvent être accordés qu'aux personnes requises pour un emploi par une administration ou une entreprise qui a obtenu une autorisation spéciale de l'*Ispolkom* (Comité exécutif municipal de Moscou), ou aux futurs conjoints d'habitants de la ville qui ont déjà un permis de séjour.

Mais même la rigueur de ces règlements ne parvient pas à endiguer l'afflux d' « immigrants » illégaux. Tous les ans, l'Ispolkom constate cette situation alarmante et, tous les ans, il adopte de nouvelles résolutions exigeant, dans les termes les plus catégoriques, que la police « prenne des mesures immédiates » ou « renforce les contrôles ». Tous ces efforts cependant restent vains, car ils sont anéantis par la corruption qui a envahi le département de police de Moscou. Dans les faits, on passe outre à toutes les restrictions et à toutes les interdictions, et on les enfreint quotidiennement — généralement, bien sûr, en échange d'un pot-de-vin.

Et cela, répétons-le, se passe à Moscou ! (Nous ne parlons pas ici des provinces, où les activités de la police ne sont pas aussi étroitement surveillées, et où les coutumes locales sont beaucoup plus insoucieuses des lois.) Les journaux soviétiques ne font jamais état de ces exactions. Néanmoins, les dossiers de procès confirment que des pots-de-vin sont offerts et acceptés — et ce très fréquemment. Une bonne connaissance de ces dossiers, et divers entretiens particuliers avec des personnes qui ont dû verser des pots-de-vin en échange de permis de séjour, me permettent de tirer quelques conclusions fondées.

Dans les grandes villes régionales de Russie, la somme nécessaire à l'obtention d'un permis de séjour fluctue autour de cinq cents roubles. Le prix d'un permis de séjour à Moscou est considérablement plus élevé, et n'a cessé d'augmenter au fil des ans.

Au début des années 70, on pouvait acquérir un permis pour Moscou moyennant un pot-de-vin d'environ mille roubles — avec de légères fluctuations vers le haut ou vers le bas. A ma connaissance, vers la fin de la décennie, les tarifs se situaient entre deux mille cinq cents et trois mille roubles et, dans certains cas, ils étaient encore plus élevés.

Qu'il conduise un véhicule appartenant à l'Etat ou qu'il possède une voiture particulière, l'automobiliste soviétique est complètement à la merci de la police, ou plus exactement de la division de l'Inspection automobile nationale, généralement citée sous le sigle G.A.I. (*Gossoudarstvenaïa Avtomobilnaïa Inspektsia*). Certaines sections de la G.A.I. sont chargées de délivrer les permis de conduire, d'autres de faire passer l'inspection annuelle obligatoire des véhicules et de remettre les certificats d'inspection, d'autres enfin de faire respecter le code de la route dans les rues et sur les routes de tout le pays.

En ville, comme à la campagne, le recours à la corruption pour l'obtention d'un permis de conduire s'est largement répandu, tant pour les permis professionnels que pour ceux qui concernent les voitures de tourisme. Il existe dans ce domaine deux cas de figure. En règle générale, la personne qui se présente à l'examen du permis de conduire ne connaît pas l'examinateur du G.A.I. et ne sait rien de lui ni de ses marottes. Cela n'empêche pas le candidat, une fois assis dans la voiture à côté de l'inspecteur, de lui offrir quelques billets de banque. Dans ce genre de cas, le pot-de-vin est généralement modeste, et dépasse rarement une centaine de roubles.

Dans le second cas de figure, le candidat passe l'examen avec un inspecteur du G.A.I. qu'il connaît déjà ; il l'a déjà contacté, éventuellement par un intermédiaire, pour fixer le montant du pot-de-vin exigé en échange d'un succès assuré. On peut dire que dans les cas de ce genre, le permis est tout simplement acheté. Peu importe que le candidat sache conduire ou non ; il peut même ne pas se présenter à l'épreuve. Il verse la somme fixée et se contente de passer au bureau du G.A.I. chercher son permis. Les intermédiaires n'agissent pas nécessairement par cupidité ; ils ont pu obtenir leur propre permis par corruption, et souhaitent rendre service à leurs amis en arrangeant les choses avec un inspecteur « obligeant ». Toutefois, au cours des dix ou quinze dernières années, on a vu apparaître une catégorie d'intermédiaires professionnels, qui s'offrent systématiquement, — et certes pas par altruisme — à transmettre des pots-de-vin aux employés du G.A.I., de la part des candidats au permis de conduire. Une série de procès a révélé que ces intermédiaires sont généralement des moniteurs qui préparent les candidats aux épreuves dans les auto-écoles spécialisées de l'Etat.

Les pots-de-vin versés dans le cadre de ces arrangements sont beaucoup plus importants que les versements spontanés, qui n'ont pas été négociés à l'avance. On peut, de plus, observer une certaine stabilité des prix. Il y a quelque temps déjà, un tarif relativement fixe avait cours à Moscou, et tous les gens concernés le connaissaient : cent cinquante roubles pour un permis professionnel de troisième catégorie (la catégorie inférieure), deux cents roubles pour un permis de tourisme ordinaire, et trois cents roubles pour un permis international. Mais, si j'en crois des informations qui me sont parvenues confidentiellement de Moscou, ces tarifs ont subi des augmentations substantielles entre 1977 et 1979.

De temps en temps, des employés du G.A.I. sont accusés d'avoir touché des pots-de-vin en échange de permis de conduire. Il arrive que ces procès résultent de plaintes déposées à la Procurature par des personnes à qui on a essayé d'extorquer des pots-de-vin ; mais généralement, les poursuites sont engagées sur la foi de renseignements fournis par des agents secrets. A Moscou et dans d'autres villes,

à travers tout le pays, les procès de membres du personnel du G.A.I.
ne sont pas rares. La dernière série de procès de ce genre s'est tenue
aux tribunaux populaires de district de Moscou en 1976 et en 1977 ; et
en 1979, presque tous les patrons du G.A.I. se sont retrouvés au banc
des accusés du tribunal municipal de Moscou. Cette série de procès a
prouvé à quel point le trafic des permis de conduire est devenu
monnaie courante en Union soviétique.

Une fois par an, tous les véhicules — particuliers ou d'Etat —
doivent passer une inspection, et l'on remet aux propriétaires un
certificat établissant que le véhicule est en état de marche. L'inspection des véhicules comme la délivrance des certificats relèvent de la
compétence du G.A.I. et sont devenues pour ses employés des
sources régulières de profit.

Aucun propriétaire de voiture particulière n'ignore que l'inspecteur du G.A.I. n'a jamais de mal à trouver un petit défaut, même si le
véhicule est en parfait état. Aussi les automobilistes préfèrent-ils ne
pas tenter le diable, et se résignent-ils à remettre à l'inspecteur les dix
roubles rituels, selon le tarif en vigueur, non seulement à Moscou,
mais aussi, à ma connaissance, dans toutes les villes régionales de la
République de Russie. En Géorgie, en Azerbaïdjan et en Arménie,
les tarifs fluctuent entre vingt-cinq et cinquante roubles.

L'inspection obligatoire a lieu au printemps dans tout le pays. En
avril et en mai, des dizaines de milliers de véhicules sont inspectés
dans chaque département de district du G.A.I. La somme réunie par
les inspecteurs de chaque département est donc de l'ordre de cent
cinquante mille à deux cent mille roubles. Les billets rituels de dix (ou
de vingt-cinq) roubles sont remis directement aux inspecteurs pendant
le contrôle du véhicule, mais ils sont ensuite partagés entre tous les
chefs du département de police du district et, autant qu'on puisse en
juger d'après les dossiers d'affaires judiciaires, certains remontent
même plus haut et aboutissent dans les offices municipaux centraux.

Quand un automobiliste arrive au centre d'inspection, il se
contente de tendre un billet de dix roubles avec les papiers nécessaires. Lorsque l'inspection se fait dans les ensembles de garages où sont
parquées les voitures particulières, l'un des propriétaires fait le tour
de l'immeuble avec une liste et demande dix roubles à chacun ;
lorsque l'inspecteur arrive, il lui remet le fruit de la collecte. Dans
l'énorme immeuble où j'habitais à Moscou, il y avait justement un de
ces ensembles, formé de cinquante-deux places de stationnement.
Tous les ans, en avril, mon voisin recueillait cinq cent vingt roubles
pour l'inspecteur du G.A.I. Tous les ans, j'ajoutais mes dix roubles à

la pile, et ma voiture passait l'inspection sans aucun problème, avec celles des autres heureux propriétaires.

Un corps spécial du G.A.I. formé de dizaines de milliers d'inspecteurs est chargé de faire respecter le code de la route dans tout le pays. Ceux-ci sont autorisés à arrêter les contrevenants et, selon la gravité du délit, ils peuvent soit exiger le paiement immédiat d'une amende, soit porter l'infraction sur le permis de conduire du coupable (après trois avertissements de ce type, le permis lui est retiré). Ils peuvent aussi retirer le permis du fautif séance tenante, en attendant que l'affaire soit réglée au bureau du G.A.I.

Dans les grandes villes, les inspecteurs du G.A.I. n'ont pas coutume d'arrêter les chauffeurs d'autobus ou de trolleys qui commettent des infractions. Il est aussi relativement rare qu'un inspecteur arrête un camionneur, et, s'il le fait, ce n'est qu'en cas de faute grave. Ces chauffeurs professionnels n'ont généralement pas beaucoup d'argent sur eux et ne sont guère portés à s'en défaire ; ils ne présentent donc pas grand intérêt pour les inspecteurs du G.A.I. En revanche, ceux-ci ne montrent aucune indulgence envers les chauffeurs de taxi et les propriétaires de voitures de tourisme. A la moindre infraction — voire sans raison aucune —, l'inspecteur du G.A.I. arrêtera une voiture particulière d'un geste auguste de sa matraque, et se figera en une pose majestueuse, attendant que l'automobiliste vienne à lui, en trottinant obséquieusement.

L'équilibre des forces entre le tout-puissant fonctionnaire du G.A.I. et l'automobiliste fautif est parfaitement clair. Le contrevenant aura déjà pris la précaution de glisser un billet de banque dans son permis avant de le tendre à l'inspecteur — un rouble s'il s'agit de sa première infraction, trois à cinq roubles si son permis porte déjà des avertissements, et cinquante roubles si son haleine sent l'alcool (délit passible d'un an de suspension de permis).

Les grandes routes offrent aux inspecteurs du G.A.I. une autre source de gains illégaux : les pots-de-vin extorqués aux camionneurs qui transportent des denrées alimentaires — viande, fruits, légumes, qui peuvent être à eux ou provenir de sovkhozes ou de kolkhozes — pour les vendre sur les marchés urbains.

Comme la loi interdit à tous les citoyens d'être propriétaires d'un camion, d'un autobus ou d'une camionnette, et que les sovkhozes et les kolkhozes n'arrivent jamais à s'en procurer autant qu'il leur en faudrait, ces organismes s'arrangent illégalement avec des chauffeurs de camions ou d'autobus appartenant à une administration quelconque, pour qu'ils transportent leurs marchandises de la campagne à la ville. Mais dès que le camion chargé est en route, le chauffeur comme le propriétaire des marchandises deviennent une proie de choix pour les patrouilles du G.A.I.

Les camions et les autobus doivent obligatoirement être munis de papiers officiels spécifiant l'itinéraire emprunté ainsi que le type et la quantité de marchandises transportées. Evidemment, ces camions et ces autobus « non officiels » voyagent soit sans aucun papier, soit avec de faux papiers, fournis par le patron du chauffeur (moyennant finance, cela va de soi).

Ainsi, si le chauffeur et le propriétaire du chargement sont arrêtés en route par un inspecteur, ils sont entièrement en son pouvoir. S'ils n'ont pas d'ordre de route, l'inspecteur peut leur interdire de poursuivre leur voyage, et même les arrêter. S'ils ont une autorisation, l'inspecteur peut toujours ergoter, trouver un vice quelconque, et retenir le véhicule pendant un jour ou deux sous prétexte de vérifier si les papiers sont en règle. Or, en Union soviétique, on ne transporte habituellement pas des denrées telles que la viande et les fruits dans des compartiments frigorifiques spéciaux ; on les entasse tout simplement dans des camions ordinaires. Un délai de deux jours entraîne donc la destruction de la cargaison. Le seul recours du propriétaire de la marchandise reste le pot-de-vin salvateur. Sans même tenter de discuter, il remet à l'inspecteur dix, vingt-cinq, cinquante ou même cent roubles, selon la valeur de son chargement.

Aucune force de police du monde ne peut malheureusement se passer des services d'indicateurs. C'est un mal nécessaire, et il faut bien que quelqu'un fasse ce travail ; de même, il faut que certains fonctionnaires de police restent en contact avec les indicateurs, leur donnent des missions et recueillent leurs renseignements. (La police et le K.G.B. disent alors qu'ils ont un agent « en remorque ».)

La police judiciaire soviétique comme le K.G.B. doivent autoriser leurs agents à commettre des délits, afin de noyauter le monde criminel, de gagner la confiance de ses membres et d'obtenir ainsi les renseignements dont ils ont besoin. Cette situation profondément immorale peut inciter un fonctionnaire de police malhonnête à permettre à son agent de repousser les limites de ses activités criminelles bien au-delà de ce qu'exigeraient les nécessités du service. Les relations entre le fonctionnaire et l'agent tournent souvent à la complicité, chacun d'eux touchant sa part des profits illégaux. Et, cela va sans dire, même si un agent échoue dans sa mission première, les autorités policières le mettent à l'abri de toutes poursuites.

Ce sujet n'est jamais abordé — et ne le sera jamais — ni par les médias, ni par la littérature professionnelle spécialisée. Le thème des agents secrets et des indicateurs est absolument tabou dans la presse soviétique, et tout le monde prétend que l'Etat ne recourt jamais à leurs services. Toutefois, ma profession m'a mis plusieurs fois en présence d'affaires révélant des liens de corruption entre les indicateurs et leurs patrons.

Il se trouve que j'ai eu affaire, en trois occasions distinctes, à une organisation de voleuses professionnelles qui opéraient dans les grands magasins de Moscou. Dans les trois cas, j'ai fini par découvrir qu'elles travaillaient comme indicatrices pour le Département d'enquêtes criminelles de Moscou, et qu'elles versaient régulièrement de l'argent à leurs « contacts » de la police. Mes premières relations avec elles datent du jour où un jeune homme nommé Alexeï vint me voir. Son visage ne m'a pas laissé une forte impression, mais je me souviens qu'il était vêtu avec une élégance rare, voire suspecte, même pour Moscou.

Il m'était recommandé par d'anciens clients, et lorsqu'il me demanda de défendre « une de ses amies », accusée d'avoir volé le porte-monnaie d'une cliente au rayon de chaussures du GOUM — *G*lavny *O*universaly *M*agazine : « grand magasin principal », le plus grand du pays — j'acceptai sans réfléchir plus longtemps. La prévenue, Varyagina (j'ai changé son nom), me fit bonne impression. Elle avait un joli visage, des yeux bleus, calmes, des cheveux blonds, bouffants, qui n'étaient pas coupés à la mode mais relevés en deux épaisses nattes entourant la tête comme les diadèmes d'autrefois. Elle avait l'air d'une jeune provinciale naïve ; mais Varyagina n'était ni provinciale ni naïve. C'était une voleuse professionnelle moscovite de trente-quatre ans, qui avait déjà été condamnée treize fois pour vol à l'étalage et vol à la tire (elle n'avait que treize ans lors de sa première arrestation). Elle avait passé au total près de quatorze années en camp et en prison ; cela faisait toutefois deux ans qu'elle n'avait été ni arrêtée ni poursuivie par la justice.

Cette « péquenaude », décemment mais modestement vêtue, n'attirait pas l'attention aux rayons de chaussures pour femmes du GOUM et du TSOUM, les grands magasins de Moscou, et se confondait aisément dans la foule des clientes. D'un mouvement leste, elle glissait la main dans le sac d'une femme qui essayait des chaussures et en tirait la liasse de billets préparée en prévision de l'achat. Elle commettait plusieurs de ces larcins par jour, et sa prise quotidienne moyenne s'élevait à trois cents ou cinq cents roubles.

Varyagina me raconta tout cela calmement, sans aucune honte —

elle tirait même un certain orgueil de son habileté professionnelle. Elle me donna les raisons de sa chance au cours des deux dernières années, et m'expliqua pourquoi elle n'avait pas été arrêtée. En étudiant le dossier de son affaire, j'avais été immédiatement frappé par certains éléments incongrus, qui m'avaient paru incompréhensibles : trois ou quatre rapports mentionnaient en effet que Varyagina avait été prise en flagrant délit par ses victimes ou par des témoins ; des agents en civil du Département d'enquêtes criminelles (qui exercent une surveillance constante dans tous les grands magasins) l'avaient emmenée avec sa victime au bureau de la police (il en existe également dans tous les grands magasins), avaient établi un rapport, puis l'avaient tout simplement relâchée.

Le secret de son invulnérabilité était extrêmement simple : elle travaillait comme indicatrice pour le Département d'enquêtes criminelles de Moscou. A l'en croire, elle ne donnait jamais de vrais renseignements, mais signait deux fois par mois un rapport que quelqu'un d'autre avait écrit pour elle. Ces rapports contenaient des renseignements sur des gens inexistants, imaginaires, ou sur de véritables voleurs qui, tout comme elle, étaient des indicateurs, et à qui ses rapports ne pouvaient causer aucun tort. De temps en temps, lors de rencontres qui avaient lieu dans des appartements désignés à l'avance, elle remettait ses rapports à son « contact », un commandant du Département d'enquêtes criminelles. Avec ces rapports, Varyagina donnait au commandant cinq cents roubles par mois, pour prix de sa protection. Chaque fois qu'elle était prise à voler dans un magasin, elle prévenait immédiatement les agents qu'elle était indicatrice, et leur donnait le numéro de téléphone du commandant. Après une brève communication avec lui, les agents la relâchaient sans faire d'histoires. Ils finirent par la connaître de vue et par ne plus l'arrêter, même quand ils la voyaient s'en prendre au sac d'une cliente.

En ce jour funeste d'août où, au lieu de la relâcher, on l'avait envoyée en prison, le mécanisme s'était enrayé. Les agents de service au GOUM n'étaient pas les mêmes que d'habitude et ne la connaissaient pas ; quant au commandant, il était en congé, et le capitaine qui assurait l'intérim ignorait jusqu'à l'existence de Varyagina ; en effet, les règles veulent qu'un indicateur ne soit connu que de son « levier » ou « contact », et du chef de section.

A deux autres reprises, Alexeï vint me demander de défendre « une de ses amies », et chaque fois, j'ai découvert que ces femmes étaient des voleuses professionnelles de magasins, qui travaillaient également comme indicatrices pour le Département d'enquêtes criminelles de Moscou. Elles étaient « dirigées » par deux capitaines qu'elles payaient ponctuellement tous les mois pour pouvoir travailler en paix, selon leurs propres termes.

J'étudierai le problème de la prostitution dans le dernier chapitre de cet ouvrage. Je me limiterai pour l'instant aux prostituées qui racolent exclusivement des étrangers — et pas n'importe quels étrangers, mais uniquement ceux qui peuvent les payer en devises fortes ; c'est pour cette raison qu'on les appelle les « prostituées à devises ».

Les étrangers en provenance de pays occidentaux sont tous suivis de près par les autorités ; aussi les prostituées qui en rencontrent régulièrement finissent-elles par être rapidement connues de la police ou du K.G.B. Leurs rendez-vous avec leurs clients sont filmés, consignés dans les rapports d'agents et d'indicateurs, qui les observent de l'extérieur, depuis la rue. Quand ceux-ci ont réuni suffisamment de preuves compromettantes, ces femmes sont convoquées à la police, ou plus fréquemment encore au K.G.B., où on leur fait l'offre suivante : ou elles acceptent de fournir des renseignements sur leurs clients, ou elles seront expulsées de la ville.

Face à un tel choix, certaines femmes refusent catégoriquement de collaborer avec la police ou le K.G.B., et abandonnent en même temps la prostitution. Mais la plupart acceptent de coopérer et commencent à participer régulièrement à des réunions avec la police et le K.G.B.

A partir de ce moment, la prostituée-indicatrice est libre de racoler et de rencontrer des clients dans les restaurants, les théâtres, et près des hôtels, sans aucune intervention policière. En échange de cette liberté, elle transmet des renseignements sur ses clients à la police et au K.G.B.

Parallèlement à ces relations officielles, un autre type de relations d'affaires se crée généralement entre les « prostituées à devises » et leurs patrons de la police. Habituellement, les fonctionnaires qui ont des « prostituées à devises » en « remorque » en obtiennent des pots-de-vin sous forme d'argent soviétique ou étranger, d'articles de provenance étrangère (des jeans américains, des disques à la mode, des magnétophones, etc.), et quelquefois sous forme de rapports sexuels (les rendez-vous dans des maisons « sûres » présentent à cet égard des conditions idéales).

Quoi qu'il en soit, ce ne sont ni les voleuses ni les prostituées qui représentent la principale source de revenus de la police. Les personnes qui ont garni les bourses de plusieurs générations de fonctionnaires de police sont les spéculateurs spécialisés dans le trafic des devises au marché noir.

La fin des années 50 et le début des années 60 ont vu prospérer le marché des devises en Union soviétique. Cela semble difficile à croire aujourd'hui, mais c'est un fait : dans ce pays soumis à une surveillance policière extrêmement stricte, où le rouble est la seule unité monétaire légale et où toute opération de change est interdite, des dizaines de milliers d'individus faisaient du trafic de devises, achetant et vendant quotidiennement des dollars, des livres sterling, des pièces d'or de l'ère tsariste, de l'or, du platine et des pierres précieuses.

De jeunes trafiquants débrouillards se postaient dès le matin aux abords des hôtels de Moscou ou sur les docks ; ils couraient çà et là, harcelant les touristes étrangers et les marins, pour voir s'ils avaient des devises à vendre. Ils ne crachaient pas sur les billets de cinq dollars, mais lorsque l'occasion s'en présentait, ils étaient prêts à acheter plusieurs centaines de dollars au prix avantageux de deux à trois roubles pièce (le taux de change officiel de l'époque était de soixante-douze kopecks). Le soir, ces jeunes lascars (en argot, on les appelle des *fartsovtchiki*) disparaissaient des rues de la ville. Ils allaient apporter leur butin du jour à leurs patrons, les hommes qui finançaient leurs activités.

Mais, même avec de la chance, un fartsovtchik ne rapportait guère que quelques centaines de dollars par jour, ce qui était de toute évidence insuffisant pour une opération d'envergure. Les principales sources de devises qui apparurent soudain au marché noir furent les diplomates et les officiers de pays arabes et africains en formation dans les académies militaires soviétiques. Sans redouter une éventuelle arrestation, ils inondèrent littéralement le marché noir de centaines de milliers de dollars, de livres sterling et de pièces de dix roubles de l'époque tsariste — fabriquées dans des ateliers spécialisés installés au Caire et à Alexandrie.

Comment une telle orgie de spéculation fut-elle possible dans un pays dont le système de surveillance policière est le plus perfectionné du monde ? Si le marché noir des devises fut si florissant, c'était que son existence était utile et nécessaire aux organes mêmes dont la fonction était de le combattre — la police et le K.G.B.

Pendant cette période de prospérité, le marché noir se trouvait, pour utiliser le jargon des agents secrets, « sous une cloche de verre » : toutes les personnalités de quelque importance dans le monde du marché noir, et toutes les transactions, quel que fût leur intérêt, étaient parfaitement connues de la police et du K.G.B. En effet, les hommes qui combattaient la spéculation monétaire utilisaient habilement les moyens dont ils disposaient pour saturer le marché noir de leurs agents.

La situation atteignit des proportions fantastiques. Un de mes clients, un trafiquant (ce n'était pas un gros bonnet, mais pas non plus un fartsovchtchik), qui était lui-même indicateur de police, m'a un jour raconté l'anecdote suivante : un soir, deux de ses amis spéculateurs vinrent le chercher pour aller à un rendez-vous avec un vieil homme de Kiev, qui avait apporté plusieurs milliers de dollars hérités de son père, mort dans les années 20. Il se révéla que les dollars, qui n'avaient pas bougé de leur cachette depuis trente ans, avaient été mis en circulation au début du siècle. N'étant pas sûrs de la valeur marchande de dollars anciens, les spéculateurs préférèrent ne pas les acheter.

Mon client n'informa pas son patron de la police de cet incident : il avait pitié du vieil homme et estimait que l'affaire était sans importance. Mais quand il retourna voir son patron, il fut réprimandé pour son manque de zèle ; l'un des deux autres spéculateurs présents au rendez-vous (ou peut-être les deux) était en fait un indicateur, tout comme lui !

La méthode de recrutement de ces agents ne présente aucune difficulté. Comme de par ses activités, un spéculateur en devises est amené à passer des journées entières à essayer d'entrer en contact avec des étrangers, il est bien naturel qu'au bout de quelque temps, la police et le K.G.B. connaissent tous les spéculateurs. Quand ils sont arrêtés, on leur laisse le choix : soit ils acceptent de travailler comme indicateurs, soit on les arrête et on les condamne à huit années de camp.

Ainsi, la police et le K.G.B. n'eurent guère de mal à utiliser leurs agents-spéculateurs pour remonter jusqu'aux patrons et aux gros bonnets. Grâce à la même méthode de chantage, primitive, mais sûre et efficace, ils purent même recruter des agents parmi les rois sans couronne du marché noir.

Ces organes, responsables au nom de l'Etat de la lutte contre le trafic des devises et des pierres précieuses, avaient donc entre leurs mains tous les renseignements qui leur auraient permis de démanteler le marché noir en l'espace de quelques mois. Mais ils n'en firent rien, car le Département des devises de la police comme le K.G.B. — bien que pour des raisons différentes — trouvaient l'existence du marché noir utile.

La police avait deux raisons de ne pas souhaiter sa disparition. Selon les lois qui gouvernent la bureaucratie, *aucune* administration n'a intérêt à devenir inutile, et le Département de la police ne faisait pas exception à cette règle. La situation existante lui convenait parfaitement. Grâce aux renseignements que ses indicateurs lui transmettaient régulièrement, il lui était toujours possible d'arrêter n'importe quel spéculateur, de réunir aisément les preuves nécessaires contre lui, et de saisir la justice de l'affaire. Ainsi, les membres du Département de lutte contre la spéculation monétaire donnaient à leurs supérieurs l'impression que la lutte contre le marché noir était menée habilement et efficacement. Ils faisaient donc d'une pierre deux coups : ils s'assuraient une existence paisible et récoltaient des lauriers pour leurs succès dans la lutte contre le crime.

Un autre facteur jouait cependant, non moins important : les pots-de-vin. Dans les années 60, une série de procès se déroula dans tout le pays, marquant la fin de la période de prospérité du marché noir des devises. Les procès tenus à Moscou, Leningrad, Bakou, Tbilissi et Riga, établirent sans l'ombre d'un doute que des centaines de spéculateurs, anciens indicateurs, avaient versé des pots-de-vin réguliers à leurs « contacts » policiers, et, par leur intermédiaire, à toute la direction de la division monétaire de l'O.B.K.H.S.S. (la police). On apprit que ces pots-de-vin n'étaient pas seulement versés par les petits spéculateurs et les trafiquants de bas étage, mais également par les magnats du marché noir.

Il existait à Moscou trois organisations de trafiquants, les plus grandes sans doute de toutes celles qui opéraient alors dans le pays. On découvrit que les chefs de deux de ces organisations étaient d'importants indicateurs de police et du K.G.B., et qu'ils remettaient d'énormes sommes en roubles et en devises — directement ou par l'intermédiaire de leurs « contacts » policiers — aux chefs de la division des devises de la police et aux pontes de la direction générale de l'O.B.K.H.S.S. de Moscou.

Pour l'O.B.K.H.S.S., le marché noir des devises était donc la poule aux œufs d'or. Personne n'avait évidemment intérêt à lui tordre le cou.

Le K.G.B., lui non plus, ne voulait pas paralyser complètement le marché noir, mais pour d'autres raisons. Ses agents n'avaient pas besoin d'avoir des indicateurs parmi les spéculateurs pour se remplir les poches. En fait, ce n'était pas la division responsable de la lutte contre le marché noir qui avait besoin de leurs services, mais plutôt le département chargé du recrutement des espions, et du contre-espionnage.

Le K.G.B. utilisait les agents secrets-trafiquants de devises pour entrer en contact avec des étrangers auxquels il s'intéressait. L'agent amenait l'étranger à accepter de vendre des devises (crime abominable selon le droit soviétique), puis fixait une heure et un lieu pour conclure le marché, afin que le K.G.B. pût prendre l'étranger la main dans le sac. Grâce à cette opération, le K.G.B. pouvait soit recruter sa victime comme espion à plein temps, soit en obtenir des renseignements précis en le menaçant de révéler le scandale et de l'expulser du pays (s'il jouissait de l'immunité diplomatique) ou de l'arrêter et de le condamner à plusieurs années de camp.

Voilà pourquoi les divisions chargées de la spéculation en devises au K.G.B. comme à la police ne souhaitaient qu'une chose : une extension large et rapide des activités criminelles de leurs indicateurs du marché noir ; elles ne tenaient pas du tout à voir le marché totalement démantelé. Les spéculateurs avaient évidemment à cœur les mêmes intérêts.

On vit donc se développer une association criminelle, qui opéra avec succès pendant plusieurs années. Elle était formée de deux éléments intimement liés, et vivant en symbiose : les organismes gouvernementaux responsables de la lutte contre le crime (la police et le K.G.B.) d'une part, et de l'autre plusieurs organisations criminelles faisant du marché noir de devises. Ces organisations, dirigées en fait par des agents secrets, pouvaient acheter et vendre des devises et des pierres précieuses sans se préoccuper d'une surveillance ou d'une arrestation éventuelles. C'était là la raison même pour laquelle elles payaient tribut à leurs patrons de la police et du K.G.B., que ce fût en pots-de-vin ou en services. Avec le soutien de la police et du K.G.B., ces organisations accaparèrent facilement le marché noir et éliminèrent tous les concurrents gênants.

Les archives concernant la vague de procès qui amenèrent la fin de cette étape de prospérité dans le trafic des devises permettent de reconstituer un tableau du crime organisé et de la corruption dans le monde du marché noir. Parmi ces procès, une affaire occupe une place particulière. Le dossier de cette affaire présente en effet une esquisse très claire et très détaillée de la formation et des activités de ce réseau de crime organisé. L'accusé était le lieutenant Valentin D., officier du Département de lutte contre la spéculation monétaire de l'O.B.K.H.S.S. de Moscou, à qui l'on reprochait d'avoir touché des pots-de-vin d'un de ses indicateurs, Yan Rokotov, surnommé « le Louchon » par la police et le K.G.B., ainsi que dans les milieux du marché noir.

Pendant l'été 1966, lorsque le lieutenant D. comparut devant le tribunal municipal de Moscou, le marché noir des devises avait déjà été démantelé. Les petits spéculateurs purgeaient leurs peines dans les camps, et les magnats du trafic monétaire avaient été fusillés. Le plus célèbre de ces magnats, Yan Rokotov, dit « le Louchon », qui, non content d'avoir travaillé pour D. fut aussi son accusateur, avait été exécuté en 1961. D. plaida non coupable. Pour prouver sa culpabilité, les agents d'instruction du K.G.B. chargés de l'affaire firent figurer dans son dossier des documents ultra-secrets, généralement réservés exclusivement aux officiers de police directement responsables de l'organisation et de l'administration quotidiennes du réseau d'agents et d'indicateurs.

Le dossier contenait par exemple le *Manuel d'instructions des agents secrets en service*, qui donne tous les détails sur la manière de recruter des agents et des indicateurs en utilisant des preuves compromettantes (dans le cas de criminels) ou en faisant appel aux convictions idéologiques (pour de jeunes membres du Komsomol ou du Parti communiste) ; les relations entre un agent et son « levier » ; les méthodes de surveillance dans les maisons et à l'extérieur ; les règles de rémunération des agents ; et bien d'autres choses encore.

Le dossier contenait également des décisions ultra-secrètes du Conseil des ministres d'U.R.S.S., autorisant le K.G.B. à perquisitionner dans des appartements privés en l'absence des occupants, en forçant les portes d'entrée (le nom de code de ce procédé était « opération E ») et de placer des téléphones sur table d'écoute, ce qui s'appelle en jargon d'agent secret « pendre Maroussia » (nom de code : « opération M »).

Il y avait enfin le « Journal de bord de l'agent secret Rokotov », et ce, bien que les carnets d'agents secrets soient le saint des saints des services secrets. Ce genre de journaux ne mentionnent que le nom de code de l'agent, jamais son identité véritable. Le fonctionnaire de la police ou du K.G.B. qui dirige l'agent écrit de sa propre main les missions de celui-ci, et précise les victimes à « cultiver » (le *Manuel d'instructions* les appelle des « figurants »). Il explique aussi de façon détaillée le déroulement de ce que le manuel appelle « la légende » : comment, sous quel prétexte, et sous quel nom l'agent entrera en contact avec le « figurant » et gagnera sa confiance.

Dans ce carnet sont également consignées toutes les sommes versées à l'agent : ses frais généraux (dans certains cas, il peut s'agir d'assez fortes sommes), et sa rémunération (toujours des montants dérisoires : quinze à vingt roubles, cinquante à titre exceptionnel). Certains faits particuliers sont notés, comme la remise à l'agent d'un déguisement spécial (un uniforme d'officier par exemple) du Département des costumes de la police ou du K.G.B., nécessaire pour jouer la « légende ». Il va sans dire que le carnet contient également la trace de tous les rapports de l'agent.

L'histoire de Rokotov est celle d'un homme qui, en l'espace de quelques années, passa de la situation de petit trafiquant de livres rares à celle de spéculateur millionnaire ; il travaillait en même temps comme agent provocateur pour la police et le K.G.B., et fut responsable de l'arrestation de dizaines de personnes. Malgré son aspect fantastique, cette histoire est, dans une certaine mesure, exemplaire et typiquement soviétique.

A la fin des années 40, Rokotov fut arrêté et envoyé en camp, en même temps que des millions de citoyens soviétiques. Après 1956, au moment de la réhabilitation massive des victimes de la terreur stalinienne, Rokotov revint à Moscou. Ce n'était plus un jeune homme et le camp ne lui avait apporté ni instruction ni formation professionnelle. Il n'avait pas la moindre envie de tout reprendre à zéro, et se mit donc à gagner sa vie en spéculant sur les livres rares.

Ses affaires marchaient plutôt bien, mais il fut bientôt connu au siège du marché noir, dans la ruelle qui jouxte le théâtre d'art de Moscou, non seulement des bibliophiles, mais aussi des agents de l'O.B.K.H.S.S. Il fut arrêté, et emmené au Département de la police municipale de Moscou, pour se soumettre à ce que le *Manuel d'instructions* appelle « le recrutement d'un agent secret sur la base de documents compromettants ».

Sans un instant d'hésitation ni de réflexion, Rokotov accepta leur proposition. Il commença comme modeste petit indicateur, car la police de Moscou ne s'intéressait guère au marché noir des livres. Mais il s'avéra que Rokotov excellait dans le domaine de l'enquête secrète, et il fut rapidement promu au rang d'agent secret du département de lutte contre la spéculation monétaire de l'O.B.K.H.S.S. de Moscou.

Il ne lui fallut pas longtemps pour occuper une place éminente dans le marché des devises de Moscou et pour devenir l'un des plus gros trafiquants du pays. Le capital de départ de ses premières opérations — deux mille cinq cents roubles — lui fut avancé par ses patrons de la police, sur les caisses de l'Etat, fait qui fut noté en bonne et due forme dans son carnet. Ces mêmes patrons lui promirent de lui laisser carte blanche dans son travail, et d'empêcher toute arrestation. Pour rendre justice à Rokotov, il faut reconnaître qu'il manifesta des facultés commerciales et un talent d'organisateur remarquables, et qu'il fit considérablement fructifier la mise de fonds de l'Etat.

Rokotov ne resta pas longtemps aux échelons inférieurs du monde du marché noir ; très rapidement, il parvint à avoir plusieurs spécula-teurs sous ses ordres. Sans doute avait-il toutes les raisons de se croire invulnérable et de ne pas craindre d'être arrêté ; dès cette époque, en effet, il ne se contentait pas d'être un agent actif et utile, fournissant à ses patrons des renseignements inestimables ; en un certain sens, c'était même lui leur patron : c'était lui qui les payait, et non l'inverse. Tous les mois, il versait une somme considérable à toute l'administration du Département de lutte contre la spéculation monétaire et à la direction suprême de l'O.B.K.H.S.S. de Moscou.

Dès cette époque, l'ampleur des activités de Rokotov était relativement importante ; mais il devait encore s'en remettre au hasard pour contacter des étrangers prêts à vendre de grosses quantités de devises. Il ne se contentait plus de ce que pouvaient lui rapporter ses fartsovchtchiki. Son flair pour les affaires s'affinant, il chercha d'autres sources de devises, plus stables, plus abondantes — et il les trouva. Mais il dut attendre pour cela une nouvelle promotion : d'indicateur de police, il devint agent du K.G.B.

Ayant obtenu du K.G.B. l'autorisation d'acheter des devises à des étrangers, Rokotov établit des relations régulières avec quelques résidents permanents en Union soviétique, et leur acheta des devises pour une valeur de centaines de milliers de dollars. Il menait toutes ses opérations criminelles de connivence avec la police et sous sa protection, puis sous celle du K.G.B. En outre, à l'époque où il travaillait pour le K.G.B., il commit un certain nombre de délits sur son ordre exprès. Il ne s'agit pas là d'une supposition ni d'une conclusion tirée d'une preuve indirecte ; c'est un fait, consigné dans un document officiel que j'ai pu étudier.

Tout au long de l'instruction, et à son procès, le lieutenant D. ne cessa de nier catégoriquement sa culpabilité et d'affirmer qu'il était victime d'une calomnie. Afin de prouver la véracité de ses dires, il fallait que j'eusse accès au carnet officiel de Rokotov au K.G.B. (carnet qui ne figurait pas parmi les pièces du dossier). Le carnet que le K.G.B. tient sur les activités d'un agent est incomparablement plus secret encore que son équivalent de la police ; il contient en effet des renseignements sur les pièges tendus aux étrangers et sur le recrutement d'espions. En tant qu'avocat de D., je n'avais presque aucun espoir de voir ce document. J'adressai néanmoins une requête à la Cour demandant l'examen du carnet de Rokotov. Ma requête fut rejetée. Je représentai cette demande trois fois encore, et chaque fois, les juges se retirèrent pour délibérer, et chaque fois ils m'opposèrent un refus (après avoir, bien sûr, discuté au téléphone avec les fonctionnaires compétents du K.G.B.). Alors que l'instruction allait être close, je redéposai une fois encore ma requête, sans trop y croire. Cette fois, les juges passèrent près de deux heures dans leur salle de délibération, et ce fut le miracle : la Cour décida de demander le carnet de Rokotov au K.G.B.

Sous les yeux vigilants de deux envoyés du K.G.B., je passai deux heures à étudier le carnet et à en recopier des passages. Le carnet de l'agent secret Rokotov contenait les missions que lui avait confiées le capitaine du K.G.B. qui le dirigeait. Il mentionnait explicitement les victimes auxquelles il fallait tendre un piège — les « figurants » — (qui étaient quelquefois des diplomates étrangers), et décrivait également la « légende ». Dans ce genre de cas, Rokotov jouait le rôle d'un gros négociant de Riga, qui voulait se procurer une importante quantité de devises et était prêt à payer n'importe quel prix, sans ergoter.

La tâche assignée à Rokotov par le capitaine du K.G.B. était parfaitement définie dans son carnet : entrer en contact avec le figurant X, l'amener par ruse à accepter de vendre des devises et fixer une heure et un lieu de rendez-vous pour la transaction, permettant de monter une embuscade. Le carnet ne mentionnait pas ce que devenaient les devises que Rokotov avait acquises, si l'affaire tournait bien : Rokotov était autorisé à les conserver pour prix des services rendus.

Cela dura ainsi trois ou quatre ans, jusqu'à ce que les relations de Rokotov avec la police et le K.G.B. ne fussent plus un secret pour personne dans les milieux du marché noir. Il perdit alors toute valeur comme agent de renseignements, et le K.G.B. décida de le retirer de la scène.

Rokotov ne fut ni le premier ni le dernier agent secret de la police ou du K.G.B. a être écarté une fois brûlé. Une procédure spéciale a été mise en place pour les cas de ce genre. L'agent qui est devenu inutile est arrêté et accusé de crimes qu'il a effectivement commis, souvent avec l'autorisation ou sur l'ordre des départements mêmes qui l'accusent. En même temps, ceux-ci passent un marché avec leur ancien agent : à son procès, il ne dira pas un mot de leurs relations ; en échange de sa discrétion, ils lui promettent un temps de réclusion relativement court, une situation privilégiée dans le camp (le poste de bibliothécaire ou de magasinier), et, à la moitié de sa peine, s'il a fait un bon travail de « couveuse » (argot de camp désignant un prisonnier qui espionne ses compagnons de détention[1]), la grâce du Présidium du Soviet suprême. Une règle tacite veut que le « président collectif » du pays accorde ce genre de grâces à toutes les « couveu-

---

1. Ce que nous appellerions en français un « mouton ». (N.d.T.)

ses », à la demande de la police ou du K.G.B. (Je pourrais citer plusieurs personnes qui ont certainement suivi cette filière.)

Telles furent les conditions soumises à Rokotov, et il les accepta docilement. Au cours de son premier procès au tribunal municipal de Moscou, Rokotov ne souffla mot de ses activités d'agent secret, ni bien sûr des pots-de-vin qu'il avait versés à ses patrons de l'O.B.K.H.S.S. Et il fut condamné à quinze années de camp à régime sévère[1].

Mais ce jugement fut cassé sur l'ordre personnel du secrétaire général du Parti communiste, Khrouchtchev. Rokotov fut rejugé et condamné à mort. Ce n'est qu'à ce moment-là, après le jugement, quand il se trouva dans la cellule des condamnés à mort, que Rokotov commença à écrire. Il se mit à lutter désespérément pour sauver sa vie. Dans ses efforts forcenés pour éviter l'exécution, s'accrochant à chaque journée de sursis, il envoya une série de dépositions au secrétaire général du Comité central du Parti communiste d'Union soviétique — Khrouchtchev —, nommant les fonctionnaires de l'O.B.K.H.S.S. de Moscou à qui il avait versé des pots-de-vin, indiquant les dates et les sommes versées. Il dénonça presque toute la direction supérieure du Département des devises étrangères, mais en réservant une malveillance toute particulière au colonel N. A. Avérine (c'est son vrai nom).

Le colonel Avérine avait joué un rôle particulier dans la vie de Rokotov. Il était responsable du Département de lutte contre la spéculation monétaire, à l'époque où Rokotov travaillait comme agent secret pour l'O.B.K.H.S.S. de Moscou. D'après les lettres que Rokotov écrivit en prison et les notes de son carnet, nous savons que le colonel Avérine rencontra plusieurs fois son agent dans des appartements « sûrs », où il confiait ses missions à Rokotov, recueillait ses délations, et, selon Rokotov, acceptait également de l'argent et de coûteux présents.

De tous les officiers de police dénoncés par Rokotov dans ses dépositions, seul le lieutenant D., son supérieur direct, fut reconnu coupable. Quant aux autres fonctionnaires du Département de lutte contre la spéculation, tout se termina bien pour eux. Le colonel Avérine et plusieurs autres officiers finirent par être démis de leurs fonctions, mais ils restèrent en liberté et conservèrent même leurs cartes de membres du Parti communiste.

A cette époque, les gens comme Rokotov étaient loin d'être

1. *Cf.* note p. 130.

rares. Grâce aux dossiers d'affaires criminelles auxquelles j'ai participé ou dont m'ont parlé mes collègues, j'ai pu de temps à autre avoir la preuve de leur double vie de criminels et d'agents secrets, qui versaient des pots-de-vin à leurs patrons de la police.

Le marché noir des devises eut beau être démantelé au début des années 60, il a resurgi dans toute sa vigueur au début des années 70, mais avec des caractéristiques nouvelles, engendrées par un phénomène nouveau de la vie soviétique : l'émigration de masse. Dans l'ensemble, les clients de ce nouveau marché noir ne sont pas des millionnaires clandestins qui achètent des devises et des pierres précieuses pour les enfouir dans des cachettes, mais des personnes qui envisagent d'émigrer en Occident ou en Israël.

Quand l'Etat soviétique autorise quelqu'un à émigrer, il ne lui permet pas de faire sortir d'U.R.S.S. des biens de valeur qu'il pourrait vendre à l'étranger. Le futur émigrant essaie donc de vendre tout ce qu'il ne pourra pas sortir du pays et de convertir ses roubles, désormais inutiles, en dollars ou en pierres précieuses qu'il pourra tenter d'emporter clandestinement.

La clientèle n'est pas le seul élément qui ait changé ; la variété des articles achetés et vendus au marché noir est elle aussi différente. Alors qu'autrefois les devises (surtout le dollar) et les pierres précieuses occupaient la place d'honneur, de nouveaux types d'articles ont aujourd'hui fait leur apparition : icônes, tableaux d'artistes célèbres, antiquités ; en d'autres termes, tout ce qui peut atteindre un bon prix dans les ventes aux enchères de Londres ou de New York.

Des hommes d'affaires, dont les transactions se chiffrent en millions, se sont déjà précipités sur ce nouveau marché noir. On ne sait pas grand-chose d'eux car ils n'agissent pas tout à fait aussi ouvertement que leurs prédécesseurs des années 60 ; en 1975 et en 1976, cependant, la justice a été saisie d'affaires où étaient impliqués des propriétaires de collections comprenant des œuvres originales de Rembrandt, de Vélasquez, de Rubens, de Manet, de Kandinsky et de Chagall, ainsi que plusieurs dizaines d'icônes russes des XIVe et XVe siècles, — le tout prêt à être embarqué à destination de l'Occident.

Le marché noir des devises des années 70 n'a pas encore été démantelé. Jusqu'à présent, il n'y a eu aucun procès qui ait pu fournir des informations sur les méthodes utilisées tant par les trafiquants que par les organes gouvernementaux chargés de les combattre. De même, aucun renseignement sérieux sur des cas de corruption n'a encore filtré. Mais cela ne tardera pas : l'abcès mûrit encore, il percera bientôt.

CHAPITRE VIII

LA CORRUPTION DANS LA VIE QUOTIDIENNE

Un jour, rendant visite pour affaires à un ami juriste, je le trouvai assis à son bureau. Devant lui, il y avait une feuille de papier couverte d'écriture.

« Regarde ça », me dit-il, « c'est ma liste de commissions de la semaine dernière ». Et il me la tendit :

1. Alimentation — Lyoudov Lazarevna
2. Teinturerie — Grande Lyouda
3. Papier hygiénique — Petite Lyouda
4. Dostoïevski — Olga Nikolaevna (bonbons)
5. Places de concert — Irina Mikhaïlovna (bonbons)
6. Fleurs — Ivan Kirillovitch (bouteille)

Pour un vieux Moscovite comme moi, cette liste n'avait rien de bien mystérieux, et je n'eus aucun mal à en saisir le sens : la colonne de gauche représentait la liste des courses à faire, et à droite figuraient les noms des personnes qui avaient aidé mon ami à venir à bout des énormes difficultés que chacune de ces courses présentait à Moscou.

« Tu sais, poursuivit-il, j'ai été littéralement horrifié en parcourant cette liste. Je suis arrivé à trouver tout ce qu'il me fallait et à faire tout ce que je voulais, mais pour chacun des points de cette liste — et je dis bien *chacun* — j'ai dû faire quelques entorses à l'honnêteté. »

Il se mit ensuite à me faire un compte rendu détaillé de sa semaine.

« J'attendais des invités. Il fallait donc que je trouve quelquechose de convenable à manger. Je me suis rendu au rayon des commandes spéciales du GOUM. (Ce magasin a un rayon de commandes spéciales qui propose une gamme de produits que l'on ne trouve généralement que dans les boutiques privées du Kremlin et dans les magasins d'alimentation *Béryozka* " bouleau ", où tout se vend contre des devises et exclusivement aux étrangers.)

« Comme tu peux t'en douter, continua mon ami, je ne me suis pas adressé à la vendeuse de service — je suis allé tout droit au bureau de la directrice. Elle m'a accueilli comme un vieil ami, m'a demandé ce qu'il me fallait, et m'a indiqué ce qui était disponible : du caviar, de l'esturgeon frais ou fumé, de l'anguille fumée, des fruits, des concombres et des tomates (et tout cela en hiver).

« Elle m'a demandé de faire un petit tour d'un quart d'heure dans le magasin, et, à mon retour, elle m'a remis un carton bien ficelé. A la caisse, j'ai payé le montant de ma commande, puis j'ai donné à l'aimable directrice 15 % de cette somme. Elle n'a sûrement pas songé un instant — et que dire de moi, un juriste ! — que nous venions de commettre un délit : j'avais offert un pot-de-vin, et cette charmante dame l'avait accepté.

« Peu importe, poursuivons. Le lendemain, c'était la teinturerie. Je n'utilise que la méthode américaine. (Certaines blanchisseries de Moscou ont installé un équipement américain. Il y a toujours de longues files de personnes qui attendent plusieurs heures avant de pouvoir donner leurs vêtements, et qui doivent encore revenir les chercher deux ou trois jours plus tard.)

« J'ai donc téléphoné à la teinturerie, poursuivit mon ami, et j'ai demandé à parler à Lyouda. " Lyodochka, ici Boris Pétrovitch. Est-ce que je peux passer maintenant ? " En arrivant, j'ai traversé la salle, bourrée de gens qui attendaient leur tour. Je me suis dirigé vers l'arrière-boutique avec une valise pleine de vêtements. Lyouda, une grande et belle jeune femme m'attendait. Elle a pris ma valise et m'a crié " Reviens dans une heure ".

« Elle ne craignait absolument pas que quelqu'un nous prenne sur le fait ; toutes ses collègues de travail ont leur clientèle privée et tous les mois, elles paient la direction pour que celle-ci ferme les yeux.

« Une heure plus tard, Lyouda m'a rendu ma valise, et j'ai réglé la facture — pas un kopeck de plus que le tarif officiel ; la seule différence, c'est que mon argent va droit dans la poche de Lyouda au lieu d'entrer dans le tiroir-caisse de l'Etat.

« Sur ma liste de la journée, il y avait encore une autre emplette : du papier hygiénique. Je suis passé dans un grand magasin d'articles en papier et évidemment, pas de papier hygiénique sur les rayons.

Cela ne m'a pas tracassé outre mesure ; je me suis rendu au comptoir et j'ai demandé à voir une vendeuse que je connais, encore une Lyouda. Contrairement à son homonyme de la teinturerie, cette Lyouda-là est toute petite, on dirait presque une gamine. Elle ne m'a même pas demandé ce que je voulais, mais m'a chuchoté à l'oreille, pour que les autres clients n'entendent pas : " Retrouve-moi dans la cour. " Je suis sorti ; Lyouda m'attendait déjà à l'entrée de service, tenant un paquet de dix rouleaux de papier hygiénique. Le prix normal de dix rouleaux est de deux roubles et quatre-vingt kopecks. J'ai donné à Lyouda un billet de cinq roubles. Elle m'a dit merci, et je lui ai dit merci. »

Mon ami et collègue poursuivit :

« Ayant satisfait mes besoins corporels, il était temps que je m'occupe un peu des spirituels : je voulais obtenir des places pour un concert d'un célèbre orchestre de chambre étranger en tournée à Moscou, et trouver un exemplaire du dernier volume de la nouvelle édition des œuvres complètes de Dostoïevski, à laquelle je n'avais pas pu souscrire.

« C'était un peu plus délicat que le papier hygiénique, mais là aussi, j'ai mes entrées. J'ai pu me procurer les billets de concert grâce à Irina Mikhaïlovna, la responsable des locations de la Société philharmonique, et le Dostoïevski par Olga Nikolaevna, une vendeuse du magasin des publications vendues par souscriptions spéciales. J'ai payé exactement le prix officiel, aussi bien pour les billets que pour le livre. Je n'ai glissé de roubles dans la main de personne, et d'ailleurs, ils n'auraient pas été acceptés. Mais plusieurs fois par an, je passe les saluer aimablement toutes les deux, et je leur apporte des cadeaux coûteux — du parfum français ou de magnifiques boîtes de chocolats introuvables dans les magasins ordinaires.

« Tu crois que c'est tout ? Non. Il me restait une autre course à faire cette semaine-là : des fleurs. Tu sais combien il est difficile — pour ainsi dire impossible — de trouver des fleurs dans les magasins de Moscou en hiver. Mais je connais un fleuriste de la Perspective Koutouzovsky — un type charmant : c'est un officier en retraite, alcoolique de surcroît. Il y a à peu près deux ans, je suis entré par hasard dans sa boutique et je lui ai demandé de m'aider à trouver un bouquet. Il l'a fait, et je lui ai offert un quart de litre de cognac. Et voilà comment les choses se passent depuis ce jour-là : il me donne des fleurs, et je lui donne sa bouteille. »

Ayant achevé le récit de ses aventures, mon ami leva les mains dans un geste d'impuissance et de perplexité, et me dit en soupirant :

« Tu dois penser que je suis une sorte de spécialiste des fournitures — et me trouver plutôt immoral, non ? »

Non. Mon ami juriste n'a rien d'un filou, et il n'est pas dénué de sens moral. C'est simplement un représentant ordinaire des milieux cultivés. Les relations qu'il a utilisées se sont établies progressivement, au fil des ans. Quelquefois, il les a recherchées volontairement, mais la plupart du temps, elles sont nées spontanément, par l'intermédiaire de clients, qui offrent volontiers leurs services à un juriste, ou par des amis — eux aussi membres respectables de la bonne société —, disposés à faire bénéficier leurs amis de leurs relations personnelles, et, le cas échéant, à profiter des leurs.

Les gens qui ne sont pas prêts à accepter la corruption et qui préfèrent lui livrer ouvertement bataille sont condamnés à l'échec.

Bien sûr, quand ils rencontrent des cas de corruption, ils peuvent porter plainte contre les personnes qui ont refusé de les servir s'ils n'exprimaient pas leur « reconnaissance ». Mais s'ils parviennent, en sacrifiant leur temps et leur énergie, à faire punir les coupables, leur seule récompense sera une satisfaction morale. Leur complet ne sera toujours pas nettoyé, le malade n'aura toujours pas de lit d'hôpital et le billet d'avion ne sera toujours pas acheté. L'Etat peut punir les coupables, mais, en dépit de toute sa puissance, l'appareil administratif de l'Etat soviétique est incapable de les faire travailler convenablement et consciencieusement. Dans la vie quotidienne, pour obtenir quelque chose, un billet de dix roubles est quelquefois plus puissant que le K.G.B. Et ce n'est pas une hyperbole, ni un effet de rhétorique : il se trouve que c'est précisément l'aventure qui m'est arrivée.

Une fois qu'un citoyen soviétique a obtenu l'autorisation d'émigrer, il doit régler quantité de formalités avant de pouvoir quitter le pays ; la majorité d'entre elles ne peuvent être accomplies que lorsqu'il a son visa de sortie en main. Pour obtenir ce visa, il faut tout d'abord qu'il rende son appartement à la Direction du logement. Mais il ne peut le faire qu'une fois que le Service des travaux de réfection a établi un devis de remise à neuf de l'appartement, et que le futur émigrant a réglé la somme estimée au Service des travaux de réfection.

Il est à peu près impossible de mener à bien tous ces préparatifs en moins de trois ou quatre semaines, et les autorités n'accordent généralement qu'un délai d'un mois aux candidats à l'émigration pour régler ces formalités. Mais nous nous trouvions, ma femme et moi, dans une situation particulière. Nous devions être expulsés immédiatement du pays, et n'avions que dix jours pour prendre toutes nos dispositions.

Le colonel Zotov était directeur adjoint du Département des visas et des permis et, à ma connaissance, le représentant du K.G.B. dans ce département. Il m'accueillit comme un vieil ami qu'il aurait perdu de vue depuis longtemps : « Konstantin Mikhaïlovitch ! Pourquoi n'êtes-vous pas venu me voir tout de suite ? Vous n'avez pas beaucoup de temps pour vos préparatifs — je comprends très bien. Voyons... Faites-moi une liste de ce que vous avez à faire, notez-moi les bureaux qui s'en occupent, et je vous promets de vous aider. Donnez-moi cette liste, et s'il y a le moindre problème, n'hésitez pas à m'appeler à n'importe quel moment ; j'arrangerai les choses. »

Et la ronde commença. Tous les services auxquels je m'adressais me répondaient la même chose : « Repassez dans deux (quelquefois trois) semaines. » Je retournais chez le colonel Zotov, qui téléphonait au service en question, et en quelques heures, comme par un coup de baguette magique, tout était arrangé.

Mais le premier point de la liste que j'avais préparée pour le colonel Zotov était le suivant : « Service des travaux de réfection : envoyer un expert de toute urgence », et cela n'alla pas sans mal. La première fois que je me rendis au Service des travaux de réfection, on m'affirma qu'il était impossible d'envoyer un expert avant deux semaines. Je téléphonai à mon colonel et, un quart d'heure plus tard, je reçus cette réponse rassurante : « L'expert sera chez vous demain ».

Le lendemain arriva, et personne ne vint. Je rappelai Zotov qui me rassura encore : « Ils seront là demain sans faute ; le patron lui-même m'a donné sa parole. »

Le jour suivant, la même scène se répéta, et la date limite se rapprochait sans cesse. Je retournai au Service des travaux de réfection, où je fis bien comprendre à la responsable que le K.G.B. avait téléphoné à son patron, qui avait promis de m'envoyer un expert. Celui-ci n'était pas passé ; j'allais donc me plaindre au K.G.B. Elle me répondit avec un calme olympien : « Ne cherchez pas à nous intimider, nous n'avons rien à craindre du K.G.B. — nous ne faisons pas de politique ici. Je vous ai dit que je vous enverrais un expert dans deux semaines ; il sera là dans deux semaines. »

Alors, j'abandonnai la partie. Je plaçai un billet de dix roubles sur son bureau et la suppliai d'une voix déchirante : « Mettez-vous à ma place, aidez-moi. Envoyez-moi les experts. Ils verront que je ne suis pas un ingrat. » L'argent disparut du bureau et j'entendis immédiatement : « Très bien ; ils seront chez vous dans la journée. »

La corruption imprègne la vie de l'*homo sovieticus,* et les situations dans lesquelles il est contraint d'y recourir sont aussi diverses que l'existence elle-même. Personne ne peut rien y faire, ni le tout-puissant appareil dirigeant ni les victimes de la corruption.

Le commerce et la corruption

Les citoyens soviétiques sont contraints de recourir presque quotidiennement aux services de magasins, de restaurants ou de cafétérias d'Etat. (Après tout, il n'existe pas dans ce pays d'autres magasins, — de magasins non gouvernementaux.) Aussi est-il impossible de ne pas être victime de la corruption, qui a envahi tout le système commercial soviétique, à tous les niveaux.

L'Union soviétique est un pays qui connaît une constante pénurie de biens de consommation. Pour le consommateur soviétique, l'achat d'un vêtement n'est pas un simple problème d'argent — son problème serait plutôt de trouver l'article qu'il cherche. Dans ces conditions, le client devient évidemment une proie de choix pour les employés des magasins, auxquels il est obligé de payer plus que le tarif officiel pour obtenir ce qu'il désire. Mais même quand le client paie le prix normal, il n'en est pas moins victime de la corruption. Dans les magasins d'alimentation, on l'escroque ; dans les restaurants et les cafétérias, on lui sert des portions plus petites que celles auxquelles il a droit, et dans les magasins d'objets manufacturés, on lui vend des articles de qualité inférieure au prix de la qualité supérieure.

Mais ne vous hâtez pas de condamner sans pitié les vendeurs et les cuisiniers qui roulent les consommateurs. Après tout, ils ne font pas que prendre à leurs clients ; ils « donnent » aussi une certaine quantité de leurs marchandises aux directeurs des magasins ou des restaurants, ou aux responsables des dépôts de gros. A leur tour, ces bénéficiaires doivent payer leur dû à leurs supérieurs directs, lesquels, eux aussi, en remettent une partie aux personnes qui occupent un échelon encore plus élevé de la hiérarchie.

Voici deux sketches rigoureusement authentiques et fondés tous les deux sur des dossiers d'affaires criminelles, qui illustrent bien le fonctionnement pratique du système commercial soviétique.

Premier sketch. L'action se déroule dans le Magasin d'alimentation n° 5 situé dans un district central de Moscou.

Dans un grand magasin d'alimentation, la journée commence de bonne heure. Bien avant l'ouverture, les articles sont montés de la réscrvc située à la cave et répartis dans les différents rayons. La sous-directrice s'occupe de l'opération ; elle distribue les pièces de viande aux bouchers et des produits tels que des biftecks et des côtelettes tout préparés, et du salami, aux vendeurs du rayon traiteur. Les vendeurs paient la sous-directrice à réception de la marchandise — ils ne paient pas le prix de détail, qui sera payé par les clients à la caisse et qui figurera dans les recettes officielles du magasin, mais ce qu'on appelle l'« extra », la somme versée aux directeurs de magasins en échange de la marchandise.

Le magasin a ouvert ses portes, et de longues queues (trait caractéristique des magasins soviétiques) se sont formées devant les comptoirs. La file est particulièrement longue au rayon de la boucherie ; car la viande est rare même à Moscou, qui jouit pourtant d'un statut d'approvisionnement privilégié. Les bouchers travaillent aussi dur qu'ils le peuvent, car, outre le coût officiel de la marchan-dise, il faut qu'ils récupèrent l'argent qu'ils ont versé aux directeurs du magasin en échange des pièces de viande, et qu'ils gagnent en plus un petit supplément pour eux.

La règle officielle veut que les bêtes de boucherie soient débitées en morceaux de trois catégories ; mais en pratique, presque tous les clients de la foule qui entoure le comptoir paient le prix d'un morceau de premier choix, quelle que soit la partie de l'animal qu'ils achètent. Ce n'est pas la seule source de revenus illégaux des bouchers. Apparemment, les poids de leurs balances n'ont rien de particulier ; mais en fait ils ont été évidés, et chaque poids d'un kilo ne pèse qu'entre huit cent soixante-dix et neuf cents grammes. On a recouvert les trous de foret et on les a peints en noir pour les rendre invisibles ; et le client n'y voit que du feu.

Les vendeurs du rayon « traiteur » doivent eux aussi récupérer l'argent qu'ils ont eu à payer aux directeurs du magasin pour leurs précieuses denrées. En fait, les articles rares comme le salami et les viandes prêtes à cuire ne sont pas exposés sur le comptoir : ils sont dissimulés sous le comptoir et ne sont vendus qu'aux habitués, qui connaissent les conditions de vente : quand ils reviennent de la caisse chercher leurs marchandises, ils tendent avec le reçu portant le prix officiel qu'ils ont versé, un supplément soigneusement plié et caché dans la facture.

La file contient également de nombreux provinciaux venus à Moscou, où les magasins offrent un très grand choix de saucisses. A ces clients-là, on vend de la saucisse de second choix au prix du premier choix. En outre, le client de province ne rechigne jamais à donner un pourboire de deux ou trois roubles si on lui permet d'acheter quatre ou cinq kilos de saucisse au lieu des deux kilos par personne autorisés par les règlements des magasins de Moscou.

Des manœuvres similaires ont lieu à tous les rayons ; et le client se fait duper partout.

La direction aussi a ses soucis, ses dépenses et, bien entendu, ses sources de revenus personnels. Il vient d'y avoir une livraison d'une usine de conditionnement de viande, dont le directeur a bien sûr déjà touché un pot-de-vin en échange de la marchandise. Mais il faut remettre quelques roubles de plus aux commis chargés de l'expédition, ainsi qu'aux manutentionnaires, embauchés irrégulièrement. La direction ne dispose pas de fonds officiels pour ce genre de dépenses, et le directeur doit donc payer les manutentionnaires de sa poche.

Pendant que le directeur s'occupe de la livraison et du déchargement des marchandises, son adjointe traite avec de bons clients, les représentants d'une grande usine située à environ six cents kilomètres de Moscou ; les articles comme la viande, les saucisses ou les œufs sont introuvables dans leurs magasins. Ils viennent donc en camion à Moscou deux fois par mois faire des provisions pour leurs employés. Ces visiteurs souhaitent acheter « en gros ». Il est bien sûr strictement interdit aux magasins d'avoir des activités de grossiste ; ces clients paient donc un supplément en échange de cette « faveur ». Une fois les comptes réglés et les clients repartis, la sous-directrice consigne dans son livre « noir » : « marchandises vendues : mille huit cents roubles. Reçu deux mille cinq cent quatre-vingts roubles ».

Les profits illégaux empochés au détriment des clients par les vendeurs sont considérables en comparaison de leurs salaires officiels. Le salaire moyen d'un vendeur d'un magasin d'alimentation de Moscou est de cent vingt à cent trente roubles par mois ; dans le magasin n° 5 les gains illégaux pouvaient atteindre cinq cents à sept cents roubles par mois pour un employé du rayon « traiteur » ou d'un autre secteur, et jusqu'à mille cinq cents ou deux mille roubles pour un boucher. Les gains illégaux des directeurs atteignaient une moyenne de quarante mille à cinquante mille roubles par mois. Mais il ne s'agit pas là d'un profit net, car le directeur et son adjointe devaient faire face à un certain nombre de dépenses, considérables au demeurant.

La sous-directrice tenait son livre « noir » avec une grande méticulosité, ce qui permit à l'instruction et au procès de révéler des détails concrets sur les revenus illégaux du magasin, comme sur ses dépenses illégales. Le premier chapitre était celui des frais généraux, sans lesquels le magasin n'aurait pas pu fonctionner normalement. Les directeurs devaient payer les manutentionnaires, ainsi que les ouvriers qualifiés embauchés irrégulièrement pour réparer les petits dégâts inévitables dans tout grand magasin. La direction avait encore d'autres pertes : le magasin employait trente-six vendeurs, et chacun d'eux emportait tous les jours de la nourriture gratuite chez lui. Le manque à gagner correspondant devait être compensé par le directeur et son adjointe. Il s'élevait à la coquette somme de quatre mille à cinq mille roubles par mois.

Mais ces frais généraux, qui faisaient somme toute partie de la gestion quotidienne du magasin, n'étaient pas la principale cause de déficit budgétaire.

J'ai indiqué au chapitre III que le Magasin d'alimentation nº 5 fournissait l'élite de district à des prix inférieurs aux tarifs officiels. J'ai également dit que la direction du magasin versait régulièrement des tributs, en espèces et en nature, à une multitude d'inspecteurs, d'experts-comptables et de fonctionnaires de police. Ces dons représentaient une dépense mensuelle de huit mille cinq cents à neuf mille roubles.

Les dépenses ne s'arrêtaient pas là. Si le magasin voulait réaliser son plan de ventes et se faire en outre quelques recettes illégales, il lui fallait des produits rares et de qualité. Pour se procurer de tels articles auprès des grossistes, des entrepôts frigorifiques et des usines de conditionnement de viande et de poisson, les directeurs du Magasin d'alimentation nº 5 devaient verser des pots-de-vin réguliers et considérables. Dans le livre de comptes de la sous-directrice, figurait une somme de neuf mille à onze mille roubles par mois, destinée aux pots-de-vin.

Enfin la sous-directrice passait tous les mois au siège de la direction municipale de la chaîne de magasins d'alimentation pour apporter une liasse de billets — dix mille à douze mille roubles — qu'elle remettait au chef de ce service ou à l'un de ses adjoints. Le dossier de l'affaire a prouvé qu'une partie de cet argent avait une destination plus élevée que la direction municipale, à savoir le Département du commerce du Comité de Moscou du Parti communiste, et le Département du commerce du Comité exécutif municipal de Moscou.

Ainsi donc, la majeure partie des revenus illégalement perçus par les responsables du Magasin d'alimentation nº 5 — trente-cinq à quarante mille roubles par mois — était affectée à des frais professionnels et à différentes sortes de pots-de-vin. Cependant, une fois ces dépenses réglées, leur profit s'élevait encore à cinq mille ou dix mille roubles.

Second sketch. L'action se déroule dans un grand magasin situé dans une des nouvelles banlieues de Moscou.

Un grand magasin est un organisme complexe et très étendu, formé de nombreux rayons qui jouissent tous d'une grande autonomie. Bien que chaque rayon ait ses caractéristiques propres, les méthodes fondamentales utilisées pour réaliser des profits illégaux sont tout à fait similaires.

Tous les matins, avant l'ouverture, on pouvait voir une foule de clients qui attendaient devant le magasin. Dès que les portes s'ouvraient, ils s'engouffraient à l'intérieur et se dispersaient dans tout le magasin. Mais il existait une catégorie de clients privilégiés, qui n'avaient pas besoin de faire les cent pas devant des portes fermées, ni de faire la queue des heures durant devant les comptoirs. Ces clients connaissaient des vendeurs ou des chefs de rayon et obtenaient ce qu'ils désiraient en payant un supplément au prix normal.

Chaque rayon menait une double vie. Parallèlement à la vente des articles exposés que les clients payaient normalement aux caisses, il se déroulait d'autres opérations auxquelles les employés prêtaient la plus grande attention, et qui leur rapportaient l'essentiel de leurs revenus : trois à quatre fois leurs salaires officiels (ou, dans le cas des chefs de rayon, cinquante à cent fois).

Voilà le scénario d'une journée de travail ordinaire de quelques rayons du magasin, telle que le dossier du procès a permis de la reconstituer. Avant l'ouverture, le chef du rayon des tissus a distribué à son personnel des étoffes rares. Pour se les procurer, le chef de rayon a déjà versé un pot-de-vin au responsable du dépôt de gros ; il remet donc le tissu aux vendeurs, à la condition qu'ils lui paient deux ou trois roubles par mètre vendu. Mais il conserve une grande quantité d'étoffe en réserve, pour ses besoins personnels.

Les employés dissimulent ces denrées rares sous les comptoirs et les vendent contre un pourboire de trois à cinq roubles le mètre à leurs habitués ou aux nombreux clients qui demandent, d'un air confidentiel, s'ils n'auraient pas tel ou tel tissu difficile à trouver, et promettent de ne pas être « ingrats ». Pendant ce temps, le chef de rayon reçoit ses acheteurs de gros habituels dans son bureau. Ce sont des détaillants professionnels (venus pour la plupart de province) qui achètent du tissu par balles entières, plusieurs centaines de mètres à la fois, et qui, bien sûr, paient eux aussi un supplément de trois à cinq roubles le mètre.

Dans l'arrière-boutique d'un autre rayon, le travail bat son plein : les vendeuses et les femmes de ménage sont fort occupées à arracher les étiquettes cousues sur des caleçons et indiquant qu'il s'agit d'articles de qualité inférieure et qu'ils coûtent tel ou tel prix. Elles les remplacent par des étiquettes portant « Première qualité » et indiquant un prix proportionnellement plus élevé. (Le chef de rayon a acheté ces étiquettes illégalement à l'usine même qui a fabriqué les caleçons.) Le consommateur paiera donc des prix de première catégorie pour des caleçons de second choix, et le chef de rayon empochera la différence, après en avoir distribué une partie aux vendeuses et aux femmes de ménage.

Au rayon du prêt-à-porter, on peut voir des rangées et des rangées de costumes tristes, mal coupés, fabriqués en Union soviétique, d'affreux manteaux d'hiver pour femmes avec de coûteux cols de vison, et d'autres articles dont personne ne veut, sinon les clients les moins exigeants, c'est-à-dire essentiellement les campagnards qui visitent Moscou. Mais bien évidemment, le rayon possède d'autres vêtements : des complets importés d'Angleterre et de Yougoslavie, d'élégants tailleurs de jersey fabriqués en France et en Angleterre, des imperméables italiens, et bien d'autres articles très demandés. Mais ces marchandises-là ne se trouvent pas à l'étage de vente ; elles sont en réserve, et la clé de celle-ci, ce sont le chef de rayon et son adjoint qui la détiennent. Le *Tout-Moscou* a entendu parler de Monya et Fima. Ce sont deux jeunes gens fort distingués, qui ne refusent jamais de vous fournir un article « de l'étranger », moyennant un supplément de dix à trente roubles. Ils ont une clientèle nombreuse et lucrative, et des relations solides avec les grossistes. Evidemment, ils ont aussi parmi leurs clients des détaillants professionnels qui achètent par lots.

La direction générale du magasin mène la même double vie ; parallèlement à son côté légal, la gestion présente certaines irrégularités. La direction est responsable de l'entretien du bâtiment et du mobilier du magasin, et de la bonne marche du commerce. Dans ce magasin, les dépenses moyennes se situaient entre cent et cent cinquante roubles par jour. Les pourboires destinés à des fonctionnaires et à des policiers représentaient également des frais importants.

Assurer l'approvisionnement régulier du magasin coûtait une somme considérable à la direction. Chaque fois que le ministère du Commerce ou celui de l'Industrie légère accordaient des ordres de livraison, un certain nombre de billets changeaient de main. L'autorisation de passer une grosse commande de marchandises rares coûtait mille à trois mille roubles. Une somme moyenne de deux cent mille roubles par an était affectée à ce type de pots-de-vin.

Il y avait enfin les pots-de-vin versés aux hauts fonctionnaires du Département du commerce du Comité exécutif municipal de Moscou et du Département du commerce du Comité de Moscou du Parti communiste. Les deux sous-directeurs et les chefs de rayon prétendirent que le directeur remettait entre vingt-cinq et trente mille roubles par mois à des cadres supérieurs du Département du commerce et du Comité du Parti de Moscou.

Il est possible que toutes les manœuvres qui se déroulaient dans ces magasins aient été le fruit de la malhonnêteté des responsables ; peut-être n'y aurait-il eu ni escroqueries ni pots-de-vin si ces postes avaient été occupés par d'honnêtes gens. Mais tous nos indices prouvent qu'un responsable qui essaie d'agir conformément à la loi, sans recourir à la corruption, sans rouler ses clients ni spéculer, finit par être mis au pas par le système et contraint d'accepter les règles du jeu, ou par s'en voir écarté. Ce fait a été vérifié expérimentalement à plusieurs reprises ; la plus pittoresque sans doute de ces expériences — à ma connaissance — fut conduite par le Comité de Moscou du P.C.U.S.

Dans les années 60, « pour assainir le réseau commercial de Moscou » (selon la formule de l'arrêté du Comité de Moscou), plusieurs dizaines d'officiers à la retraite, tous membres du Parti communiste et jouissant d'une réputation irréprochable, furent employés comme directeurs de magasins, de restaurants et de cafés. J'ai pu suivre le déroulement de cette expérience.

L'un de ces officiers était le lieutenant-colonel Boris Adamov ; on lui confia la gérance du Magasin d'alimentation n° 5, dont j'ai déjà parlé. Adamov était un officier intègre, élevé dans les principes militaires de discipline et d'obéissance. Quand il arriva à son nouveau poste, il refusa absolument d'admettre qu'une entreprise d'Etat ne pouvait fonctionner normalement qu'à l'aide de pots-de-vin et en escroquant les clients. Il commença par agir en stricte conformité avec la législation du pays : il n'accepta pas d'argent de son personnel de vente, ne vendit rien à des détaillants professionnels en gonflant les prix, et refusa catégoriquement de payer tribut aux « huiles » de la direction municipale de la chaîne responsable de son magasin, aux grossistes, et aux responsables d'entrepôts frigorifiques et d'usines de conditionnement de viande, qui fournissaient le magasin. Les résultats ne se firent pas attendre.

Ne recevant plus leurs mensualités, les fonctionnaires de la direction municipale se mirent à relever consciencieusement toutes les menues bévues commises par le nouveau responsable, que son inexpérience rendait inévitables. Une grêle de blâmes s'abattit sur Adamov, qui faillit bien être renvoyé dans des circonstances scandaleuses. En même temps, tous les fournisseurs — qui devaient eux aussi se passer de leurs enveloppes régulières — cessèrent d'approvisionner le magasin en denrées rares, et se firent même tirer l'oreille pour fournir les articles les plus courants. Le Magasin d'alimentation n° 5 ne réalisa donc pas les objectifs de son plan de ventes, et les revenus des vendeurs s'effondrèrent brutalement (même leurs salaires officiels chutèrent, car si le plan n'est pas réalisé, ils ne sont pas versés intégralement).

Adamov ne put supporter les pressions, et accepta un compromis : il resta honnête et ne toucha pas d'argent personnellement ; mais il permit à son adjointe, qui avait une longue expérience en la matière, de diriger l'affaire selon les règles tacites du commerce soviétique : de recevoir de l'argent des vendeurs, de vendre les articles à des prix gonflés, d'escroquer les clients et, bien sûr, de soudoyer les pontes de la direction municipale, et tous les fournisseurs du magasin.

Tel fut le premier résultat de l'expérience lancée par le Comité du Parti de Moscou. Pendant le procès d'Adamov, je fis la connaissance de son ami M., un colonel à la retraite qui avait été nommé responsable d'un grand magasin de tissus à peu près à la même époque qu'Adamov. Lorsqu'il prit ses fonctions, il décida de ne pas verser de pots-de-vin aux chefs du *Tekstiltorg,* dont dépendait son magasin, ni aux grossistes qui le fournissaient. Il refusa de vendre des articles à des détaillants professionnels moyennant un supplément, et se montra en outre intraitable avec son adjoint et les vendeurs qui essayaient de rouler leurs clients ; il les renvoya et dénonça leurs abus à la Procurature. Comme on le voit, contrairement à Adamov, M. était un homme inflexible, qui n'acceptait aucun compromis.

Pendant ce temps, les grossistes ne livraient plus au magasin aucun article rare ; les mois passaient et le magasin de M. n'arrivait jamais à réaliser les objectifs de son plan de ventes. Rendus amers par la réduction consécutive de leurs salaires officiels et par la perte de leurs profits illégaux, les vendeurs déclarèrent la guerre au nouveau directeur. Ils lui présentèrent un ultimatum : il quitterait le magasin « de son plein gré », faute de quoi la justice se verrait remettre les preuves truquées de sa prévarication.

M., colonel à la retraite, plusieurs fois décoré, préféra capituler plutôt que de livrer une interminable bataille dans les bureaux des agents d'instruction et dans les salles d'audience.

Voilà le second résultat de l'expérience dont j'ai eu vent. Et ces résultats n'avaient absolument rien d'exceptionnel ; d'après ce qu'Adamov et M. me dirent, toutes les aventures des officiers à la retraite envoyés dans le monde du commerce par le Comité du Parti de Moscou suivirent l'un de ces deux modèles : la subordination aux règles de corruption qui régissent le système commercial soviétique, ou l'expulsion de ce système.

Ce qui se passait au Magasin d'alimentation n° 5 ou dans le grand magasin dont j'ai parlé n'avait rien d'étonnant ni d'extraordinaire. On peut observer des pratiques identiques dans tous les magasins du pays ; et partout, le mécanisme des opérations illicites suit le schéma que j'ai esquissé. Les détails peuvent varier bien sûr, dans certaines limites, en fonction des circonstances, mais dans l'ensemble, la méthode est typique et universelle.

Si elle est universelle, c'est qu'elle reflète les lois qui régissent le fonctionnement du régime soviétique lui-même, et en particulier le caractère inéluctable de la corruption de ce régime. A la base de l'incapacité du système commercial soviétique à fonctionner sans corruption, on trouve deux facteurs que nous avons déjà rencontrés. Le premier (qui, dans une certaine mesure, sous-tend tout le phénomène) est la nécessité de soudoyer l'appareil dirigeant du Parti et de l'Etat, corrompu à tous les niveaux. Le second (qui crée un environnement favorable à la fraude) est la constante pénurie de biens de consommation dont souffre l'Union soviétique.

Gratuité des soins médicaux et corruption

L'existence de l'homme commençant à sa naissance, c'est à cet instant précis que la corruption entre dans sa vie.

Bien sûr, une femme sur le point d'accoucher n'aura pas besoin de verser de pot-de-vin pour être admise à la maternité de son quartier ; mais si elle souhaite donner naissance à son enfant dans un hôpital réputé pour la qualité de ses soins et pour la compétence de son personnel, ou si elle désire que des sages-femmes ou des anesthésistes particuliers s'occupent de l'accouchement, le pot-de-vin sera obligatoire. Depuis près d'un quart de siècle, la corruption est devenue un phénomène de masse à tous les niveaux du système médical nationalisé, lequel intéresse la vie quotidienne de tous les citoyens soviétiques.

Le 8 janvier 1980, la *Pravda* publiait la lettre d'une jeune femme dont voici un extrait : « Mon mari et moi-même sommes médecins, et nous gagnons à nous deux deux cent vingt roubles par mois. Nous avons un fils, qui ne gagne rien : il a quatre ans. Deux cent vingt roubles pour trois, c'est un peu juste... »

Cette lectrice donnait une description de son budget familial :

soixante roubles de loyer par mois, quarante roubles de garderie, faute de quoi l'auteur de la lettre n'aurait pu sortir pour gagner ses cent dix roubles par mois ; cela laissait cent vingt roubles (ou plutôt quatre-vingt-dix-huit, après les impôts) pour tout le reste : nourriture, vêtements, transports, livres, loisirs. (Une famille de trois personnes doit compter au minimum cent cinquante roubles par mois pour la nourriture — et encore, en mangeant très frugalement.)

Plus loin, l'auteur de la lettre avouait avec une franchise provocante que son mari et elle-même avaient « commencé à accepter des pots-de-vin » ; malheureusement, ils n'étaient ni chirurgiens ni gynécologues, spécialistes qui touchent des sommes considérables de leurs patients. Comme ils n'étaient que généralistes, on leur offrait « des bonbons, du parfum, du caviar, des saucisses, de la viande, ou n'importe quoi d'autre ». Mais la correspondante anonyme de la *Pravda* ne perdait pas courage : elle affirmait avoir calculé avec son mari qu'en acceptant des pots-de-vin, ils pourraient économiser trente mille roubles et s'acheter une maison dans cinq ans.

Cette lettre est frappante par sa totale franchise et par son analyse des tristes circonstances qui engendrent la corruption des services médicaux.

Les citoyens soviétiques ont accès absolument gratuitement à tous les services médicaux ; tout leur est fourni gratuitement : l'hospitalisation (y compris les soins généraux, les opérations, les traitements, les médicaments, les examens et la nourriture), les consultations dans des cliniques locales, et les visites à domicile. La majorité des services médicaux gratuits sont fournis par un réseau de polycliniques de district, disséminées dans tout le pays. Tous les habitants de tous les districts peuvent se rendre à la polyclinique locale pour s'y faire examiner par un médecin ; si leur état de santé les en empêche, ils peuvent également demander une visite à domicile.

Ce réseau de polycliniques est le chaînon le plus faible du système médical. Cette faiblesse tient à son personnel et à la quantité de travail que celui-ci peut raisonnablement abattre. Le nombre de patients que chaque médecin doit examiner dans la journée est tel qu'il ne peut consacrer que sept à dix minutes à chaque malade ; de plus, les consultants doivent souvent attendre une heure, voire davantage, avant d'être examinés. La situation est à peu près la même pour les visites à domicile. Le médecin ne peut guère consacrer plus d'un quart d'heure à chaque visite — ce qui lui laisse difficilement le temps d'enlever son manteau, de se laver les mains, de demander au malade comment il va, de l'examiner, de lui donner les instructions nécessaires, de rédiger l'ordonnance et de prendre les notes dont il a besoin.

La corruption ne permet certainement pas aux patients de corriger toutes ces imperfections. Mais avec de l'argent ou des cadeaux, les soins seront peut-être plus attentifs, et le médecin consacrera plus de temps à un malade qu'à un autre. La plupart des gens — même les plus pauvres — essaient de recourir à ce moyen dès qu'ils ont affaire aux médecins de la polyclinique locale, et le désir général d'être bien soigné a fait de ce type de corruption une véritable habitude nationale.

Dans ce genre de situations, il est relativement rare que l'on offre de l'argent aux médecins : on exprime généralement sa reconnaissance par des petits cadeaux ou des services.

Cette forme de paiement est particulièrement répandue. Dans un pays où, répétons-le, règne une pénurie constante de nourriture, de vêtements décents et de services de qualité, la possibilité d'obtenir tout cela sans avoir à payer les prix du marché noir est fort appréciée.

Il existe une autre méthode pour pallier les inconvénients de la médecine gratuite : c'est de ne pas y recourir du tout. Mais nous savons que l'ensemble du système médical soviétique est nationalisé. Dans ces conditions, comment s'y soustraire ? Et à qui s'adresser ?

Pendant l'été 1976, ma femme se trouvait à Brest en Biélorussie, pour y plaider. Un matin, en se rendant au tribunal, elle tomba et se fit une mauvaise fracture de la clavicule. Elle fut emmenée, à demi inconsciente, au service de traumatologie de la polyclinique la plus proche. Quand elle arriva dans la salle de radiographie, le chirurgien, la radiologue et les infirmières (il n'y avait que des femmes) étaient fort occupées à discuter des mérites d'un gilet tricoté qu'une malade avait apporté pour le vendre à l'une d'elles. Elles ne prêtèrent pas la moindre attention à ma femme. Près de dix minutes plus tard, quand elles eurent épuisé leur sujet de conversation, la radiologue, sans même lui demander comment elle allait, finit par lui dire de grimper sur la haute table de radio. Puis le chirurgien lui mit le bras et l'épaule dans un plâtre lourd comme une armure médiévale. (A Moscou, en retirant le plâtre — avec la peau de l'épaule — notre médecin hocha la tête et lui dit : « Encore une semaine dans ce plâtre et vous n'auriez plus jamais bougé le bras »).

Dès que ma femme fut de retour chez nous, nous appelâmes le médecin de la polyclinique locale. Elle ne jeta pas un regard au bras, qui était toujours emprisonné dans son armure de plâtre, et ne demanda pas non plus à ma femme comment elle allait. La seule chose qui l'intéressait, c'était de savoir quand et dans quelles circonstances elle s'était blessée (fait qui déterminait le montant de l'indemnité qui lui serait versée). Quand ma femme eut répondu à toutes ses questions à sa grande satisfaction, le médecin rédigea un certificat médical lui accordant trois jours d'arrêt de travail, et lui dit de faire prolonger cette autorisation une fois les trois jours écoulés.

Nous comprîmes immédiatement que les soins médicaux gratuits n'allaient pas nous mener bien loin ; le jour même, nous nous arrangeâmes, par l'intermédiaire d'amis qui y avaient leurs entrées, pour que ma femme fût soignée dans l'un des meilleurs hôpitaux de la ville disposant de bons chirurgiens, de kinésithérapeutes, de spécialistes de rééducation motrice et de masseuses, tous compétents dans leur domaine, tous sérieux et prévenants. Ils sauvèrent le bras de ma femme, et nous ne les oublierons jamais. Le coût total de leurs soins, tant en argent qu'en cadeaux, ne dépassa probablement pas deux cents roubles.

Pendant ce temps, que firent pour nous les services médicaux gratuits ? Le traitement dura plus de trois mois, et toutes les semaines, je passais chez le médecin de la polyclinique qui était venu chez nous au départ ; et toutes les semaines, elle prolongeait le certificat médical de ma femme. Tout au long de ces mois, elle ne me demanda pas une fois comment allait la blessée, ni si le plâtre avait été retiré.

Ainsi, la seule méthode pour éviter les soins médicaux gratuits est de s'adresser aux mêmes institutions gratuites, gérées par l'Etat. Mais au lieu de s'y faire soigner comme les patients ordinaires, qui ne paient pas, il faut s'adresser à un médecin particulier, à titre privé en quelque sorte, après accord préalable et moyennant finance.

En Union soviétique, le nombre d'hôpitaux est de toute évidence insuffisant pour faire face aux besoins de la population. Aucun pot-de-vin ne pourra augmenter le nombre de lits, mais les personnes susceptibles de payer pourront obtenir une redistribution de ces lits en leur faveur. Inversement, celles qui ne veulent ou ne peuvent pas verser de pots-de-vin seront désavantagées.

Il y a là une grande injustice et une grande immoralité. En effet, bien que le malade qui verse un pot-de-vin pour être admis à l'hôpital soit vraiment souffrant, il n'en occupe pas moins le lit de quelqu'un qui non seulement est malade, mais qui a aussi plus de droits que lui sur ce lit, car il a patiemment attendu son tour pendant plusieurs semaines.

Les pots-de-vin peuvent prendre diverses formes, suivant l'endroit où l'on vit. Dans un modeste hôpital de campagne, où l'on observe encore les coutumes patriarcales en matière de corruption, un malade qui doit être hospitalisé ira simplement chez le médecin sans aucun arrangement préalable et lui apportera une modeste offrande, généralement quelques légumes de son jardin.

Dans les hôpitaux de district, la corruption prend une forme plus « civilisée ». Ici, le pot-de-vin se paie en espèces — même s'il ne s'agit pas de grosses sommes — plutôt qu'en nature. Dans les provinces russes, en Ukraine et en Biélorussie, les pots-de-vin ne sont pas très importants : on se contente généralement de vingt-cinq à cinquante roubles.

Moscou, Leningrad, Kiev et d'autres grandes villes ont des hôpitaux célèbres et des cliniques spécialisées où tous les malades du pays cherchent à se faire soigner. Ici, les portes s'ouvrent par l'entremise d'amis ou de pots-de-vin. On soudoie la personne qui a pouvoir d'autoriser l'admission d'un patient : le patron du service, son adjoint, un chef de clinique, ou encore le médecin de garde à la salle des admissions. L'importance du pot-de-vin sera proportionnelle au prestige de l'hôpital ou de la clinique, et à la situation officielle du concussionnaire.

Il est terriblement difficile d'être admis normalement à la clinique Herzen de Moscou ; même le versement de sommes considérables ne suffit pas à arranger les choses. Il y a plusieurs années, un médecin de base de cette clinique fut déféré devant le tribunal populaire du district de Leningradsky. Voici ce que son procès révéla : si le médecin de service à la salle des admissions établissait que l'état de santé d'un patient réclamait des soins médicaux urgents, il avait la possibilité de l'envoyer immédiatement dans un des lits de réserve, qui pouvaient être installés dans les couloirs de l'hôpital ou glissés dans des chambres déjà surpeuplées, en cas de nécessité. C'était en usant de ce droit que le prévenu avait l'habitude d'hospitaliser ses « clients » les jours où il était de garde aux admissions, moyennant des pots-de-vin qui atteignaient cent à deux cents roubles. Pour être admis dans une clinique spécialisée de première classe, il faut généralement compter entre trois cents et cinq cents roubles.

Mais, une fois admis à l'hôpital, le patient doit encore recourir à la corruption.

Le jour où nous avons su de façon certaine qu'un de mes proches parents était atteint d'un cancer, nous avons cherché à entrer en contact avec un chirurgien compétent qui accepterait de se charger de l'opération. Notre parent, qui était professeur et docteur ès sciences, appartenait à la catégorie privilégiée de la population qui n'est pas soignée dans les cliniques locales comme les citoyens soviétiques ordinaires, mais dans des cliniques et des hôpitaux spéciaux de l'Académie des Sciences d'U.R.S.S. Néanmoins, il aurait dû être opéré par le chirurgien de service, dont nous ignorions les compétences. Nous avons donc essayé de le faire opérer par un chirurgien particulier, réputé pour son habileté. Nous avons trouvé ce chirurgien, nous nous sommes entendus avec lui et l'opération fut un succès. Il va sans dire qu'au cours des pourparlers qui précédèrent l'opération, nous avions versé au médecin le prix convenu.

Il n'y a guère plus de vingt ans, les opérations payantes étaient rares en Union soviétique. Aujourd'hui, il y a tout lieu d'affirmer qu'elles sont devenues un phénomène très courant, qui a même commencé à toucher les membres de l'élite chirurgicale — les professeurs et les académiciens les plus célèbres. Les tarifs peuvent varier de cent (voire cinquante) roubles à mille ou mille deux cents roubles, suivant le lieu (hôpital de province ou clinique de capitale), la réputation et le rang du chirurgien (un médecin de province jouissant d'une bonne réputation ou un membre de l'Académie des Sciences médicales).

Bien que les choses ne soient pas aussi claires que dans les relations entre patient et chirurgien, la corruption joue aussi un rôle dans les rapports d'un malade avec les autres praticiens. La façon la plus courante de remercier un médecin est de lui faire un cadeau relativement coûteux, des produits de beauté ou des parfums français, du cognac français, un service de table ou une caméra. Il arrive plus rarement, mais assez fréquemment cependant, que les patients versent au médecin une somme d'argent fixée à l'avance pour l'ensemble d'un traitement hospitalier. Je sais de source sûre que ce type de corruption ne cesse de se développer chaque année. On m'a également affirmé que de plus en plus de médecins hospitaliers font payer les médicaments à leurs malades.

Un grand nombre de médicaments — notamment importés — ne sont fournis aux hôpitaux soviétiques qu'en quantités insuffisantes par rapport à leurs besoins. Il est très fréquent que lorsqu'un médecin prescrit un médicament rare à un malade, celui-ci doive le payer. Ces transactions ne se font jamais de façon franche, directe : ce serait trop risqué pour les médecins. Ils préfèrent avertir leurs malades que le médicament nécessaire n'est pas disponible à l'hôpital, mais qu'ils peuvent se le procurer ailleurs, à titre personnel. (Dans les années 60, la Cour suprême de Riga, en Lettonie, a jugé un groupe de médecins accusés de telles manœuvres.)

Une de mes proches amies, médecin à l'hôpital Botkine, se plaignait fréquemment de la corruption croissante de ses collègues de travail. Elle parlait avec indignation et dégoût de ses confrères, qui extorquaient de l'argent ou des présents coûteux à leurs malades ou à la famille de ceux-ci, et qui ne traitaient sérieusement et consciencieusement que les malades « reconnaissants ».

Mon amie était une spécialiste dans son domaine ; c'était une femme d'une honnêteté irréprochable, qui n'acceptait jamais rien de ses malades, sinon des fleurs ou des bonbons. Je lui demandai un jour pourquoi elle ne dénonçait pas ses confrères malhonnêtes ; la réponse qu'elle me fit résume parfaitement les facteurs sociaux et psychologiques qui entravent la lutte contre la corruption du milieu médical : « Oh ! tu sais, ce n'est pas mon genre, d'envoyer des dénonciations. D'ailleurs, si je surmontais cette aversion, on me mènerait une vie impossible. Même si je changeais d'hôpital, tout le monde saurait que je suis une moucharde et que je n'ai pas respecté la déontologie médicale. »

Malgré l'extension considérable de la corruption dans la médecine soviétique, très peu de médecins ont été traduits en justice pour s'être fait payer par leurs malades en échange d'une hospitalisation ou d'un traitement. Dans une certaine mesure, le faible nombre de procès tient au fait que, selon la loi soviétique, la corruption n'est un délit juridiquement condamnable que si l'argent est versé à un « personnage officiel », ce qui ne s'applique pas aux médecins ordinaires. Ainsi, lorsqu'un médecin ordinaire reçoit de l'argent d'un patient qu'il est en train de soigner, il n'est pas traduit en justice. Mais la principale raison n'est pas là.

A de rares exceptions près, tous les médecins soviétiques acceptent de l'argent, des cadeaux ou un service quelconque de leurs patients. Il leur est pour ainsi dire impossible de garder secrètes leurs exactions. Du reste, ils n'en voient pas la nécessité ; en effet, ils ne voient là rien d'immoral, rien qui puisse porter atteinte à leur renom ou à leurs compétences professionnelles. C'est ainsi qu'est née une « déontologie médicale » qui rend tout à fait improbable qu'un membre de la profession dénonce des cas de corruption [1].

---

1. La qualité des soins médicaux paraît s'en ressentir puisqu'on assiste depuis plus de dix ans à une régression dans certains domaines aussi décisifs que la mortalité infantile. « Vers 1970, l'Union soviétique semblait sur le point de rattraper, par ses performances médicales et sanitaires, l'Europe occidentale. Depuis 1971, l'évolution à la baisse du taux de mortalité infantile s'est inversée pour amorcer une hausse continue. Entre 1965 et 1971, la fréquence des décès d'enfants de moins d'un an, pour mille naissances vivantes, passe de 27,6 à 22,6. Entre 1971 et 1974, le taux remonte, beaucoup plus vite, de 22,6 % à 27,7. En France, au contraire, le taux de mortalité

Gratuité de l'instruction publique et corruption

Comme les soins médicaux, l'enseignement est gratuit en Union soviétique. L'Etat se charge de l'ensemble de l'instruction, de l'école maternelle jusqu'à la fin des études supérieures ; de plus, la plupart des élèves des écoles secondaires complémentaires[1] et spécialisées[2] touchent une modeste bourse d'études.

La corruption fait une entrée précoce dans la vie du citoyen soviétique, dès sa naissance parfois, en tout cas avant même qu'il ne soit en âge de s'en rendre compte. Des amis avaient une petite fille de cinq ans qui fréquentait l'école maternelle et qui avait apparemment parfaitement compris la situation : elle raconta à ses parents que la mère d'une fillette avait offert à Antonina Ivanovna du tissu pour se faire une veste pour la Journée internationale de la Femme ; depuis, Antonina Ivanovna chouchoutait cette petite fille et lui avait donné le rôle principal pour la fête du 1er Mai. Antonina Ivanovna avait déjà averti toutes les mamans que son anniversaire était au mois de mai ; chacune devait donc donner cinq roubles pour lui acheter un cadeau. Alors, ce serait tout bonnement formidable : tous les enfants de l'école seraient les chouchous d'Antonina Ivanovna.

L'aventure de mon « informatrice » de cinq ans est parfaitement caractéristique. Dans la *Pravda* du 1er janvier 1980, un journaliste tirait les conclusions d'un certain nombre de lettres adressées à la rédaction et affirmait qu' « offrir des cadeaux est devenu une sorte d'épidémie ». Si l'on en croit les renseignements de ce journaliste, la liste des dons les plus courants comprenait des métrages de tissu, des services de table, des chaussures à la mode et des voilages. L'auteur poursuivait en indiquant que même dans les écoles maternelles, les cadeaux spontanés avaient tendance à se transformer en cadeaux

---

infantile chute régulièrement : de 20,7 en 1967 à 10,6 en 1978. Dès 1974, les services officiels de l'U.R.S.S. *cessent de publier* cet indicateur simple, banal, instructif, avouant ainsi naïvement leur préoccupation, révélant du même coup la poursuite du processus de détérioration sanitaire, mais nous empêchant d'en évaluer l'ampleur. » Emmanuel Todd, « L'U.R.S.S. en Afghanistan : la chute finale ? », *Politique Internationale*, n° 8, été 1980. Voir aussi *Rising Infant Mortality in U.S.S.R. in the 1970's,* par Christopher Davies et Murray Feshbach, United States Bureau of the Census, Series p. 95, n° 74, september 1980. (N.d.E.)

1. Ces écoles correspondent à peu près aux lycées français (classes de seconde, première et terminale). (N.d.T.)

2. Appelées *technicums,* ces écoles forment en deux ans ou en trois ans et demi des cadres moyens : infirmières, instituteurs, techniciens. (N.d.T.)

obligatoires : « Lorsqu'elles se présentent aux parents des enfants, les directrices et les institutrices n'hésitent pas à leur donner sans détour leur date d'anniversaire. Les parents notent consciencieusement ces dates dans leurs agendas pour ne pas oublier d'apporter des cadeaux le jour dit ».

Quelle image limpide de cette corruption envahissante, généralisée, mais en quelque sorte ordinaire ! — car on ne peut pas vraiment taxer de concussion ce qui se passe dans les écoles maternelles. Ce sont des petits cadeaux, des attentions délicates destinées, de façon générale, à gagner la faveur de la maîtresse, à être sûr que l'enfant sera bien suivi. La vraie corruption apparaît dans la vie de l'enfant lorsqu'il entre à la grande école. C'est là, dans les écoles primaires et secondaires, que la ligne de démarcation entre les petits cadeaux et la corruption s'estompe progressivement.

Selon une tradition qui s'est développée au cours des dernières décennies, les parents des élèves d'une classe se cotisent pour offrir un cadeau à l'instituteur — et généralement un cadeau coûteux. Est-ce un pot-de-vin ? Pas encore. Mais qu'arrive-t-il à un élève dont les parents refusent de participer au cadeau collectif pour des raisons de principe ou parce qu'ils n'ont pas envie de gaspiller leur argent ?

J'ai entendu parler de plusieurs cas où ces élèves ont été littéralement mis au ban de la classe, impitoyablement persécutés par leurs instituteurs, qui leur donnaient de mauvaises notes injustifiées, leur reprochaient la moindre vétille et les tournaient en ridicule devant leurs camarades. Généralement, les parents ont fini par capituler, et sont revenus en rampant apporter un cadeau au maître ; quelquefois, ils ont changé leur enfant d'école et là, ayant compris la leçon, ils ont scrupuleusement observé la tradition du présent.

Mais les écoles soviétiques connaissent un autre type de corruption, qui se rapproche davantage de la vraie concussion : les bonnes notes se paient. Ce type de corruption ne cesse de gagner du terrain en Russie et dans d'autres Républiques soviétiques. A l'heure actuelle, de nombreux professeurs ne se contentent plus d'accepter ces pots-de-vin : ils les exigent. Je tiens ce renseignement de nombreux informateurs qui connaissaient les faits de première main ou qui disposaient de sources d'information sûres. Certains détails ont également été révélés par des articles portant sur ce sujet, qui paraissent de temps en temps dans la presse soviétique. Un de ces articles a été publié le 24 mars 1976 dans la *Literatournaïa Gazeta* ; il indiquait qu'un professeur avait demandé un vase de cristal aux parents d'une élève en échange d'une bonne note au baccalauréat. En échange du même service, un autre professeur avait demandé un parapluie importé.

Au fur et à mesure qu'ils gravissent les échelons du système éducatif, les garçons et les filles se préparent à entrer dans l'enseignement supérieur. Ils sont alors prêts psychologiquement, et ne s'étonnent pas de retrouver la corruption à cette étape de leurs études.

Le banc des accusés du tribunal municipal de Moscou était occupé ce jour-là par neuf prévenus, tous employés de l'un des instituts de Moscou les plus cotés. Assis à ce banc, on pouvait voir le vice-doyen de l'Institut, le professeur B., le maître-assistant L., et plusieurs autres enseignants. Tous étaient accusés d'avoir touché des pots-de-vin des parents d'un certain nombre de candidats. En échange, ils garantissaient leur admission à l'Institut, en leur décernant de bonnes notes au concours d'entrée [1].

Le procès permit de faire toute la lumière sur le *modus operandi* de cette organisation illégale. Dans ce groupe, le rôle principal était tenu par la secrétaire du Comité de sélection, le maître-assistant L. Cette jeune femme savait avec quels étudiants un accord avait été conclu. Elle indiquait aux professeurs qui faisaient partie de ce groupe illégal à qui il convenait de donner une note assurant l'admission. Si la liste des candidats à favoriser était trop longue et impossible à mémoriser, on marquait leurs noms d'un signe discret — un point d'une couleur convenue à l'avance, par exemple. L. était chargée de dresser la liste des candidats admis à l'Institut à l'issue des épreuves. Elle y faisait évidemment figurer les étudiants dont les parents avaient versé de l'argent. Puis cette liste était transmise pour approbation à un autre membre du groupe, le vice-doyen, qui devait la ratifier.

Chaque nouvelle promotion leur rapportait entre cinquante et soixante mille roubles. Les tarifs variaient de trois mille à cinq mille roubles, mais chaque concours leur apportait dix ou quinze clients. Au sein de cette organisation, la part du lion revenait au vice-doyen et à la secrétaire du Comité de sélection. Les professeurs qui faisaient passer l'examen touchaient cinquante à cent roubles pour chaque candidat illégalement reçu.

Cette association fonctionna impunément pendant sept ans. A plusieurs reprises pourtant, des lettres de dénonciation arrivèrent jusqu'au bureau du président. Mais le vice-doyen de l'Institut, le

---

1. En Union soviétique, l'admission dans les établissements d'enseignement supérieur se fait sur concours ; tous les candidats passent des épreuves écrites et orales, notées de 1 à 5. Sont admis les étudiants qui obtiennent le total de points le plus élevé aux différentes épreuves. (N.d.A.)

professeur B. et le maître-assistant de la chaire de marxisme-léninisme, L., jouissaient du soutien inconditionnel du doyen et du bureau du Parti. En outre, ils étaient tous deux membres honoraires du Comité régional du Parti communiste, dont le Premier secrétaire les soutenait sans défaillance, même dans les situations les plus scabreuses.

Mais si la corruption était si florissante dans cet institut, c'était grâce à un facteur supplémentaire, qui existe dans toutes les universités, tous les instituts et toutes les écoles techniques du pays. L'appareil dirigeant du Parti et de l'Etat mène en effet résolument et ouvertement une politique de favoritisme au profit des candidats appartenant aux milieux socialement privilégiés, et de discrimination à l'encontre des Juifs.

Les dépositions d'enseignants et d'administrateurs scolaires comparaissant comme prévenus et comme témoins, ainsi que des entretiens privés avec des personnes qui ont exercé les fonctions de secrétaires généraux des Comités de sélection, et avec des professeurs qui ont fait passer plusieurs concours d'entrée, m'autorisent à affirmer que les universités, les instituts et les écoles techniques d'Union soviétique pratiquent un favoritisme très étendu et systématique. Les enfants des membres de l'appareil dirigeant et ceux dont l'appareil soutient la candidature sont admis, quels que soient leurs résultats aux épreuves.

La discrimination ethnique est le lot des Juifs soviétiques. Un certain nombre d'établissements ne les admettent pas du tout : les institutions qui forment la future élite dirigeante du pays (les écoles du Parti, l'Académie des Sciences sociales, l'Institut des Relations internationales), ainsi que certains instituts et départements universitaires qui forment des savants atomistes et des spécialistes en électronique. D'autres établissements n'acceptent les Juifs qu'en fonction d'un rigoureux système de quota, semblable à celui qu'a connu la Russie tsariste. (Cette catégorie comprend toutes les facultés de lettres des grandes universités, les facultés de médecine, les instituts de langues étrangères, et quelques autres établissements.)

A l'époque du procès auquel j'ai fait allusion, tous les professeurs interrogés, tant comme prévenus que comme témoins, avouèrent franchement que les autorités supérieures de l'Institut leur transmettaient les noms des candidats auxquels des personnalités influentes s'intéressaient ; ils recevaient l'ordre d'attribuer à ces candidats des numéros d'admission, sans tenir compte de leur compétence.

Certains professeurs évoquèrent avec un peu plus de réticence la discrimination qui s'exerçait contre les Juifs. Répondant à la question des avocats de la défense, les témoins et quelques prévenus affirmè-rent à la Cour qu'on ne leur signalait pas spécifiquement les candidats juifs. Habituellement, un type et un nom juifs parlent d'eux-mêmes ; il est donc inutile de les désigner nommément aux examinateurs. Il existe simplement une consigne : celle de donner aux candidats juifs les notes qui conviennent — des notes qui assurent qu'aucun d'eux, ou presque, n'obtiendra le nombre de points nécessaire pour être admis.

La plupart des témoins et des prévenus parlèrent des méthodes de discrimination antisémite comme de quelque chose de pénible, mais de nécessaire ; certains même avec honte et amertume. L'un des témoins, une femme qui n'avait pas été mêlée à cette affaire de corruption, affirma à la Cour que sa conscience l'avait harcelée chaque fois qu'elle avait recalé des Juifs qui avaient bien répondu au concours d'entrée.

Le président l'interrogea alors, avec un étonnement feint : « Si votre conscience vous tracassait, pourquoi avoir exécuté ces ordres illégaux ? »

Le témoin, une femme mûre qui avait quarante années d'ensei-gnement derrière elle, lui répondit amèrement : « Pourquoi faites-vous l'hypocrite ? Vous savez très bien que si j'avais refusé d'exécuter ces ordres que vous appelez illégaux, j'aurais été mise à la retraite l'année suivante. Et ma pension n'est que de soixante-douze roubles. Vous pensez qu'on peut vivre avec ça ? »

Le lecteur se demandera peut-être s'il est vraiment possible que tous les enseignants soviétiques soient prêts à obéir aux directives de l'administration et à recevoir des benêts, des ignorants, sous prétexte qu'ils sont pistonnés, et à refuser l'admission à un candidat doué, bien préparé, pour la seule raison qu'il est juif. En fait, il n'existe pas beaucoup d'enseignants qui soient prêts à le faire, mais un processus de sélection naturelle fait que ce sont précisément ceux-là qui siègent dans les commissions d'admission. Un professeur qui ne suit pas les consignes de l'administration au cours d'un examen d'entrée peut être sûr qu'il ne sera plus jamais appelé à siéger à la commission. Aussi voit-on se former relativement rapidement un groupe stable de professeurs qui ne reculeront devant aucune compromission, aucune illégalité. Bien que globalement le pays n'en compte pas énormément, c'est une pénurie qu'il ignore.

Aussi la sélection des candidats en fonction des caprices de l'administration est-elle de règle dans ces examens — avec du favoritisme d'une part et de l'antisémitisme de l'autre — créant ainsi un climat favorable à la corruption. Le versement de pots-de-vin devient donc, sinon une affaire de routine, du moins quelque chose d'assez ordinaire, et n'a certainement rien d'exceptionnel dans des centaines de collèges techniques, d'instituts et d'universités.

A Moscou, Leningrad et dans les grandes villes de Russie, en Ukraine et en Biélorussie, le montant des pots-de-vin varie en moyenne entre trois mille et cinq mille roubles ; j'ai cependant reçu au courant de l'automne 1979 des informations en provenance de Moscou indiquant que ces tarifs étaient en augmentation et que dans certaines facultés de l'université de Moscou, ils avaient pu atteindre six mille roubles.

Dans les Républiques de Transcaucasie et d'Asie centrale, les pots-de-vin sont bien plus importants. En Géorgie, l'admission à la faculté de médecine coûte quinze mille roubles, à l'Institut polytechnique et à l'Institut de formation des maîtres dix mille, selon mes données personnelles. En Azerbaïdjan, selon les informations de I. Zemtsov[1], qui recoupent dans l'ensemble celles que j'ai pu recueillir à Bakou, l'admission à la faculté de médecine coûte trente mille roubles, à l'Institut d'économie trente-cinq mille, à l'université de Bakou entre vingt et vingt-cinq mille, et à l'Institut de langues étrangères dix mille roubles.

La société soviétique est si profondément touchée par la corruption qui règne au moment des admissions dans les établissements d'enseignement supérieur, que tout citoyen moyen, ayant des enfants en âge d'entreprendre des études supérieures, est fermement convaincu que l'on peut entrer où l'on veut moyennant finance, et que tout le monde accepte des pots-de-vin. Il n'est pas seulement difficile, mais souvent même impossible de convaincre ces personnes que tout le personnel de toutes les écoles ne se laisse pas soudoyer.

Un jeune maître-assistant, qui avait été plusieurs fois secrétaire général du comité de sélection d'une faculté de l'université de Moscou, m'a raconté que tous les ans, à l'époque du concours d'entrée, il devait subir les assauts de parents de candidats, qui insistaient pour lui faire accepter des pots-de-vin. Ils le suivaient, et l'abordaient dans la rue, le talonnaient jusque chez lui, bien qu'il habitât en banlieue et fît le voyage en train. Le matin, quand il sortait de chez lui, il y avait toujours quelques silhouettes silencieuses qui l'attendaient à proximité. On l'accompagnait à la gare, lui promettant des milliers de roubles et en essayant de lui glisser dans la main et dans les poches des liasses de billets pour l'appâter.

Mon informateur était un homme discret et timide qui repoussait

---

1. I. Zemtsov, *La Corruption en Union soviétique*, Paris, Hachette, 1976, précédé d' « Eloge de la corruption » par Alain Besançon.

gentiment mais fermement toutes ces sollicitations. Ces scènes pouvaient se reproduire plusieurs fois ; les parents refusaient cependant obstinément de croire que le secrétaire général d'un comité de sélection pouvait être inaccessible à la corruption. Mais mon informateur était quelqu'un d'intègre, qui n'acceptait pas de pots-de-vin et n'entretenait aucun rapport avec le groupe criminel qui existait dans sa faculté et dont sa situation ne lui permettait pas d'ignorer les agissements.

Comme l'opinion commune veut, je l'ai dit, que la corruption soit un moyen efficace de se faire admettre dans une école, cette conviction a créé dans le pays un climat psychologique qui permet de trouver sans peine des clients prêts à acheter leur entrée dans un institut ou une université. Habituellement, les clients, c'est-à-dire les parents du candidat, utilisent leurs relations personnelles pour chercher à se mettre en contact avec des médiateurs susceptibles de transmettre leur offrande.

Les dossiers de procès montrent qu'au fur et à mesure que la corruption se propage dans le personnel d'un établissement, on voit apparaître avec une fréquence croissante un personnage spécialisé dans le repérage des clients potentiels : l'intermédiaire professionnel. Ce phénomène est devenu si courant, qu'il a engendré un nouveau type d'escrocs : le faux intermédiaire. Dans les années 70, on jugea à Moscou plusieurs affaires, où étaient impliqués des escrocs qui se faisaient passer pour des intermédiaires et soutiraient de l'argent à leurs victimes. Je connais particulièrement bien l'un de ces cas.

Un retraité d'un certain âge, d'apparence éminemment respectable, avait choisi les couloirs de l'université de Moscou comme terrain d'opération. C'était un fin psychologue — qualité indispensable à tout escroc professionnel — et, comme il l'affirma à son procès, il ne se trompait presque jamais dans le choix de ses victimes.

C'était un escroc « honnête » : il ne prenait pas d'acompte. « Nous réglerons ça quand votre fils sera reçu. Je sais que vous êtes quelqu'un de bien et que vous ne me ferez pas faux bond », disait-il à ses clients.

Le jour de l'affichage des résultats, il était à son poste de bonne heure. Si le nom d'un de ses « protégés » ne figurait pas sur la liste des reçus, il disparaissait, et les parents dupés n'entendaient plus parler de lui. Si le résultat était bon, il venait chercher son argent. Chose significative, l'escroc ne fut lui-même floué que dans une affaire sur quatorze : une seule fois, les parents d'un candidat reçu refusèrent de payer et le menacèrent de prévenir la police.

J'avais déjà entendu maints récits légendaires sur la corruption qui régnait à la faculté de médecine de Tbilissi, avant même de mettre le pied en Géorgie ; mais ce que je découvris dans cette ville dépassait ce que j'avais toujours pris à Moscou pour des affirmations outrancières et délirantes.

Quand le professeur Gelbakhiani fut nommé directeur de la faculté de médecine de Tbilissi, il fit bien comprendre dès le départ que le favoritisme sous tous ses aspects était sa spécialité. Les plus hautes sphères de l'élite dirigeante de la République le considérèrent bientôt comme « l'un des nôtres », ce qui lui permit de devenir l'un des plus grands et des plus impudents concussionnaires de Géorgie, durant les années 60.

Chaque nouvelle promotion d'étudiants rapportait au directeur et à ses complices près d'un million et demi de roubles. Toute la Géorgie savait que la seule façon d'entrer à la faculté de médecine de Tbilissi était d'avoir des appuis très haut placés, ou de payer quinze mille roubles ; et tous étaient égaux devant cette loi.

La mafia, dirigée par le directeur et le secrétaire du Comité du Parti, exerçait un pouvoir absolu dans la faculté. Tout le monde rampait devant eux, aussi bien leurs complices que les membres du personnel qui n'étaient pas mêlés à leurs combinaisons. Il n'y avait là rien de surprenant, car le directeur jouissait de la protection du Premier secrétaire du Comité central, et surtout de celle de sa toute-puissante épouse Tamara, à qui Gelbakhiani offrait les cadeaux qu'elle appréciait tant : des antiquités et d'énormes pierres précieuses.

Rien d'étonnant non plus à ce que l'une des toutes premières mesures de la nouvelle administration qui entreprit de purger la République fût de démanteler la mafia de la faculté de médecine. Au fil des ans en effet, elle était devenue une sorte de symbole de la corruption qui avait pourri la Géorgie. L'instruction et le procès ne purent prouver que deux cents cas de vente de places à la faculté de médecine ; les sommes touchées par Gelbakhiani furent estimées à trois millions de roubles environ.

Sept années ont passé depuis l'expulsion de Gelbakhiani. Le nouveau directeur de la faculté de médecine de Tbilissi est le Professeur Virsaladzé ; c'est un homme d'une intégrité sans tache, un véritable représentant de l'admirable intelligentsia géorgienne. Il a fait tout ce qui était en son pouvoir pour chasser la corruption de sa Faculté. Mais tous ses efforts ont été vains. Bien qu'elle soit incontestablement moins florissante qu'avant 1973, la corruption rôde encore dans la faculté de médecine de Tbilissi.

Je regrette de n'avoir pas pu emporter d'Union soviétique une copie de la circulaire publiée au début des années 70 par l'académicien Rem Khokhlov, président de l'université de Moscou. Elle était tout à fait remarquable ; il y affirmait en effet qu'un certain nombre d'enseignants du département de marxisme-léninisme touchaient des pots-de-vin de trois ou quatre roubles pour recevoir des étudiants à leurs examens. (J'ignore d'où il tenait ces chiffres. Selon d'autres renseignements, les étudiants payaient à cette époque huit à dix roubles pour passer avec succès leur examen de marxisme.) Il citait en outre les noms de plusieurs enseignants qui avaient été reconnus coupables et renvoyés de l'Université. Enfin, le président ordonnait que « ces manœuvres véreuses cessent sur-le-champ ».

Et nous étions à Moscou, dans la première université du pays ! Vous imaginerez sans peine ce qui peut se passer en province, où les liens forgés par le système de « protection mutuelle » sont beaucoup plus étroits et les habitudes plus patriarcales.

Une fois qu'il a franchi le seuil de son université, de son institut ou de son collège technique, l'étudiant novice ne peut pas être certain de ne plus être obligé de recourir à la corruption. Et les cadeaux relativement innocents que ses parents offraient à ses maîtres ne suffiront plus ; il s'agit ici de véritables pots-de-vin illégaux remis lors des examens finals, des contrôles de connaissances, des soutenances de thèse. Ces pots-de-vin, ce ne seront plus ses parents qui les verseront, mais l'étudiant lui-même, un garçon ou une fille qui viennent d'avoir dix-huit ou dix-neuf ans.

Voici une affaire, parmi bien d'autres ; elle est typique tant par son déroulement que par la mentalité de ses participants.

L'aîné des deux frères D., qui passaient en jugement, était maître-assistant de physique dans l'un des grands instituts techniques de Moscou ; le cadet préparait son doctorat dans un autre institut de Moscou, encore plus réputé. De mémoire d'étudiant, il avait toujours été difficile, voire impossible, de passer avec succès les examens du maître-assistant D. sans versement préalable d'un pot-de-vin. Une coutume s'était donc établie : le délégué du groupe qui passait un examen ou un contrôle de connaissances réunissait l'argent à l'avance — quatre à cinq roubles par étudiant pour un contrôle de routine, et huit à dix pour un examen final. L'argent, accompagné de la liste des étudiants qui avaient cotisé, était transmis soit au maître-assistant D., soit à son jeune frère qui, bien que ne travaillant pas à cet institut, y était presque chez lui, et faisait même quelquefois passer les examens avec son frère.

L'enveloppe bourrée de billets était remise tout à fait ouvertement. Par la suite, les étudiants qui comparurent comme témoins au tribunal affirmèrent que le délégué du groupe donnait l'enveloppe à D. ou son frère au vu et au su de toutes les personnes qui se trouvaient dans le couloir ou dans la salle où se tenait l'examen. Pendant les épreuves, les frères D. avaient sous les yeux le registre tenu par le directeur d'études et, à côté, la liste des étudiants qui avaient payé.

Qu'arrivait-il à ceux qui ne figuraient pas sur cette seconde liste ? Voici ce qu'a affirmé une étudiante qui comparaissait comme témoin : « Je n'avais pas d'argent, et comme j'avais bien travaillé l'examen de physique et que je pensais connaître le sujet à fond, j'ai décidé de ne pas payer. Quand le délégué est venu me voir avant l'examen et m'a demandé dix roubles, je lui ai demandé : " Et pour quoi faire ? " »

Le témoin se présenta trois fois à l'examen, et trois fois le maître-assistant D. lui mit un deux, ou une mention « insuffisant ». La période des examens touchait à sa fin, et un deux en physique signifiait la perte de la bourse d'Etat ; alors, l'étudiante capitula et remit dix roubles au délégué du groupe.

Ce fut ce témoin qui décida de dénoncer les frères D. Elle se rendit au bureau de Moscou du Département pour la lutte contre le pillage des biens socialistes (O.B.K.H.S.S.) où on l'écouta avec intérêt. On lui suggéra de rédiger une déposition comportant des noms et des descriptions de cas précis où des pots-de-vin avaient été versés. Puis l'O.B.K.H.S.S. convoqua le délégué du groupe d'étudiants pour l'interroger ; on ne lui cacha pas qu'en recueillant l'argent et en le remettant à D., il s'était fait complice du crime et serait considéré comme juridiquement responsable. Tout ceci n'était en fait qu'une ruse, et l'agent d'instruction déclara immédiatement à l'étudiant terrorisé qu'il était prêt à l'aider. On lui promit qu'il ne serait pas poursuivi s'il « déposait spontanément », aidait l'instruction à démasquer les coupables et acceptait de comparaître au tribunal comme témoin.

Quelques semaines passèrent, et lorsque revint l'époque des examens, le chef de groupe collecta l'argent des étudiants comme d'habitude. Mais avant de remettre la liasse au maître-assistant D., il l'apporta à l'O.B.K.H.S.S., où les numéros de tous les billets furent relevés sur un document officiel. De plus, on marqua électroniquement le mot *vzyatka* (pot-de-vin) sur chaque billet, d'une manière invisible à l'œil nu, mais parfaitement lisible à l'aide d'un appareil spécial.

Quand les frères D. sortirent de la salle à la fin de l'examen, deux jeunes gens les invitèrent poliment à se présenter au bureau du président. Il ne fut pas nécessaire de les fouiller méticuleusement pour découvrir les billets marqués ; ils étaient bien là, dans leur enveloppe, avec la liste des étudiants qui avaient payé. Les enquêteurs n'eurent qu'à sortir l'enveloppe de la poche de veste du plus jeune des D.

Les cas de corruption de ce genre figurent fréquemment au rôle des tribunaux, même à Moscou. Au cours d'une période de six mois, le plus grand journal du pays, la *Pravda* (qui ne compte que six pages) a publié trois articles sur la corruption de professeurs de lycée et d'université. Ce seul fait suffit à montrer l'extension de la corruption dans les systèmes éducatifs des quinze Républiques d'Union soviétique.

En parlant de la corruption qui règne dans l'enseignement, il est impossible de ne pas insister de nouveau sur la situation de la Géorgie et de l'Azerbaïdjan. Pendant la grande purge du début des années 70, le Raïkom d'Ordjonikidzevsky, à Tbilissi, en Géorgie (où sont situés la plupart des établissements d'enseignement supérieur de la ville) formula dans un texte spécial la conclusion suivante : la corruption, les extorsions de fonds et les taux étaient en plein essor, non seulement à la faculté de médecine, mais aussi dans toutes les écoles du district. C'est ce que publia *L'Aube de l'Est* du 12 décembre 1973.

Ce texte ne donnait pas de détails et ne citait aucun nom ; mais selon un professeur de l'un des instituts, qui assista à la séance plénière du Comité, les personnes qui y prirent la parole — dont le Premier secrétaire du Comité de district et le procureur de la République — affirmèrent ouvertement que l'écrasante majorité des professeurs exigeaient entre vingt-cinq et cent roubles pour porter dans les procès-verbaux une note assurant la réussite à l'examen final.

En Azerbaïdjan, l'empire scandaleux de la corruption dans l'enseignement supérieur a été révélé avant même la purge de l'appareil dirigeant, qui a suivi la découverte des abus commis par Vali Akhoundov, Premier secrétaire du Comité central du Parti communiste de la République. Cela s'est passé après un événement extraordinaire et tragique : poussé au désespoir par les exactions du corps enseignant, un étudiant de la faculté de médecine de Bakou avait assassiné le vice-doyen de la Faculté. L'instruction permit d'établir que chaque étudiant devait verser aux professeurs entre cinquante et cent roubles au moment des contrôles de connaissances courants et de l'examen final (ce fait a été rapporté par I. Zemtsov[1]).

_____

1. *Op. cit.*

Dix années passèrent après la mort du vice-doyen de la faculté de médecine de Bakou ; on assista à une purge systématique de l'appareil dirigeant, au cours de laquelle les chefs du Comité central et les responsables de presque tous les établissements d'enseignement supérieur de la République furent remplacés. Et puis, le 10 juin 1978, la *Pravda* affirmait que les étudiants de l'Institut polytechnique d'Azerbaïdjan continuaient à payer leurs professeurs à chaque examen ; l'article citait la même somme de cent roubles.

Services et pots-de-vin divers

En Union soviétique, il n'existe qu'une catégorie de la population qui n'ait pas besoin de surpayer ou de verser des pots-de-vin pour obtenir les articles de qualité et les services qu'elle souhaite, et pour les obtenir ponctuellement : l'appareil dirigeant du Parti et de l'Etat, depuis sa base de district jusqu'à l'élite du Kremlin.

Les échelons inférieurs disposent de tout cela sans verser aucun supplément ; généralement même, ils ne paient rien du tout. Les couches moyenne et supérieure — et surtout cette dernière — sont servies par un réseau spécial de magasins, d'ateliers de réparations et de maisons de couture. Et s'il arrive qu'un client donne un pourboire, c'est seulement parce qu'il est généreux, et non parce qu'il y est obligé.

Au début des années 60, le tribunal municipal de Moscou jugeait une affaire où étaient compromis des employés d'un atelier de couture qui travaillaient pour le Comité central du Parti communiste d'Union soviétique et pour le Conseil des ministres. Les responsables de l'atelier et certains stylistes comparurent devant les juges. Ils étaient accusés d'avoir utilisé l'atelier, les tissus et les peaux réservés aux membres les plus privilégiés de l'élite pour confectionner des robes, des manteaux et des fourrures pour d'humbles mortels, c'est-à-dire pour une clientèle privée qui les payait grassement.

On interrogea l'un des témoins, un célèbre styliste moscovite spécialisé dans les vêtements de femme, appelé Lébédev (les noms que je cite ici sont authentiques), qui était perpétuellement submergé de commandes émanant aussi bien de célèbres vedettes de cinéma que des épouses de membres du Politburo. Le juge l'admonesta :

— Vous n'avez pas honte ? L'Etat vous verse un salaire, mais cela ne vous suffit pas. Il faut que vous alliez mendier des aumônes de cinq roubles à vos propres clients. Votre salaire vous semble sans doute trop modeste ?

Lébédev ne se laissa pas impressionner et lui répondit d'un ton désinvolte, et même plutôt insolent :

— Je vous en prie, gardez vos sermons. Vous savez aussi bien que moi qu'il est impossible de nourrir une famille avec cent quatre-vingts roubles par mois. D'ailleurs, je ne demande d'argent à personne. Ce sont les gens qui me l'imposent — et personne ne me donne jamais moins de cinquante roubles.

— Tiens donc, et qui peut bien vous donner des sommes pareilles ? Quelqu'un qui vit honnêtement de son salaire n'a pas cinquante roubles à gaspiller.

— Qui ? répondit Lébédev. Eh bien, pas plus tard que la semaine dernière, par exemple, j'ai terminé un manteau pour une cliente qui m'a donné cinquante roubles. C'était Nina Petrovna Khrouchtcheva.

Nina Petrovna Khrouchtcheva était, bien sûr, l'épouse du secrétaire général du Comité central, président du Conseil des ministres, alors tout-puissant. Le visage du juge refléta alors la crainte d'avoir froissé l'épouse de Khrouchtchev lui-même, en même temps que la rage impuissante de ne pouvoir parer l'attaque du témoin.

La femme du secrétaire du Comité central du P.C.U.S. savait comment obtenir ce qu'elle désirait et ne trahissait pas ceux qui lui proposaient ces services « en douce » ou « sous la table ». Ces expressions familières sont couramment employées dans le pays. Elles signifient que le client qui paie un service professionnel doit aussi verser un dessous-de-table pour le service rendu, quel qu'il soit.

Cet aspect de la vie soviétique n'a encore fait l'objet d'aucune étude sociologique ; et pourtant, la vie des gens ordinaires est dominée par leur travail quotidien et par la satisfaction de leurs besoins de tous les jours.

L'exercice d'une profession juridique ne permet pas d'étudier la corruption quotidienne dans une bonne perspective. Lorsque des vendeurs ordinaires, des commis de services de commandes, des plombiers ou des chauffeurs de voitures gouvernementales se font payer plus que le tarif officiel, ils ne commettent pas de délit, au sens où l'entend la justice. Ils n'exercent aucune fonction officielle et les pourboires qu'ils demandent aux clients pour nettoyer leurs vêtements en priorité à la teinturerie ou pour réparer rapidement et consciencieusement un robinet qui fuit ne sont pas, légalement parlant, des pots-de-vin. C'est pourquoi je ne dispose que d'une preuve fort peu scientifique pour étayer mon affirmation sur l'omniprésence de la corruption dans le secteur des services : c'est un fait bien connu de tous les adultes du pays qui vivent en ville.

Au cours des soixante années environ que j'ai passées en Union soviétique, un certain nombre de circonstances m'ont permis d'observer de relativement près la vie d'ouvriers et d'ingénieurs d'une grande usine de Moscou, ainsi que celle des membres des professions libérales. C'est donc en parfaite connaissance de cause que je peux apprécier la situation et répéter qu'en Union soviétique, l'ensemble du monde des services est infecté par une corruption massive.

La routine quotidienne d'une famille soviétique comprend d'innombrables menues corvées qui, bien qu'insignifiantes en soi, représentent une part fondamentale de son existence. Il faut acheter de quoi se nourrir, faire réparer l'éternel robinet qui fuit, porter les vêtements à la teinturerie et, si l'on souhaite partir en vacances, il faut obtenir des bons pour une « maison de repos » ou une chambre d'hôtel, et réserver des billets d'avion ou de chemin de fer. Et puis il y a les besoins plus exceptionnels, liés à des événements occasionnels, gais ou tristes. Un ami cher peut mourir, et la seule consolation de ceux qu'il laisse derrière lui sera de réaliser ses dernières volontés et de l'enterrer auprès de ses ancêtres ou de ses proches. Ces besoins ne sont pas aussi vitaux que la nécessité quotidienne de se nourrir et de se vêtir, mais les citoyens soviétiques, comme tous les individus de toutes les sociétés, ne vivent pas que de pain.

J'ai commencé ce chapitre par la liste des services pour lesquels mon ami juriste avait dû payer des suppléments. Je pourrais poursuivre cette liste indéfiniment avec des exemples de situations dans lesquelles il est impossible d'obtenir un service sans recourir à la corruption.

J'ai mentionné plus haut la corruption qui accompagne la naissance d'un enfant. C'est donc par la corruption qui entoure la mort d'un homme ou d'une femme que je conclurai ce chapitre.

La presse soviétique observe un silence pudique sur les « procès de cimetières » ; et pourtant des procès de ce genre se déroulent régulièrement dans les grandes villes d'Union soviétique.

Un sociologue de mes amis a dénombré douze manières dont un citoyen soviétique peut se faire enterrer. J'ignore s'il existe réellement douze formes de funérailles ; mais, à en juger par les affaires qui défilent dans les services judiciaires soviétiques, je puis affirmer que, quel qu'en soit le nombre, toutes — à l'exception d'une tombe dans l'enceinte du Kremlin — se procurent au moyen de pots-de-vin. Il est

même possible d' « arranger » des obsèques au cimetière du monastère de Novodévitchy (classé immédiatement derrière l'enceinte du
Kremlin), moyennant la somme considérable de deux mille à deux
mille cinq cents roubles ; et ce, bien que pour s'y faire enterrer il faille
obtenir l'approbation de l'un des secrétaires du Comité du Parti de
Moscou et du vice-président du Comité exécutif municipal de
Moscou.

Il est plus simple — et, bien sûr, meilleur marché — de négocier
un lieu de sépulture dans les cimetières anciens, moins prestigieux
officiellement, qui sont situés dans le périmètre du vieux Moscou.

Cela fait longtemps que ces cimetières sont presque pleins. Mais
« presque » est ici le mot clé : l'administration du cimetière dispose
encore de quelques emplacements libres. Il existe en outre une clause
légale selon laquelle l'administration d'un cimetière peut autoriser ce
que l'on appelle dans le jargon administratif l' « inhumation dans la
tombe d'un parent ». En clair, cela veut dire que l'on peut se faire
enterrer aux côtés de membres défunts de sa famille — un époux, ou
des parents. Les administrateurs des cimetières et les fonctionnaires
du département du Comité exécutif municipal de Moscou dont
dépendent les cimetières, se servent de ces emplacements libres pour
extorquer des pots-de-vin.

Depuis des temps immémoriaux, tous les peuples ont considéré
comme un devoir sacré d'inhumer leurs morts, les rituels variant d'une
civilisation à l'autre. Les derniers devoirs que les familles endeuillées
souhaitent rendre à leur défunt et le chagrin causé par la perte d'un
parent en font des proies faciles et dociles pour les fonctionnaires
corrompus.

J'ai toujours été frappé au cours des « procès de cimetières » par
le contraste entre l'attitude des gens qui donnaient des pots-de-vin et
celle de ceux qui les touchaient. Pour ces derniers, une tombe n'était
qu'une denrée rare de plus, une occasion de se faire « graisser la
patte ». On ne peut même pas dire que leur attitude et leurs
dépositions au tribunal étaient cyniques ; ils ne voyaient simplement
aucune différence entre leurs actes et les agissements d'un fonctionnaire de la direction des logements du district qui touchait un pot-de-
vin en échange, non d'une tombe, mais d'un appartement. Il m'est
difficile de dire ce qui m'a le plus frappé dans l'un des plus célèbres
« procès de cimetières » — celui où furent impliqués des employés du
crématoire de Moscou, car le dossier de cette affaire regorge de
détails et de faits plus stupéfiants les uns que les autres.

On jugeait un groupe d'employés du crématoire, dirigé par
l'administrateur, qui étaient accusés d'avoir touché des pots-de-vin en

échange d'emplacements pour inhumer les cendres, mais surtout d'avoir commis des vols si abominables que les avocats eux-mêmes — habitués pourtant à toutes sortes de crimes — eurent bien du mal à élaborer un système de défense.

Quand un cercueil était descendu par le guichet, au son des chants funèbres, le personnel du crématoire attendait son arrivée. Chacun savait exactement ce qu'il avait à faire. Certains soulevaient le couvercle du cercueil en quelques mouvements rapides et jetaient le corps sur une table voisine. Tandis qu'ils rangeaient le cercueil et les couronnes, des doigts agiles dépouillaient le cadavre de ses vêtements et de ses sous-vêtements, tandis que d'autres se mettaient à l'œuvre avec des instruments de chirurgie dentaire et arrachaient dents et couronnes en or. Puis ils expédiaient la dépouille nue, sans cercueil, dans le four embrasé.

Dans cette affaire, tout était source de profit. Les cercueils et les couronnes mortuaires étaient renvoyés à l'entrepreneur des pompes funèbres, qui les revendait deux ou même trois fois. Le bénéfice était partagé de la manière suivante : deux tiers aux employés du crématoire, un tiers à l'entrepreneur de pompes funèbres. Les vêtements et les sous-vêtements étaient livrés à un fripier, et l'or était revendu à l'un des nombreux trafiquants du marché noir, avec qui ils traitaient régulièrement. En entendant tous ces détails, on était saisi par l'efficacité et le prosaïsme impitoyables qui régnaient dans le commerce funèbre.

Il est impossible de décrire en un volume toutes les facettes de la vie d'un citoyen soviétique, toutes les situations où il est contraint de recourir à des pratiques malhonnêtes. J'ai passé sous silence bien des aspects de cette corruption massive et omniprésente : les pots-de-vin versés pour obtenir des appartements, des billets d'avion, de chemin de fer ou de bateau, les dessous-de-table offerts pour se faire installer le téléphone, pour se faire délivrer un certificat d'invalidité (qui vous donne droit à une pension de l'Etat), et bien, bien d'autres choses encore. Mais j'espère que ce que j'ai décrit suffira à montrer que la corruption contamine tous les aspects de la vie soviétique.

Chapitre IX

LE PEUPLE CORROMPU

Nous approchons de la fin de nos aventures au pays de la kleptocratie [1], ce pays dont les dirigeants, de l'échelon le plus bas au plus élevé, sont atteints de corruption. Mais qu'en est-il de ceux qu'ils gouvernent, de ces gens qui n'occupent pas les postes de pouvoir qui leur permettraient d'obtenir pots-de-vin et cadeaux ? Qu'en est-il de ceux qu'ils appellent le « peuple » — les citoyens soviétiques ordinaires ?

La corruption qui a pourri l'appareil dirigeant a eu le terrible effet de saper la moralité non seulement de ceux qui donnent et touchent des pots-de-vin, mais aussi des innocents, de ceux qui sans y être mêlés directement ont simplement vécu dans son atmosphère et ont été forcés de respirer son air vicié. Cette atmosphère a fait naître dans l'esprit des gens la conviction que tout peut s'obtenir contre de l'argent : une bonne situation, un diplôme universitaire ou un verdict favorable. Et, bien que cette conviction soit loin d'être toujours justifiée, elle a engendré un climat de tolérance générale envers la corruption.

Outre ces préalables moraux, la corruption a également été favorisée par une donnée matérielle absolument fondamentale : la nécessité pour chacun de trouver des ressources supplémentaires lui

---

1. La Kleptocratie : ce mot, d'abord utilisé par l'auteur dans un article de la revue *Survey*, n° 23, 1978, a été repris par Patrick Meney, correspondant permanent de l'agence France-Presse à Moscou, comme titre du livre qu'il a consacré récemment à la délinquance en U.R.S.S. (La Table Ronde, 1982). (N.d.E.)

permettant d'assurer un niveau de vie décent à sa famille. La majorité de la population soviétique s'y trouve confrontée ; les gens sont en effet des esclaves salariés, dépendant d'un employeur unique, l'Etat, qui ne leur assure même pas le minimum vital.

On peut fixer avec une relative certitude le revenu moyen d'un salarié soviétique. Selon les statistiques officielles, le salaire mensuel moyen des ouvriers et des employés pour les six premiers mois de 1979 était de cent soixante-trois roubles, soit un peu plus de mille francs de l'époque (ma source d'information est le numéro de la *Pravda* daté du 21 juin 1979). Mais il est impossible d'obtenir des statistiques officielles sur les besoins minimaux vitaux d'une famille soviétique moyenne. C'est le genre d'informations que l'on ne publie pas ; c'est un secret d'Etat.

Nous avons cependant un repère officiel, qui a été publié dans la presse soviétique : le décret promulgué par le Comité central du Parti communiste d'Union soviétique et par le Conseil des ministres, fixant le montant des allocations versées aux familles nombreuses. Cet arrêté situe le seuil de pauvreté à cinquante roubles par mois et par tête, soit cent-cinquante roubles pour une famille de trois personnes.

C'est là le minimum vital officiellement reconnu par l'Etat ; mais il ne faut pas tenir compte des statistiques officielles lorsqu'on calcule les besoins minimaux réels d'une famille soviétique moyenne, qui généralement comprend trois membres : la mère, le père et un enfant. Je suis personnellement en mesure de calculer ces chiffres, parce que j'ai vécu en U.R.S.S. pendant près de soixante ans, dont trente-cinq passés dans un grand immeuble plein d'ouvriers et d'ingénieurs d'usine ; je peux donc me fonder sur ma propre expérience et sur les observations que j'ai pu faire sur mes voisins. Je dispose également d'une série de renseignements recueillis au cours d'une enquête spéciale que j'ai menée à Moscou pendant les trois années où je me suis plongé dans une solitude volontaire, me coupant même de mes proches amis, pour travailler à cet ouvrage.

La méthode que j'employais était fort simple. Tout au long de ces années, je me suis rendu trois fois par semaine à l'Institut où je travaillais, en prenant à l'aller comme au retour un taxi ou une voiture gouvernementale « au noir ». A tous les chauffeurs, je posais les mêmes questions :

1. *Quel est votre salaire officiel ?*
   Tous, sans exception, répondirent à cette question.
2. *Combien gagnez-vous en pourboires* (pour les chauffeurs de taxi) *ou*

grâce à vos courses « au noir » (pour les chauffeurs d'Etat qui travaillaient à titre privé en plus de leur travail officiel) ?

Très peu d'entre eux acceptèrent de répondre à cette question, et les réponses que j'ai pu obtenir étaient dans l'ensemble très vagues.

3. *Combien êtes-vous dans votre famille et combien dépensez-vous par mois en nourriture, en alcool, en vêtements, en transports et en loisirs ?*

Ils répondirent à ces questions rapidement et avec force détails.

Au cours de ces trois années, j'ai ainsi sondé au moins huit cents chauffeurs, jugeant que cela ne présentait aucun risque. Les chauffeurs moscovites sont tout prêts à engager la conversation avec leurs passagers, et ma curiosité n'éveilla aucune méfiance.

Sur la foi de ces renseignements, et en veillant bien à ne pas tenir compte des réponses outrancières, je suis en mesure d'estimer le budget moyen d'un ménage d'ouvriers, d'employés ou d'ingénieurs de Moscou, comptant trois personnes. Il s'élève à deux cent cinquante-trois cents roubles par mois : selon les statistiques, le salaire mensuel moyen d'un ouvrier ou d'un employé est de cent soixante-trois roubles. (Ces cent soixante-trois roubles ne représentent pas un chiffre réel mais une moyenne ; en effet, les statisticiens soviétiques recensent parmi les ouvriers et employés les fonctionnaires de l'appareil du Parti et de l'Etat, ainsi que les professeurs d'académie et d'université, tous grassement payés.) De plus, l'Etat prélève entre 10 et 13 % d'impôts ; il ne reste donc que cent quarante-sept roubles par mois, au lieu de cent soixante-trois.

Cela revient à dire que le salaire moyen d'un ouvrier ou d'un employé soviétiques est inférieur au seuil de pauvreté fixé par l'Etat lui-même à cent cinquante roubles. Le salaire moyen de cent quarante-sept roubles couvre moins de 60 % des deux cent cinquante roubles qui représentent le minimum vital d'une famille de trois personnes, selon une estimation plus réaliste. Il faut donc trouver par d'autres moyens les 40 % restants, soit cent trois roubles.

N'oublions pas qu'il s'agit là d'estimations concernant une famille moscovite, qui peut faire ses achats dans les magasins d'Etat et à des prix fixés par l'Etat (avec difficultés, certes, et en faisant de longues queues). Mais comment vit une famille qui habite n'importe quelle ville du pays ne faisant pas partie des quelques localités qui, comme Moscou, bénéficient d'approvisionnements privilégiés ? Dans ces villes, tous les articles de première nécessité sont pour ainsi dire introuvables dans les magasins ; il faut donc se rendre au marché, où les prix sont de trois à cinq fois supérieurs aux prix d'Etat. Dans ces conditions, le minimum vital doit être augmenté de cent cinquante roubles, même selon les estimations les plus modestes ; il atteint donc quatre cents roubles. Le déficit à combler d'une manière ou d'une autre s'élève par conséquent à deux cent cinquante-trois roubles.

La famille soviétique moyenne vit-elle vraiment avec cent quarante-sept roubles par mois, en se laissant mourir de faim et en se privant des choses les plus essentielles ? Ou bien cette famille boucle-t-elle son budget grâce à d'autres sources de revenus ? Elle arrondit effectivement son salaire de base, et ces revenus annexes ne se bornent pas à couvrir le déficit du budget familial — ils font bien plus que cela. Selon les données officielles, la population d'Union soviétique a déposé plus de cent quarante milliards de roubles sur des livrets de caisse d'épargne. De toute évidence, il s'agit là d'argent qui n'est pas affecté aux dépenses courantes. D'où viennent donc ces milliards ?

Pour commencer, ils viennent de sources légales : d'un second salaire familial. En effet, des sondages sociologiques ont montré que dans un ménage sur deux le mari et la femme travaillent. Voilà comment le problème du minimum vital est résolu dans les familles où la femme peut faire garder son enfant et aller travailler. Il existe cependant d'autres sources de revenus annexes : le travail noir, le chapardage sur les lieux de travail, le commerce privé, et bien d'autres formes d'activités à demi légales, ou tout à fait illégales.

Il n'y a aucun moyen de définir exactement la part de chacun de ces deux types de sources de revenus dans le budget familial : aucune étude en effet n'a jamais été publiée à ce sujet. En me fondant sur mes propres observations, je dirais que les sources légales et illégales sont utilisées à peu près à parts égales. Si les gains illégaux tiennent une part aussi importante dans les revenus annexes, cela n'est pas dû exclusivement, ni même largement, à la nécessité où sont les familles de faire face à leurs dépenses quotidiennes. Cela tient plutôt à la nature humaine, cette nature que le régime soviétique n'a pu modifier, malgré tous les efforts qu'il a entrepris au cours des soixante-trois dernières années pour extirper des esprits la soif de profit, le désir de posséder non seulement l'essentiel, mais encore le superflu. Et cette lutte a encore moins de chances d'être gagnée dans une société où le bien-être matériel est aussi inégalement réparti. Car il y a des riches et des pauvres en Union soviétique, et un large fossé les sépare.

La nécessité de subvenir aux besoins les plus quotidiens s'est conjuguée au désir de posséder plus que ce minimum vital et de bénéficier des mêmes avantages que les plus privilégiés, pour engendrer une détermination générale à gagner de l'argent par n'importe quels moyens, qu'ils soient légaux et moraux (comme le travail noir) ou illégaux et immoraux (comme le vol et la prostitution).

Le vol sur les lieux de travail

Je pense pouvoir affirmer à bon escient que parmi les méthodes illégales employées par les citoyens soviétiques pour arrondir leur budget, la plus courante est de commettre des larcins sur leur lieu de travail. Le système économique soviétique n'étant toujours pas parvenu à subvenir aux besoins alimentaires et vestimentaires de la population et à éviter une pénurie constante de ces produits, il est donc naturel que ces articles soient les plus couramment volés sur leur lieu de production, de transformation ou de stockage.

J'ai de bonnes raisons d'affirmer qu'aliments et boissons alcoolisées sont volés dans toutes ces entreprises, sans exception. Telle petite usine de produits laitiers offre un bon exemple de l'inflexibilité de la règle : ses employés n'auraient jamais l'idée d'acheter du beurre ou de la crème aigre en magasin ou au marché, alors qu'il est si facile d'en emporter chez eux gratuitement. Et la situation est exactement la même à l'énorme usine de conditionnement de viande Mikoyan à Moscou ; ses ouvriers n'achètent jamais ni viande ni saucisse dans le commerce, mais emportent tout simplement chez eux les produits de l'usine.

L'ampleur de ce phénomène est stupéfiante. Des millions d'ouvriers se sont fait prendre à la sortie de manufactures de tabac ou d'usines de conditionnement de viande avec quelques paquets de cigarettes ou quelques livres de saucisses ; ils ont été relâchés après une réprimande de leur patron ou un « blâme public » du syndicat. Mais si l'Etat soviétique manifeste une telle indulgence, ce n'est pas en vertu de sentiments humanitaires. En vérité, les dirigeants soviétiques ne peuvent pas se permettre d'envoyer des millions de citoyens en camps, et de les retirer ainsi de leurs postes de travail.

Un lecteur peu familiarisé avec la société soviétique pourrait en déduire que la population soviétique est malhonnête et immorale, que c'est un peuple pour lequel le vol est devenu un mode de vie. Une telle conclusion serait erronée ; simplement, *la majorité de la population ne considère pas que voler l'Etat soit un véritable vol*, comme de voler le bien d'autrui.

Sur les dix millions de personnes qui n'hésitent pas à chaparder des clous, des ampoules électriques et du matériel dans leurs usines, leurs bureaux et sur leurs chantiers, la plupart ne voleraient jamais un kopeck à personne. Cela en effet leur paraîtrait immoral, et elles condamneraient d'une seule voix quiconque commettrait le moindre larcin de ce type — mais à condition bien sûr que la victime du vol soit un individu et non une entreprise d'Etat. Telle est l'éthique para- doxale du citoyen soviétique. Elle prouve sa désaffection totale, son indifférence absolue à l'égard de l'Etat et même l'hostilité qu'il éprouve à son encontre. Sans de tels sentiments, les vols commis dans les entreprises ne pourraient atteindre pareille ampleur.

Je dispose d'un certain nombre de détails sur les méthodes utilisées pour sortir du territoire de l'usine les articles volés. Ces renseignements proviennent de dossiers judiciaires, ainsi que de l'interrogatoire de prévenus. Toutes les fabriques de produits alimen- taires, de vin et de vodka, ainsi que celles qui produisent des articles faciles à écouler, ont des contrôleurs spécialement chargés de surveiller toutes les allées et venues. La fonction de ces gardiens est essentiellement de s'assurer que les employés n'emportent rien de l'usine ; pour ce faire, ils sont autorisés à vérifier le contenu des sacs et des serviettes, et même à effectuer des fouilles corporelles.

Lorsque les contrôleurs sont incorruptibles, les ouvriers doivent recourir à diverses ruses. Ils transportent les objets durs, secs et relativement volumineux dans des sacs spéciaux fixés sous leurs jupes ou à l'intérieur de leur jambes de pantalons. Ils enroulent autour de leur poitrine ou de leur ventre les articles qui peuvent être mis à plat, comme les bas, les fourrures, les sous-vêtements, etc. Si l'usine fabrique des vêtements, l'ouvrier les porte sous son costume de ville. Pour les liquides, ils utilisent des bouillottes en caoutchouc ou en métal qu'ils attachent sur leur ventre, leurs jambes, leur poitrine ou leur dos — un truc que connaissaient bien les *boot-leggers* américains à l'époque de la prohibition.

Les ouvriers des entreprises de bijouterie sont particulièrement surveillés et sont généralement soumis à des fouilles corporelles méticuleuses. Mais cela ne les empêche pas de passer des quantités considérables d'or, de platine et de pierres précieuses. Les procès portant sur des vols commis dans ces entreprises sont assez fréquents et les dépositions révèlent les procédés utilisés par les fraudeurs. Les hommes portent généralement leur butin dans des boucles de ceinture spécialement évidées ou dans des semelles de chaussures creuses. Les cachettes spécifiquement féminines sont les talons de chaussures ou les organes sexuels.

Ces méthodes de vol sont pure routine. Mais des affaires révélant

une ingéniosité ou une adresse technique stupéfiantes figurent de temps à autre au rôle des tribunaux.

Le dispositif de vol le plus parfait sans doute dont j'aie jamais entendu parler est celui qui fut installé à l'entrepôt frigorifique n° 2 de Moscou. Une nuit, un habitant de la rue qui donnait sur le mur arrière de l'entreprise leva les yeux par hasard et aperçut dans l'obscurité un objet ressemblant à un cercueil, flottant dans les airs. L'objet traversa la rue silencieusement et disparut dans la nuit. Cette personne avertit immédiatement la police de ce qu'elle avait vu.

On découvrit que les criminels étaient deux électriciens de l'entrepôt frigorifique ; ils avaient installé un système de téléphérique de près de cent mètres de long, qu'ils utilisaient pour transporter des chargements de saucisses, de beurre et de viande depuis le dernier étage de l'entrepôt jusqu'à une cour voisine déserte. Pendant la journée, ils fixaient le caisson, qui avait la taille d'un cercueil et qu'ils avaient rempli d'une cinquantaine de kilos de marchandises, à des crochets spéciaux à dégagement automatique. Tard dans la soirée, ils se rendaient à leur « terminus de téléphérique » désert, et mettaient en marche le moteur qui actionnait le système. Suspendu aux crochets, le caisson traversait la rue en douceur. Quand il arrivait dans la cour déserte et heurtait le poteau auquel le câble était fixé, les crochets s'ouvraient et le caisson atterrissait aux pieds des ingénieux lascars.

Les ouvriers de l'usine automobile de Gorki, qui fabrique la populaire Volga, opéraient quant à eux avec un brio qui aurait été impossible sans la complicité des contrôleurs. Ils sortaient — à la main ou même en camion — les principales composantes d'une automobile : une carcasse complètement montée et un moteur. Ils finissaient d'assembler les voitures dans un garage spécialement conçu dans ce but, puis les vendaient. Montés à partir de pièces volées, ces véhicules n'avaient ni papiers ni plaques minéralogiques. Tout acheteur courait donc le risque de se faire prendre par le premier policier qui aurait l'idée de vérifier ses papiers. Mais cela n'empêchait pas les automobilistes — en particulier ceux des Républiques transcaucasiennes — d'acheter ces voitures.

Comme me l'expliqua l'un d'eux, un homme dont j'étais l'avocat, cela valait la peine de payer trois mille ou quatre mille roubles une voiture qui en valait neuf mille six cents lorsqu'on l'achetait dans un garage de l'Etat (où il serait du reste presque impossible d'en obtenir une) et vingt mille à vingt-cinq mille roubles au marché noir — même au risque de devoir l'abandonner au bord de la route, entre Gorki et le Caucase, pour échapper à la police.

La complicité des contrôleurs est très fréquente. Les procès ont

prouvé que c'était un fait concomitant inévitable de tout détournement d'envergure dans les usines. Quand je dis d'envergure, je veux
parler de vols portant non sur des kilos, mais sur des tonnes de
marchandises, non sur des litres, mais sur des tonneaux, et, lorsqu'il
s'agit de bas, non sur des douzaines, mais sur des balles entières.

La connivence entre les contrôleurs et les voleurs d'usines est
devenue générale ; c'est un élément que l'on retrouve dans tous les
procès concernant des vols commis sur les lieux de travail. Et même
dans la vie de tous les jours, chacun sait que la corruption des
contrôleurs, dont la fonction est de protéger la propriété de l'Etat, est
une chose courante. Je n'en citerai que deux exemples.

Dans la cour du bâtiment qui abrite l'un des bureaux des
conseillers juridiques de Moscou, se trouve une usine de mise en
bouteilles de cognac, qui appartient à l'une des petites Républiques du
Nord du Caucase. Ses entrées et ses issues étaient surveillées avec une
telle vigilance par tant de contrôleurs et d'inspecteurs spéciaux, que
l'on aurait pu croire qu'on y fabriquait une arme bactériologique
ultra-secrète, et certainement pas qu'on se contentait d'y transvaser
de l'alcool de fûts dans des bouteilles. Et pourtant, une ou deux fois
par semaine, à la fin d'une journée d'audience, quand les avocats se
retrouvaient le soir au bureau pour voir leurs clients, ou simplement
pour bavarder entre eux, la secrétaire annonçait : « Tante Doussya
est là. Il y a des amateurs ? »

Cette formule signifiait que la femme de ménage de l'usine de
cognac venait d'arriver avec un grand panier plein de bouteilles sans
étiquette, mais remplies de fine champagne vieille de huit ou dix ans.
Tante Doussya passait tranquillement avec son panier devant les
impressionnants dispositifs militaires des contrôleurs, qui évidemment
ne la laissaient pas passer par pure bonté d'âme. Le marché était
animé : tante Doussya demandait quatre ou cinq roubles pour une
bouteille de cognac qui en aurait coûté quinze ou dix-huit dans le
commerce ; et les avocats, qui, contrairement à tante Doussya
n'ignoraient pas qu'acheter sciemment des marchandises volées était
un délit, s'empressaient autour d'elle.

Soit dit en passant, les contrôleurs et les inspecteurs employés par
des usines d'armement réellement secrètes ne diffèrent pas de ceux
qui gardent des usines de cognac. Un jour, alors que nous devions
partir le lendemain pour une excursion en bateau sur les rivières
perdues du Nord de la Russie, je découvris que la contre-quille, une
pièce de bois essentielle de mon kayak pliant, était cassée. La
situation était tragique : nous avions pris nos billets de train, nos

vacances étaient déjà entamées. Il fallait coûte que coûte que je me procure cette malheureuse contre-quille dans la journée.

Je connaissais suffisamment le système commercial soviétique pour ne pas me précipiter dans un magasin dans l'espoir déraisonnable d'y dénicher cette pièce. Je partis pour l'usine d'où provenait mon kayak. Cette usine fabrique en fait des avions militaires, mais elle possède aussi un petit atelier qui produit des kayaks avec des restes de matériaux. Comme toutes les usines d'aviation d'Union soviétique, c'est un lieu ultra-secret, entouré d'une haute clôture surmontée de barbelés, derrière laquelle courent des chiens de garde. On n'entre pas dans un endroit de ce genre sans un laissez-passer spécial. Mais je n'avais pas l'intention d'y pénétrer.

Je téléphonai à l'atelier de kayaks depuis le bureau de contrôle, et demandai à un des employés, à qui j'avais déjà eu affaire, de sortir me voir. Je lui expliquai ce dont j'avais besoin, et il me répondit que c'était hors de question, qu'il lui était impossible de passer devant les contrôleurs et les inspecteurs avec une grande pièce de bois.

« Il me la faut, mon vieux. J'en ai *absolument* besoin », lui dis-je, en faisant le geste russe rituel pour indiquer qu'il s'agit d'une affaire de vie ou de mort : en feignant de me couper la gorge avec le tranchant de la main.

Il me regarda pensivement et dit : « D'accord pour un billet de dix ? »

Vingt minutes plus tard, il était de retour avec une contre-quille flambant neuve, reluisante d'une couche de peinture fraîche bleu pâle, et mesurant plus d'un mètre de long sur une trentaine de centimètres de large.

Les chabachniki

Les citoyens soviétiques connaissent une autre source de revenus qui échappe au contrôle de l'Etat : le travail indépendant, qui porte en Russie l'étrange nom de *chabachnitchestvo*. Les *chabachniki* sont des gens qui, ayant terminé leur journée de travail légal (certains abandonnent en fait leurs postes de travail dans une administration ou une ferme), se lancent dans des activités indépendantes.

Le fondement du régime soviétique est le monopole qu'il exerce sur le pays, et qui touche toutes les sphères de la vie — politique, économique et idéologique. Les chabachniki, qui gagnent leur vie par des moyens échappant à l'emprise de l'Etat, empiètent sur ce monopole (et pas seulement dans le domaine économique) et sapent ainsi le principe même du monopole d'Etat.

Si des clients font appel aux chabachniki, c'est à cause de leur zèle et de la qualité de leur travail, qui soutiennent leur réputation et leur amènent de nouveaux contrats. Récemment, il est vrai, on a vu apparaître sur la scène de plus en plus d'équipes de chabachniki qui ne se contentent pas d'attirer la clientèle par la qualité et l'efficacité de leur travail, mais aussi par leur habileté à se procurer des matériaux de construction rares. Dans ce cas, le chabachnitchestvo « pur » s'accompagne de délits qui tombent sous le coup de la loi.

J'ai eu personnellement connaissance des activités d'une équipe de chabachniki « impurs », qui travaillaient pour de riches kolkhozes et sovkhozes de la région de Stavropol en Russie méridionale ; je devais en effet défendre le chef comptable de l'un de ces kolkhozes. L'instruction permit d'établir que l'équipe avait son représentant permanent attitré dans une station de fourniture de bois de l'Etat de la région d'Arkhangelsk. Chargé d'obtenir du bois et de le faire expédier dans la région de Stavropol, celui-ci soudoyait les responsables du dépôt de la station, puis les employés de chemin de fer pour qu'ils libèrent des wagons de marchandises.

Le chef de l'équipe ne travaillait pas lui-même sur le chantier de construction ; il était fort occupé à cultiver ses relations — au moyen de pots-de-vin — dans les industries ardoisières, les usines fabriquant des conduites d'eau et du ciment, ainsi que dans les carrières. C'était un véritable chef d'entreprise, qui assumait toutes les responsabilités au sein de l'organisation. Outre l'obtention de matériaux de construction, il s'employait à passer des contrats et à maintenir les contacts avec sa clientèle. A cet égard, ses activités dépassaient de loin ce que la loi tolère. Lorsqu'il négociait un contrat de construction, il remettait toujours aux représentants du client un pot-de-vin correspondant en moyenne à 10 % de la valeur de la commande — et chacun de ces contrats portait sur des dizaines de milliers de roubles. Pour obtenir des matériaux, il versait fréquemment des pots-de-vin à des directeurs d'usine, et achetait aussi d'importants arrivages de matériaux volés envoyés par des chefs de chantier.

Au fil des ans, les revenus de cette équipe finirent par atteindre plusieurs centaines de milliers de roubles, et les gains annuels de chacun de ses membres s'élevaient à vingt mille ou vingt-quatre mille roubles. Le revenu du chef de l'équipe, que l'instruction ne put qu'estimer, était approximativement de cinquante mille roubles par an. (Peut-être sera-t-il utile de rappeler au lecteur que le salaire annuel moyen d'un ouvrier du bâtiment payé par l'Etat est de deux mille quatre cents roubles, et celui d'un surveillant de grand chantier d'environ cinq mille...)

Des dizaines de milliers de chabachniki travaillent dans tout le pays — en comptant aussi bien les petites équipes « pures » que les « impures », qui opèrent sur une grande échelle. Il est impossible d'évaluer, même grossièrement, la proportion de travaux de construction qu'ils ont à leur actif dans les zones rurales ; la seule chose qu'on puisse affirmer avec certitude, c'est qu'elle est très élevée.

Il faut toujours se montrer prudent lorsqu'on tire des conclusions, et je ne pense pas qu'il faille généraliser à l'ensemble du pays les données citées par le directeur d'un *Mejkolkhozstroï* (organisme d'Etat responsable des travaux de construction dans une zone rurale donnée). Dans un entretien accordé à un journaliste de la *Literatournaïa Gazeta* (n° 24, 1978), il affirmait que les travaux de construction de son district (pour un coût total d'un million de roubles par an) étaient réalisés à presque 100 % par des chabachniki.

A en croire ce même journaliste, les kolkhozes et les sovkhozes ne sont pas les seuls à faire appel aux services des chabachniki ; il s'y ajoute des entrepreneurs du bâtiment. Dans ces conditions, il ne me paraît pas exagéré d'affirmer que le chabachnitchestvo est devenu un élément essentiel de l'économie du pays et que près des deux tiers de tous les travaux du bâtiment sont exécutés par des chabachniki.

Bien sûr, il est impossible de mener des activités sur une telle échelle sans de nouvelles formes d'organisation. Pour autant que je puisse en juger de par mon expérience d'avocat et d'après les conclusions du journaliste qui a publié une étude spéciale sur ce problème dans la *Literatournaïa Gazeta,* les équipes de chabachniki ne se sont pas limitées à envoyer des représentants négocier des contrats tous les hivers, avant la reprise du travail sur les chantiers. Ces dernières années, elles ont essayé de coordonner leurs activités. Vers le milieu des années 70, on a vu naître dans de nombreuses villes du pays des bureaux non officiels, qui agissent comme intermédiaires entre les clients potentiels et les équipes de chabachniki ; ces bureaux coordonnent les activités des équipes et répartissent équitablement les commandes entre elles. Pour prix de leurs services, ces agences prélèvent un pourcentage sur le montant du contrat (5 % de la part du client, et autant de l'équipe).

Le travail « au noir »

Il est difficile d'établir une distinction très nette entre le chabachnitchestvo — qu'on pourrait qualifier de travail privé ou indépendant — et ce qu'on appelle en Union soviétique le travail « au noir » *(na liévo)*[1]. En règle générale, le chabachnitchestvo est un travail effectué par des salariés en dehors de leurs heures de travail, ou par des gens qui n'exercent aucune activité à plein temps ; en résumé, c'est un travail effectué pendant les loisirs du chabachnik et avec son équipement personnel. Le travail « au noir » (ou « à gauche ») en revanche s'effectue généralement pendant les heures de travail, et en utilisant les outils, le matériel et les moyens de transport de l'Etat.

On peut affirmer sans exagérer qu'une énorme proportion de la population, des ouvriers aux acteurs célèbres, se livre à ce genre de travail. Il n'y a pas de profession qui ne soit touchée. Pour m'en tenir à celles dont je suis en mesure de parler, je ne peux passer sous silence le cas des employés des transports : les chauffeurs de taxi, d'autobus et de tramways, dans les villes.

Par leurs conditions mêmes de travail, les chauffeurs de taxi sont obligés de chercher des sources de revenus « au noir ». Si vous demandez à un chauffeur de taxi moscovite : « Eh bien, comment ça va ? Tout se passe bien au dépôt ? » vous pouvez être sûr qu'il vous répondra : « Ça peut aller, à condition de payer les gens qu'il faut. » Et les « gens qu'il faut » sont tous les employés du dépôt de taxis, depuis la femme qui nettoie les voitures jusqu'au responsable.

Les tribunaux de Moscou sont périodiquement appelés à juger des affaires de corruption dans les dépôts de taxis, et les comptes rendus d'audiences sont publiés dans la presse. On dispose donc de tous les détails sur ce type de corruption.

Un chauffeur de taxi commence par verser un pot-de-vin au responsable du dépôt, pour que celui-ci lui attribue un véhicule convenable. S'il néglige de le faire, il se verra remettre une vieille guimbarde, qui finira par passer plus de temps à l'atelier de réparations que sur la route. Les procès ont permis d'établir que le montant de ce pot-de-vin se situe dans une fourchette allant de cent à cinq cents roubles.

---

1. Littéralement, rappelons-le, « à gauche ».

Ensuite vient le mécanicien. Même si un véhicule n'a pas besoin d'être réparé, le mécanicien doit l'inspecter et le déclarer en état de marche. Le chauffeur lui remettra trois roubles, faute de quoi il subira des tracasseries incessantes et d'interminables retards. Si le véhicule a vraiment besoin de réparations, le chauffeur s'entendra avec le mécanicien sur le prix de son travail. En outre, il « achètera » toutes les pièces nécessaires au responsable du magasin de pièces détachées.

Puis le chauffeur verse un petit pourboire de deux ou trois roubles au pointeur pour obtenir des horaires de travail qui lui conviennent (certains chauffeurs préfèrent travailler de nuit, d'autres le matin), et pour que le pointeur ne note pas son heure de départ du dépôt et son heure de retour avec une exactitude d'horloge, mais selon un arrangement mutuel.

Vient ensuite la bagatelle de cinquante kopecks au laveur de voitures. Nous arrivons enfin à la barrière de sortie et à la personne qui y est de service, et dont la fonction est d'inspecter une dernière fois la voiture avant qu'elle ne quitte le dépôt. Dans le jargon des chauffeurs de taxi, c'est le « gardien de but », ou « Yachine » (du nom d'un célèbre gardien de but des années 50). Et il défend effectivement la sortie comme un gardien de but : pas une voiture ne passe qu'il n'ait reçu son rouble rituel.

Suivant le nombre de voitures qui prennent la route un jour donné, un « gardien de but » peut se faire trois cents à cinq cents roubles par équipe de travail ; mais il n'en conserve qu'environ une centaine. Le reste est réparti entre le responsable du dépôt, le mécanicien chef, le secrétaire du Comité du Parti et le président du Comité syndical ; une autre fraction poursuit son ascension jusqu'à la direction des transports automobiles du Comité exécutif de Moscou, et jusqu'à la Division des transports du Comité du Parti communiste de Moscou.

Comment un chauffeur de taxi arrive-t-il à gagner tout cet argent ?

Dans un bon mois, lorsqu'il a réalisé les objectifs de son plan, ses gains officiels seront d'environ deux cents roubles. Il gagne à peu près autant en pourboires, surtout s'il ne plaint pas sa peine ou s'il peut trouver quelques provinciaux naïfs (en jargon de chauffeurs de taxi : des *pidjaki*, ou « vestons ») ou des ivrognes, dans les gares ou à l'aéroport. Il est aisé de soutirer de l'argent à ce genre de passagers, qui se laissent duper facilement. Mais cela ne rapporte pas assez pour vivre et payer des pots-de-vin. Le chauffeur de taxi est donc amené à chercher des moyens de gagner de l'argent « au noir ». Les grandes villes, et à plus forte raison la capitale du pays, offrent à cet égard bien des possibilités ; les rues fourmillent de gens qui souhaitent simplement se rendre d'un point A à un point B.

On peut trouver, tard le soir, un client qui cherche désespérément à se procurer une bouteille de vodka — la vente n'en est autorisée que jusqu'à sept heures du soir. Un chauffeur débrouillard pourra lui rendre service en lui proposant une bouteille à six ou sept roubles (alors que le prix normal est de quatre roubles).

Voici un provincial qui vient d'arriver à Moscou les poches pleines, pour y faire deux ou trois jours d'emplettes, et qui a besoin de quelqu'un pour le piloter dans les magasins de la capitale. Il ne pourrait trouver meilleur guide qu'un chauffeur de taxi expérimenté, qui ne se borne pas à savoir où se trouvent les grands magasins, mais qui connaît également d'autres boutiques, en banlieue, où l'on peut se procurer des articles rares. Souvent, il présentera son passager à un vendeur qui sortira alors de dessous son comptoir quelque chose de vraiment rare et de terriblement tentant, moyennant un prix supérieur au tarif officiel.

Le coût de ces services varie d'un client à l'autre. Un touriste des provinces russes, d'Ukraine ou de Biélorussie remettra généralement dix roubles au chauffeur pour une journée de transport, alors qu'un passager qui arrive du Grand Nord ou un spéculateur professionnel de Transcaucasie paieront peut-être vingt-cinq ou trente roubles pour le même service.

N'oublions pas les passagers en quête de prostituées. Là encore, les chauffeurs de taxi peuvent quelquefois se montrer utiles ; mais ce n'est pas toujours le cas, et de loin, car rares sont les chauffeurs qui entretiennent des relations suivies avec des prostituées. Cependant ils savent généralement où les trouver — dans quelles rues ou dans quels parkings déserts leurs clients trouveront de quoi satisfaire leurs désirs. Ce service, auquel s'ajoute un parcours d'une trentaine de minutes, se paie entre dix et quinze roubles.

Voici donc comment les chauffeurs de taxi gagnent leur vie : en sillonnant la ville à toute allure, en se montrant débrouillards et en rendant toutes sortes de services, y compris, quelquefois, des services quelque peu suspects. Ils multiplient ainsi leur salaire officiel par trois ou quatre, ce qui leur permet de payer régulièrement leurs pots-de-vin, tout en vivant tout à fait décemment.

Les chauffeurs de trolleybus, de tramways et d'autobus urbains ont moins d'occasions de travailler « au noir ». Ils sont contraints de suivre des itinéraires fixes, et de respecter des horaires, vérifiés par des contrôleurs de la circulation routière. La seule manière de grappiller un supplément est de voler l'argent des billets. Dans l'ensemble du pays, c'est généralement la seule source de profit dont disposent les chauffeurs de transports en commun — dans l'ensemble du pays, c'est-à-dire sauf dans les villes de Transcaucasie.

La première fois que je suis monté dans un trolleybus à Tbilissi, je me suis évidemment dirigé vers la caisse et y ai déposé mes quatre kopecks. Mais je ne voyais pas de rouleau de tickets, ni là, ni à côté de l'autre caisse. Je le signalai au chauffeur, et lui demandai un billet ; il me jeta un regard écœuré avant d'arracher un ticket de la liasse placée près de lui ; il me le tendit dans un silence indigné. J'allai m'asseoir à côté d'un Géorgien d'un certain âge, qui me fixa d'un air désapprobateur, comme on toiserait un étranger qui a grossièrement transgressé une coutume locale.

« Pourquoi êtes-vous allé l'embêter ? » me demanda-t-il en russe, avec un fort accent.

Je répondis pour me justifier que le contrôleur pouvait monter et m'infliger une amende si je n'avais pas de billet. « Un contrôleur ? Mais c'est son bus », me répondit mon voisin, en faisant un signe de tête en direction du chauffeur.

Plus tard, mes amis de Tbilissi m'expliquèrent ma bévue. Apparemment, dans les années 60 et au début des années 70, Tbilissi avait des autobus et des trolleybus « privés », qui « appartenaient » à leurs chauffeurs. Un chauffeur « achetait » son véhicule au responsable du dépôt d'autobus, pour une somme de huit mille à dix mille roubles. Il versait ensuite une série de pots-de-vin : au contrôleur de la circulation du dépôt pour qu'il lui donne un bon itinéraire, où il serait sûr d'avoir toujours beaucoup de passagers ; aux contrôleurs de billets pour qu'ils ne montent pas dans son autobus vérifier les tickets des passagers ; et aux mécaniciens, pour que son véhicule soit bien entretenu. En échange de quoi, le chauffeur pouvait conserver presque l'intégralité du prix des billets — presque, mais pas tout à fait ; il fallait tout de même pouvoir porter quotidiennement dans le registre la vente d'un nombre insignifiant de billets. Enfin, pour s'assurer que le chef comptable et l'expert-comptable du dépôt fermeraient les yeux devant l'étonnante faiblesse des sommes enregistrées, le « propriétaire » du bus ou du trolley leur versait aussi leur part.

Aussi, lors de mes séjours ultérieurs dans les capitales d'Arménie et d'Azerbaïdjan, ne m'étonnai-je plus de leurs réseaux privés de transports en commun. Je me contentai désormais de mettre mes pièces dans la caisse, sans même chercher de rouleau de billets.

Des dizaines de milliers de camions et d'autobus appartenant à des organismes d'Etat parcourent le pays en tous sens, pour des affaires qui n'ont rien à voir avec les activités nominales de leurs propriétaires. Ce qu'ils font, c'est transporter des chargements en sous-main. Aucune étude n'a jamais été entreprise à l'échelle nationale pour prouver l'exactitude de cette affirmation, mais les résultats d'une enquête entreprise par un journaliste en collaboration avec la police confirment entièrement mes assertions.

Au cours de cette enquête, dont la *Literatournaïa Gazeta* (n° 27, 1979) a rendu compte, les papiers de déplacement d'une trentaine de camions et d'autobus ont été vérifiés ; ce sondage a été fait aussi bien sur des véhicules quittant Moscou que sur ceux qui circulaient dans la ville même. Ces contrôles ont permis d'établir qu'aucun des déplacements effectués par les camions et les autobus n'était compatible avec les intérêts économiques, ni même avec la nature de l'administration ou de l'entreprise auxquelles ils appartenaient. Trente trajets sur trente n'avaient aucune utilité du point de vue des organismes d'Etat. Dans cet état de choses, les occasions de se servir de véhicules « au noir » sont multiples.

Le commerce privé

Qu'est-ce que le commerce ?

Depuis le jour qui vit la première apparition de l'intermédiaire commercial, dont la fonction était de fournir aux gens ce dont ils avaient besoin, on a appelé commerce le fait d'acheter quelque chose et de le revendre avec bénéfice. Depuis des milliers d'années, l'humanité considère qu'il est légitime et naturel de réaliser un profit commercial.

En Union soviétique cependant, acheter et revendre une marchandise dans le but de réaliser un profit ne s'appelle du commerce que si c'est l'Etat qui s'y livre ; il suffit que cette activité soit le fait d'une personne privée, pour qu'il s'agisse de « spéculation », délit puni par la loi.

Dès les toutes premières années de son existence, l'Etat soviétique s'est attaché à lutter contre les spéculateurs, par la répression — quelquefois même la peine capitale — et la propagande. Les articles de journaux et de revues, les romans et les nouvelles, les films et les pièces de théâtre chantaient les louanges des vaillants officiers de la Tchéka qui anéantissaient sans pitié les ennemis de la Révolution, et exprimaient un mépris grandiloquent pour les « petits entrepreneurs » et les « spéculateurs ».

Dans une étude écrite dans les années 20, je suis tombé par hasard sur une remarque pertinente mais attristante : l'auteur s'étonnait de la rapidité avec laquelle le régime soviétique était arrivé à inculquer à ses citoyens l'idée que les exécutions capitales sont une chose honorable, alors que le commerce est une chose méprisable.

Mais, tout en reflétant parfaitement le point de vue des années 20, cette remarque n'était pas prophétique. Le commerce privé illégal n'a jamais disparu d'Union soviétique ; en fait, pendant, et surtout après la Seconde Guerre mondiale, ce phénomène a pris une grande ampleur ; il est devenu quotidien et universel. Il existe ainsi dans le pays un second marché qui fonctionne parallèlement au marché officiel, et qui offre des articles que l'Etat est incapable de fournir aux consommateurs en raison d'une pénurie constante, aussi bien nationale que locale.

La distribution des biens de consommation à travers le pays ne se fait pas spontanément, ni suivant les lois qui régissent le marché libre ; c'est le résultat de directives administratives émanant des autorités de l'Etat. Certaines villes d'Union soviétique, comme Moscou et Leningrad, jouissent d'un statut d'approvisionnement particulier. Il existe aussi des villes, comme les capitales des Républiques fédératives ou les lieux de villégiature renommés, qui sont ravitaillées en fonction d'un statut de localités de première catégorie ; enfin, toutes les villes restantes font partie de la deuxième catégorie et sont approvisionnées en tant que telles.

La population fait évidemment tout ce qu'elle peut pour compenser l'injustice de cette distribution ; les articles disponibles exclusivement dans certaines villes ont tendance — comme l'eau cherchant son niveau — à refluer des lieux bien approvisionnés vers les localités défavorisées. Ce processus se produit en partie spontanément : les gens qui séjournent dans une autre ville que la leur y achètent pour eux-mêmes, pour leurs familles et leurs amis des articles qu'ils ne peuvent pas se procurer chez eux. Toutefois, les intermédiaires professionnels jouent un rôle important dans le processus de redistribution des biens : ils achètent des denrées là où elles sont disponibles et tentent de les revendre dans les localités où elles font défaut. Il arrive aussi qu'ils les revendent dans la ville même où ils les ont achetées, à des gens qui n'ont pas le temps, pas envie ou pas la force de faire plusieurs heures de queue.

Ces revendeurs professionnels se chargent de tous les frais de transport, et consacrent leur temps et leurs efforts à voyager pour trouver des marchandises ; il est donc tout à fait normal qu'ils essaient de faire un bénéfice en revendant ces produits plus cher qu'ils ne les ont payés. En Union soviétique, ces revendeurs sont appelés des spéculateurs et sont traînés devant les tribunaux.

Mais aussi longtemps qu'il existera des articles recherchés et introuvables dans le commerce, la spéculation continuera d'exister. Aussi, malgré la répression policière et la menace de lourdes peines de prison, qui peuvent aller jusqu'à sept années de réclusion, la spéculation est si intimement liée à la vie soviétique qu'elle en est inséparable. On aurait du mal à citer un secteur de la population qui ne fasse jamais appel aux services des spéculateurs, que ce soit à la campagne ou en ville.

Les spéculateurs professionnels ont généralement une clientèle plus ou moins stable, des habitués auxquels ils vendent des articles soit chez eux, soit sur leur lieu de travail. C'est ainsi qu'est né le concept du « spéculateur attitré ». Certains, par exemple, fourniront régulièrement des immeubles, qui ont pour locataires des écrivains, des artistes et des employés de l'industrie cinématographique. Ces immeubles sont tous situés dans le même quartier de Moscou ; les spéculateurs réguliers y connaissent beaucoup de monde, et sont bien informés des goûts et des exigences de leur « clientèle ».

Les spéculateurs spécialisés dans l'approvisionnement d'une administration tout entière sont eux aussi un élément bien établi de la vie soviétique. Ils se rendent dans une polyclinique, une faculté ou un ministère pendant les heures de travail, s'installent dans un bureau quelconque et attendent leurs clients — en majorité des femmes — qui passent voir ce qu'ils ont à vendre comme chemisiers, chaussures, robes, etc.

Dans l'ensemble, la société soviétique ne partage pas l'hostilité de l'Etat à l'égard des spéculateurs. Dans toutes les couches de la société, on les considère, non pas comme des criminels, mais comme des éléments utiles et nécessaires de la vie quotidienne. Cette attitude est si unanime dans la population que les spéculateurs font même des tournées dans les tribunaux populaires de Moscou. Tout le monde considère cela comme parfaitement normal. Comme les médecins des polycliniques par exemple, les femmes juges et procureurs achètent sans aucun remords des bottes ou des robes à « leurs » spéculateurs. Et le jour où ces mêmes spéculateurs sont inculpés et comparaissent devant elles, elles n'ont aucun scrupule à les envoyer en camp d'internement.

Il m'est arrivé plusieurs fois, pendant des suspensions d'audience, de voir l'huissier introduire un spéculateur avec ses marchandises dans le cabinet du juge. Toutes les personnes présentes, y compris le procureur, examinaient la marchandise avec intérêt et discutaient des prix et des mérites relatifs des articles.

Si la « spéculation » est devenue une part intégrante de la vie soviétique, c'est qu'elle subvient aux besoins quotidiens de la population. Pour comprendre ce fait, il suffit de parcourir les listes des articles confisqués par la police aux spéculateurs arrêtés.

Le numéro du 11 février 1979 de la *Pravda* nous dévoile par exemple le contenu de la valise d'un ingénieur qui rentrait chez lui à Kaunas, en Lituanie, après un voyage à Moscou : des médicaments, des magnétophones, des chemises et des jeans américains, des disques importés et des chewing-gums, le tout pour une valeur de mille quatre cents roubles. *L'Aube de l'Est* du 24 février 1972 rapporte que l'arrestation de trois femmes qui faisaient régulièrement la navette entre leur Géorgie natale et Moscou a permis à la police de découvrir — et bien sûr de confisquer — un grand nombre de pardessus et de manteaux de fourrure, plus de cinquante imperméables importés, des complets, cent trois paires de chaussures, cent vingt-trois tenues d'enfants, deux cent cinquante mètres de tissu et des dizaines de jeans importés.

Enfin, le numéro du 10 février 1980 de la *Pravda* nous apprend ce que la police a confisqué à une femme qui dirigeait une organisation tentaculaire de spéculateurs : une multitude d'objets en or (quarante bagues, quatre paires de boucles d'oreilles, cinq pendentifs, trois bracelets, sept chevalières et quatre bracelets-montres), quarante perruques pour femmes, des coffrets de produits de beauté importés, une grande quantité de jeans importés, des complets de velours, des vestes d'hommes et de femmes, des manteaux et des bonnets de fourrure, des dizaines de paires de chaussures, des rouleaux de tissu, dix appareils-photo, un grand nombre de parapluies importés, des sacs à main, des lunettes de soleil, des écharpes, des couvertures, de la laine de mohair et enfin cinq cents sacs en plastique du type de ceux qui sont accrochés en rouleaux dans tous les supermarchés américains.

Cette énumération ne suffit même pas à brosser un tableau complet des articles rares en Union soviétique, et qui sont par conséquent l'objet de « spéculation ». On pourrait en dresser une liste complète à partir des archives judiciaires de dizaines de milliers de procès de spéculateurs ; on y trouverait la plupart des produits de première nécessité, tels que nourriture et vêtements ; elle comprendrait aussi des articles qu'on ne peut vraiment pas qualifier d'essentiels, comme des disques pop et des jeans américains. Il sera question plus loin dans ce chapitre des spéculateurs professionnels spécialisés dans le commerce de ces deux articles.

Pendant l'été 1977, je me trouvais à Erevan, la capitale arménienne ; je m'arrêtai en passant à l'un des tribunaux de district pour voir deux collègues de Moscou qui devaient y plaider. La petite salle d'audience présentait un aspect insolite : elle était encombrée de caméras de télévision et de projecteurs, autour desquels traînaient des cameramen et des éclairagistes venus de Moscou. Au banc des accusés, j'aperçus un vieil homme mal rasé, et une femme, tout aussi âgée. Tout ce remue-ménage me surprit. Pourquoi diable une équipe de la télévision fédérale faisait-elle un pareil voyage pour filmer le procès d'un vieil homme et d'une vieille femme ? Mes confrères me parlèrent alors de l'affaire qui les avait amenés là.

Les K., frère et sœur, étaient traduits en justice pour trafic de fleurs. Ils avaient tous deux un certain âge déjà, et possédaient une maison avec un petit jardin, où ils cultivaient des œillets. En outre, ils achetaient des fleurs à des voisins, et le frère les emportait à Moscou et à Leningrad pour les vendre avec les siennes. Il y a un certain nombre de marchands de fleurs de ce type à Erevan, et tous menaient une existence relativement paisible ; en effet, des pots-de-vin réguliers les mettaient à l'abri des tracasseries policières.

L'arrestation et le procès des K. étaient en soi extraordinaires. Mais les dimensions données à l'affaire par la presse et la télévision — qui ne se borna pas à retransmettre les débats, mais présenta également des images de la maison des prévenus et des biens qui leur avaient été confisqués — étaient encore plus surprenantes. Le secret de tous les ennuis des K. résidait précisément dans la nature de ces biens. Les objets confisqués finirent par occuper quatre pièces du musée local, et comprenaient des reliques historiques — des meubles et des œuvres d'art ayant appartenu à Napoléon lui-même — du mobilier français des XVIIe et XVIIIe siècles, une collection de porcelaines estimée par les experts à plusieurs dizaines de milliers de roubles et enfin une collection de tableaux, où figuraient de bons spécimens de la production de grands maîtres occidentaux du XVIe au XVIIIe siècle.

K. était un collectionneur passionné, maniaque. Tous ses capitaux, non négligeables, étaient engloutis par sa collection. Les gens chez qui il logeait à Moscou et à Leningrad quand il venait vendre ses fleurs témoignèrent au tribunal que cet homme, à qui son commerce rapportait entre mille trois cents et mille cinq cents roubles par jour, se privait de tout : il ne se permettait même pas de dépenser un rouble pour déjeuner dans une cantine, mais se contentait de cinq *pirochki* à dix kopecks pièce, achetés à un marchand, dans la rue. Sa collection était devenue son seul intérêt dans la vie.

Dans la ville, les rumeurs concernant cette collection s'amplifièrent au point que le ministère de la Culture d'Arménie finit par s'y intéresser.

K. fut convoqué à l'O.B.K.H.S.S., où on lui « conseilla de faire don » de sa collection, en lui expliquant qu'un refus d'obtempérer risquait de l'exposer à bien des désagréments ; il repoussa catégoriquement cette proposition, affirmant avec un air de défi qu'il avait mis cinquante ans à constituer cette collection grâce à l'argent qu'il avait gagné à la sueur de son front, qu'il s'était privé de tout — et qu'il n'avait pas l'intention d'en faire don à qui que ce fût.

Je quittai Erevan avant le verdict ; mais peu de temps après, assis chez moi devant mon poste de télévision, je reconnus la salle familière du tribunal d'Erevan, et les mêmes vieilles gens assis au banc des accusés. C'était une émission de la série « L'Homme et la Loi », qui donnait un compte rendu complet de l'affaire K.

Le présentateur stigmatisa les « dangereux criminels » qu'étaient les K., soulignant le tort qu'ils avaient causé à l'Etat soviétique ; et, avec un sentiment de satisfaction évidente, il indiqua aux téléspectateurs que les « criminels avaient reçu un juste châtiment » : le frère fut condamné à dix années de camp de « régime renforcé » et sa sœur à cinq ; tous leurs biens furent confisqués, y compris, bien sûr, leur collection.

Toute cette colère, toute cette indignation se déversait sur deux vieillards dont le seul tort était d'avoir vendu des fleurs.

Le commerce privé de vêtements importés, d'enregistrements de musique pop et de magnétophones — qui ont toujours été très prisés en Union soviétique — a pris ces dernières années une ampleur toute particulière. Les marchés noirs de Moscou, d'Odessa, de Riga et de Leningrad proposent une grande quantité de marchandises en provenance des pays occidentaux. Mais les articles les plus demandés sont les jeans américains — et du reste tous les vêtements en toile de jeans —, et les disques et cassettes de musique pop et rock.

La mode des jeans s'est répandue comme une traînée de poudre chez les jeunes Soviétiques. Mais tous ne font pas l'affaire — on ne veut que des jeans américains : des « Levi's », des « Wrangler » et des « Montana ». Ces jeans-là sont devenus un symbole de prestige, un accessoire indispensable de la mode vestimentaire des jeunes. C'est moins leur qualité qui importe que l'étiquette ; aussi le commerce des étiquettes est-il plus florissant encore que celui des jeans eux-mêmes. Les gens paieront jusqu'à cinquante roubles pour une étiquette de jeans américains, alors que les articles de fabrication soviétique, ou importés de Pologne et de Bulgarie, qui coûtent entre huit et dix roubles (pantalon compris !), ramassent la poussière dans les magasins. Les prix des jeans américains ont atteint un niveau qui n'a plus rien à voir avec leur valeur réelle, et ils continuent encore d'augmenter. En 1977, ils avaient déjà atteint cent soixante à cent soixante-dix roubles au marché noir, mais en 1979 il fallait payer deux cent vingt-cinq à deux cent cinquante roubles (près de mille cinq cents francs) pour un « Levi's » ou un « Wrangler ».

Les autorités considèrent cette mode avec le plus grand sérieux et prétendent qu'il s'agit d'une sorte de sabotage idéologique, d'une volonté délibérée d'éveiller dans la jeunesse soviétique une sympathie pour la civilisation américaine. Les journaux, notamment ceux qui sont destinés à la jeunesse, publient régulièrement des articles qui tournent cette mode en dérision et où des écrivains et des stylistes célèbres ridiculisent les adeptes du jeans. Toutefois, l'auteur d'un de ces articles, publié dans les *Izvestia* du 8 décembre 1979, reconnaissait fort pertinemment que « bien sûr, il ne sert à rien de lutter contre les caprices de la mode ».

Cela n'empêche pas les autorités de s'entêter en vain dans leur bataille ; les méthodes de propagande ne leur paraissant pas suffisantes, elles ont également recours à des mesures administratives et répressives. En premier lieu, les autorités ont tenté de limiter l'importation de jeans américains dans le pays ; dans ce but, elles ont considérablement augmenté les droits de douane sur les jeans qui sont introduits dans le pays par des voyageurs ou par la poste. Ensuite, toute personne qui entre dans le pays — qu'il s'agisse de citoyens soviétiques ou d'étrangers — ne peut emporter qu'un seul jean.

Malgré ces restrictions, la quantité de jeans américains introduits en fraude dans le pays ne cesse d'augmenter. De nombreuses organisations criminelles se sont spécialisées dans le commerce exclusif de cet article. Plusieurs groupes de ce genre se glorifient d'avoir mis au point des mécanismes bien rodés pour passer d'importants chargements de jeans en contrebande et pour les lancer sur le marché. Leurs fournisseurs habituels sont soit des marins soviétiques naviguant à l'étranger, soit des marins étrangers à quai en Union soviétique qui parviennent à cacher aux douaniers des balles entières de jeans en les dissimulant dans les recoins les plus inaccessibles de leurs bateaux. A terre, ils passent les contrôles douaniers en utilisant une méthode que nous connaissons bien désormais : ils offrent au douanier un jean, s'il accepte de « ne pas voir » la balle de contrebande.

En outre, un nombre croissant de diplomates en poste en Union soviétique s'engagent dans des opérations de contrebande et se font les complices réguliers d'organisations criminelles.

Le groupe démantelé par les agents du K.G.B. à Moscou en 1976 était dirigé par un ancien étudiant en droit de l'université de Moscou, qui avait abandonné ses études pour s'engager dans le commerce illégal. Il avait débuté dans le métier en vendant quelques jeans qui étaient tombés entre ses mains par hasard ; puis, grâce à une habileté hors du commun, il parvint à monter une vaste organisation de commerce de contrebande, dont le chiffre d'affaires annuel s'élevait à trois cent mille roubles.

Sa principale source de jeans, de jupes en toile de jeans et de lunettes de soleil était des diplomates de plusieurs pays africains (ni ces diplomates ni leurs pays ne furent évoqués pendant l'instruction préalable ou au cours du procès). Ces articles étaient vendus essentiellement à de jeunes ouvriers et à des étudiants, dans des foyers et dans les rues proches des grands magasins de Moscou et de nombreuses villes de province. Comme les prévenus l'expliquèrent, on pouvait arriver à vendre en une nuit aux étudiants ou aux ouvriers d'un seul foyer entre trente et quarante jeans à deux cent vingt-cinq ou deux cent cinquante roubles pièce. (Les bourses d'étudiants sont de vingt-cinq à cinquante roubles par mois, et le salaire mensuel moyen des ouvriers et des manœuvres est de cent soixante-neuf roubles.)

Le chef de l'organisation avait créé pour la vente des articles treize petits groupes (comptant chacun cinq ou six membres), composés d'étudiants et de jeunes ouvriers. Quatre groupes étaient en permanence en activité à Moscou, sept dans les centres provinciaux, tandis que deux groupes mobiles parcouraient différentes villes et localités du pays avec leurs marchandises. Mais le chef de l'organisation n'était connu que des responsables de chaque groupe. Ils étaient les seuls à avoir des contacts avec lui ; c'étaient eux qui recevaient la marchandise à vendre et qui réglaient les comptes des affaires conclues. Personne ne connaissait les sources d'approvisionnement ni l'étendue de ce commerce. Cette organisation était si bien protégée qu'elle put fonctionner illégalement pendant trois ans, bien que le K.G.B. fût sur sa piste à la suite de l'arrestation de plusieurs de ses membres de second plan. Le K.G.B. dut attendre d'avoir pu introduire un certain nombre de ses agents aux échelons supérieurs d'un des groupes, dont les responsables connaissaient bien désormais le chef de l'organisation, pour arrêter ce dernier et démanteler tout le réseau.

Les types d'activités lucratives qui échappent au contrôle de l'Etat sont si nombreux et si variés qu'il serait trop long de les énumérer ici. Il y a cependant une profession que je ne peux passer sous silence dans cet ouvrage — je veux parler du plus vieux métier du monde. Je me sens obligé d'en parler, non que la prostitution sévisse particulièrement en Union soviétique, mais parce que la sociologie et la propagande soviétiques officielles prétendent qu'une telle chose ne saurait y exister. Aussi les livres et les journaux soviétiques ne contiennent-ils jamais un mot sur ce sujet.

La prostitution

Il existe en Union soviétique de nombreux métiers qu'il est interdit d'exercer, sous peine de poursuites. La liste de ces métiers, placée en annexe au code pénal, comprend par exemple la fabrication de cierges, d'icônes, d'objets de culte, et celle de duplicateurs. La prostitution, toutefois, ne figure pas sur cette liste. Cette lacune du code pénal ne signifie pas que l'Etat soviétique a adopté une attitude indulgente à son égard et qu'il n'estime pas nécessaire de poursuivre les prostituées ; c'est simplement une manifestation de l'hypocrisie de l'Etat, qui va jusqu'à nier l'existence même de la prostitution dans le pays.

Elle existe pourtant, et l'Etat la combat, — sans grand empressement, et sans grande sévérité, il est vrai.

Un jour, pendant un procès, on annonça une suspension d'audience de plusieurs heures. N'ayant rien à faire et ne sachant où aller, je jetai un coup d'œil dans la salle d'audience voisine, où se déroulait un autre procès. On jugeait une prostituée, mais pas pour prostitution : elle était accusée d'avoir volé ses clients. Elle les emmenait chez elle, et, au plus fort des plaisirs, un homme entrait dans la pièce. Ce « mari » courroucé faisait une scène de tous les diables et usait de violences physiques pour chasser le client terrorisé, après l'avoir délesté de son argent, de ses objets de valeur, et quelquefois même de certains de ses vêtements.

J'entrai en conversation avec un agent du Département d'enquêtes criminelles de Moscou, qui comparaissait au procès comme témoin à charge. Il travaillait dans la section spéciale de lutte contre la prostitution, créée dans les années 40. Il était plutôt loquace, et savait une foule de choses que personne ne sait dans le pays, à part les agents du Département d'enquêtes criminelles et les prostituées elles-mêmes. Comme j'avais déjà conçu l'idée d'écrire cet ouvrage et que le problème m'intéressait, je lui proposai de nous revoir et je l'invitai au restaurant. Je le rencontrai à plusieurs reprises encore, avec un de ses collègues, et ils me fournirent un grand nombre de renseignements très précis.

Mes informateurs me parlèrent d'une foule de choses : du fichier qui contient les dossiers de plusieurs milliers de prostituées professionnelles enregistrées, de l'augmentation annuelle du nombre de filles de quatorze ou quinze ans qui travaillent comme prostituées professionnelles et de bien d'autres choses encore, qui m'ont toutes permis de donner un caractère relativement complet à cette partie de mon livre.

En Union soviétique comme dans tous les pays du monde, c'est dans les grandes villes et dans les ports où les bateaux étrangers font escale que la prostitution prospère. Elle y est toutefois incomparablement moins courante qu'en Occident, et les formes qu'elle prend sont quelque peu différentes.

Elle ne peut tout d'abord être un commerce organisé comme à l'Ouest, principalement à cause de la stricte surveillance qui s'exerce sur toute la population adulte du pays, sans exception. En Union soviétique, une prostituée professionnelle qui n'a pas une couverture légale quelconque — un mari qui l'entretient officiellement ou un métier autorisé — devient une proie facile pour la police. En effet, selon la loi soviétique, tout citoyen valide qui n'exerce pas de métier permanent pendant plus de quatre mois par an peut être accusé de « parasitisme » (passible d'une année de prison). Aussi, à de rares exceptions près, les professionnelles essaient elles d'avoir un alibi valable : le statut de femme au foyer ou n'importe quel emploi permanent. C'est pourquoi, même les véritables professionnelles, celles qui tirent l'essentiel de leurs revenus de la prostitution, occupent généralement un emploi régulier.

On trouve aussi un grand nombre de semi-professionnelles : l'essentiel de leurs moyens d'existence est assuré par un métier légal, et la prostitution leur rapporte un salaire d'appoint régulier. Cette prostitution semi-professionnelle est particulièrement courante chez les serveuses (notamment dans les hôtels-restaurants), chez les femmes de chambre des hôtels, et chez les vendeuses de grands magasins.

La prostitution de rues n'est de loin pas aussi courante dans les villes soviétiques qu'en Occident. Il n'existe rien de comparable à la place Pigalle ou à Times Square, ni à Moscou ni dans les villes portuaires de Leningrad et d'Odessa. Cela ne tient pas seulement à la surveillance rigoureuse qu'exerce la police en tenue et en civil dans les grandes artères et à proximité des hôtels ; en effet, les prostituées arrivent généralement à s'entendre avec la police. La raison essentielle est qu'il est rare qu'une prostituée ait une chambre où emmener ses clients.

Il va sans dire qu'une prostituée qui a une famille ne peut pas emmener d'hommes chez elle, et en Union soviétique, très peu de femmes célibataires occupent un appartement individuel ; elles sont particulièrement rares parmi les prostituées. Officiellement, l'accès des hôtels leur est interdit ; si le client lui-même loge à l'hôtel, il ne peut recevoir personne dans sa chambre passé onze heures du soir. Même avant cette heure, il lui est presque impossible de faire monter une femme dans sa chambre. Dans les hôtels soviétiques, des femmes appelées *déjournaïa* montent la garde en permanence à chaque étage, et doivent veiller scrupuleusement à ce que les chambres ne soient pas utilisées pour des rencontres sexuelles.

Ayant reconnu, de son œil averti, que la compagne d'un client de l'hôtel est une prostituée, la déjournaïa refusera tout net de la laisser entrer dans la chambre et la fera expulser de l'hôtel séance tenante. En cas de doute, la déjournaïa la laissera entrer dans la chambre ; sous un prétexte quelconque, elle viendra frapper à la porte cinq ou dix minutes plus tard. Si les occupants ne la laissent pas entrer, elle appellera un membre de la direction et fera du tapage devant la porte close.

Une déjournaïa ne sera généralement pas insensible à un billet de dix roubles, mais les clients des filles des rues consentent rarement à de tels frais supplémentaires. Il y a bien sûr un certain nombre de prostituées qui exercent leur métier dans les hôtels, mais il s'agit de professionnelles de haute volée, dont nous parlerons plus tard. Cette élite comprend également les quelques femmes qui ont la chance d'avoir un appartement individuel et, en général, leur clientèle personnelle, et qui d'ordinaire ne rôdent pas dans les rues en quête de rencontres.

Il ne reste donc aux filles des rues que les porches sombres et déserts ou les sous-sols abandonnés à offrir à leurs clients peu délicats — ceux qui sont prêts à payer cinq ou dix roubles en échange de quelques instants de plaisir sordide.

Reste encore une autre possibilité, guère plus confortable, qui consiste à emmener le client chez « une de mes vieilles amies ». Ces *babouchki,* qui vivent dans des sous-sols ou des loges de *dvornik* (concierge) avec une entrée séparée donnant sur la rue, acceptent généralement très volontiers d'aller passer une demi-heure dans leur cuisine ou chez une voisine moyennant quelques roubles. Ce phénomène a donné naissance à un type d'escroquerie bien particulier.

Il y a quelques années, plusieurs procès de prostituées se sont tenus dans des tribunaux populaires de Moscou (en particulier dans les districts de Sverdlovsky et de Timiryazevsky). Toutes ces affaires cachaient la même histoire : après avoir attiré son client dans un immeuble qui avait une cour centrale ou une seconde issue, la prostituée lui disait qu'il fallait qu'elle passe devant pour demander à sa « vieille amie » de libérer la chambre. Expliquant que la *babouchka* voulait être payée d'avance pour son hospitalité, la prostituée prenait l'argent du client et disparaissait pour de bon.

Ces femmes n'étaient pas accusées de prostitution mais d'escroquerie : elles avaient perçu de l'argent sur la base d'un contrat et n'avaient pas rempli les obligations qui en découlaient. Les avocats de la défense posèrent fort pertinemment la question suivante à la Cour et à l'accusation : que se serait-il passé si, après avoir touché son argent, l'accusée avait rempli ses engagements, et s'était donc livrée à ce qui aurait constitué un acte de prostitution ? Dans cette éventualité, n'aurait-elle pas pu être traduite en justice ? Elle était donc poursuivie pour ne s'être pas prostituée, ce qui voulait dire qu'en Union soviétique il vaut mieux être une prostituée qu'un escroc.

Cependant, malgré tous ces obstacles, il existe à Moscou et dans d'autres grandes villes, des rues et des places où l'on peut traditionnellement voir le soir des prostituées arpenter le trottoir. A Moscou, elles se réunissent généralement place Sverdlov et au début de la rue Gorki, où sont concentrés les théâtres, les restaurants et les hôtels. Un observateur non averti n'aura pas l'impression qu'elles sont bien nombreuses à battre le pavé dans ce *pyatatchok,* cette « pièce de cinq kopecks », comme l'appellent les Moscovites. Mais cette impression est trompeuse, comme j'ai eu l'occasion de le découvrir.

Un soir, il y a quelques années, nous nous promenions ma femme et moi, avec quelques amis, dans la rue Gorki, lorsque nous fûmes attaqués par des voyous. Il y eut lutte, à la suite de quoi, nous nous retrouvâmes tous, agresseurs et agressés, au poste de police n° 15, situé non loin de la place Sverdlov, et où la police emmène les prostituées qu'elle ramasse. (Dans l'argot des prostituées, ce poste de police s'appelle le *poltinnik,* c'est-à-dire la pièce de cinquante kopecks.)

Une grande partie de la salle où l'officier de service était assis

avait été cloisonnée à l'aide d'une barrière de bois, et était littéralement bourrée de femmes. Il y en avait au moins trente, et leur
profession ne faisait aucun doute ; elles accueillirent d'ailleurs l'arrivée de nos épouses par des cris de joie : « Tiens ! Ils nous amènent du
beau linge ! »

Contrairement à ce qui se passe dans les pays occidentaux, les
proxénètes sont rares dans la prostitution de rue soviétique. Ce fait
m'a été signalé par mon informateur du Département d'enquêtes
criminelles de Moscou, ainsi que par mes informateurs de Leningrad
et d'Arkhangelsk. La seule tentative d'exploitation des filles des rues
dont j'aie entendu parler n'était pas le fait d'un proxénète mais d'une
des prostituées elles-mêmes.

Il y a quelques années, le tribunal municipal de Moscou a été saisi
d'une affaire, à première vue plutôt banale. Une jeune femme et sept
jeunes gens, qui étaient ses complices, étaient accusés d'avoir
brutalement frappé trois femmes (selon la formule du code pénal, ils
leur avaient « infligé des coups et blessures mettant la vie des victimes
en danger »), et d'avoir tenté d'en assassiner une quatrième. Mais il y
avait quelque chose de tout à fait insolite dans ce procès : aucun des
participants — ni les accusés, ni les victimes, ni les avocats de
l'accusation ou de la défense — ne fit la moindre allusion aux mobiles
du crime. L'accusation se contenta de la formule consacrée « par
hooliganisme » (vandalisme, c'est-à-dire sans mobile apparent), et le
mot de « prostitution » ne figura même pas dans les conclusions des
débats présentées par l'accusation. Et pourtant, c'était bien là le sujet
de toute l'affaire.

La principale accusée était une prostituée qui se distinguait des
autres filles qui fourmillaient le soir sur les trottoirs, autour des
restaurants et des hôtels, non seulement par son physique remarquable (qui lui donnait déjà un avantage sur ses concurrentes), mais aussi
par son intelligence et par sa force de caractère. Elle était rapidement
devenue la meneuse d'un groupe de prostituées ; elle leur repassait les
clients dont elle ne pouvait pas s'occuper elle-même et leur conseillait
les meilleurs endroits pour racoler. En outre, elle entretenait des
relations avec la police et avec les agents qui surveillaient ce district, et
leur versait régulièrement des pots-de-vin au nom de son groupe.

En échange de tous ces services — la fourniture de clients et ses
interventions auprès de la police — elle exigeait de ses compagnes
argent et soumission. Certaines prostituées, cependant, n'avaient pas
besoin d'elle, et refusèrent d'obéir. Elle inventa alors une méthode
grâce à laquelle elle espérait arriver à placer sous son contrôle toutes
les professionnelles du secteur : elle mit sur pied une organisation qui

lui permettrait de lever tribut ponctuellement sur toutes les prostituées qui se présenteraient le soir au pyatatchok.

Pour mener son projet à bonne fin, l'héroïne du procès — que les prostituées et le Département d'enquêtes criminelles avaient surnommée la commandante Klavka — organisa un corps expéditionnaire formé de dix gars costauds, dévoués et prêts à exécuter ses ordres. Ils commencèrent à terroriser toutes les filles qui travaillaient dans le secteur, en les chassant de la place Sverdlov et de la rue Gorki, et en les empêchant de racoler. Ils leur jetaient de l'encre au visage et sur les vêtements, et passaient à tabac les plus récalcitrantes.

Pendant un certain temps, la police, qui touchait un pourcentage sur les gains quotidiens de la commandante Klavka, ferma les yeux et même la seconda dans une certaine mesure dans sa lutte pour le pouvoir : sur ses directives, les agents arrêtaient ses rivales indisciplinées et les emmenaient au poltinnik. Mais le jour où l'on découvrit une femme, les côtes cassées et le crâne fracturé, dans la cave d'un immeuble proche de l'hôtel Métropole, l'affaire fut confiée à une autre section du Département d'enquêtes criminelles : la division des homicides. En fait, la victime trouvée dans la cave survécut à ses blessures, et put fournir les informations nécessaires.

Cet essai d'organisation de la prostitution moscovite fut alors abandonné. Je n'ai jamais entendu parler d'autres tentatives du même genre, impliquant des proxénètes professionnels qui auraient essayé d'exploiter des prostituées ; à ma connaissance, les annales judiciaires n'en ont jamais fait état non plus.

En raison des difficultés à trouver un appartement ou une chambre d'hôtel où exercer une activité régulière, les grandes villes ont vu augmenter la popularité de la prostitution en taxi. Il y a plus de quinze ans déjà, à ma connaissance, les Départements d'enquêtes criminelles de Moscou, de Leningrad et de Kiev ont constaté une coopération régulière entre des chauffeurs de taxi et des groupes fixes de prostituées.

A Moscou, les groupes de prostituées et les chauffeurs de taxi qui sont de mèche avec elles se concentrent autour des gares et de quelques restaurants traditionnellement considérés comme des centres de prostitution. Les prostituées comme les chauffeurs maraudent autour des gares vingt-quatre heures sur vingt-quatre. Ils se rassemblent près des restaurants aux heures de fermeture et racolent les clients à la sortie — surtout quand ces derniers sont ivres. Les prostituées les plus élégantes et les plus séduisantes racolent même à l'intérieur des restaurants.

En vertu d'une règle tacite, les portiers de restaurant interdisent l'entrée le soir aux femmes non accompagnées et aux couples de femmes. En fait, les portiers connaissent de vue toutes les prostituées du quartier et ne font aucune difficulté pour les laisser entrer en échange de trois roubles. Certains essaient même de trouver des clients parmi les dîneurs et leur recommandent des prostituées de leur connaissance. Ils sont alors payés par les clients et par les filles.

Juste avant l'heure de fermeture, une file de taxis vides se forme devant ces restaurants. Mais un passager ordinaire tenterait en vain d'en prendre un ; en effet, tous les chauffeurs attendent leurs habitués, et ne s'intéressent pas aux clients ordinaires.

Autour des gares, la prostitution en taxi est plus discrète. Dans chaque gare en effet, un inspecteur de service veille à ce que les chauffeurs de taxis disponibles prennent immédiatement les voyageurs qui font la queue. Aussi les chauffeurs qui travaillent avec des prostituées garent-ils leurs voitures dans des ruelles adjacentes, lumière verte éteinte. Le chauffeur s'entend avec la prostituée sur un lieu de stationnement, et elle sait exactement où trouver la voiture dès qu'elle aura levé un client.

Le chauffeur connaît son métier. Une fois le couple assis, il roule impassiblement et sans se retourner pendant une demi-heure ou une heure à travers des rues sombres et désertes ; ou bien il reste assis dans la voiture, tous feux éteints, dans une cour ou une ruelle désertes.

Les accords financiers entre chauffeurs de taxi et prostituées dépendent de la distribution des rôles. Quelquefois, la prostituée agit indépendamment : elle racole un client, choisit le chauffeur et lui verse une partie de l'argent qu'elle reçoit du client. Dans ce cas, le chauffeur touchera dix ou quinze roubles sur les vingt-cinq ou trente payés par le client.

Dans d'autres cas, c'est le chauffeur de taxi qui joue le rôle principal. C'est à lui que le client passe commande d'une femme ; il entre en contact avec la prostituée qui l'attend en un lieu convenu, ou chez elle, prête à répondre à l'appel téléphonique du chauffeur. Dans ce cas, celui-ci est payé par le client et s'arrange ensuite avec la prostituée ; il lui donne dix ou quinze roubles et en garde quinze ou vingt pour lui.

Ce genre d'activités se répand largement parmi les chauffeurs de taxi et commence à ressembler de plus en plus à du proxénétisme organisé. On voit apparaître des groupes fixes de prostituées qui travaillent avec un ou deux chauffeurs de façon permanente. Habituellement, ces groupes se partagent les secteurs, près des gares et près des restaurants. Il leur arrive de fusionner pour se débarrasser d'intrus qui cherchent à s'introduire sur ce qu'ils considèrent comme leur territoire. Les méthodes utilisées dans cette lutte pour le pouvoir comprennent la dénonciation des rivaux à des officiers de police avec qui le groupe entretient de bonnes relations (relations fondées, bien sûr, sur la corruption). Il arrive aussi que les chauffeurs de taxi se battent à coups de clé à molette et de pied-de-biche, et que les prostituées passent à tabac leurs consœurs d'un groupe rival. (D'après des témoins oculaires, les rixes de femmes se distinguent par une cruauté bien particulière et par une bonne dose de sadisme.)

Dans certains cas, des chauffeurs appartenant au même groupe se prennent de querelle, par exemple lorsque l'un d'eux essaie d'attirer une femme qui travaille pour un autre chauffeur, pratique considérée comme inadmissible. Ces différends se règlent par les mêmes méthodes : bagarres et passages à tabac cruels et sanglants, dénonciations.

Les gares d'Union soviétique sont toujours bondées de voyageurs harassés, qui attendent leur train. Il n'est pas rare qu'ils attendent toute une journée, et il arrive qu'ils doivent également passer la nuit dans la gare. Ces gens sont des clients potentiels pour une catégorie particulière de prostituées : la prostituée de gare.

Dans les gares de Moscou, ces prostituées flânent en quête de clients, parmi les provinciaux qui s'ennuient et qui ne savent comment tuer le temps ou comment profiter des délices et des tentations de la capitale. Il suffit d'avoir un peu d'esprit d'observation et d'avoir passé ne serait-ce que quelques heures dans une grande gare de Moscou pour les avoir remarquées, seules ou par deux, errant dans les couloirs et accostant les hommes. Leurs propositions se heurtent souvent à un geste ou à une réponse négative, mais quelquefois, un homme empoignera sa valise pour suivre une femme. (Il est très fréquent d'ailleurs que deux ou trois hommes s'en aillent avec la même femme.)

Leur profession ne fait aucun doute ; leur attitude et leur apparence sont assez éloquentes. Généralement, elles ne sont plus toutes jeunes ; elles se sont laissé aller : leurs vêtements sont pauvres et négligés, leurs visages violemment fardés et bouffis par l'alcool.

Les agents du Département d'enquêtes criminelles m'ont affirmé qu'il s'agissait de la catégorie de prostituées la plus vile et la moins chère. Elles sont la lie du monde de la prostitution — et c'est vers elles que se portent naturellement les pauvres types. Leur clientèle se recrute généralement parmi les provinciaux ou les soldats qui rentrent chez eux en permission et que le manque de femmes à la caserne tourmente. Ce n'est pas une clientèle riche, mais elle n'est pas difficile non plus. Comme les clients ont des bagages et ne peuvent quitter la gare, les prostituées les emmènent vers des voies de garage isolées où sont parqués de vieux wagons de voyageurs abandonnés — un paradis pour les mendiants et les clochards. Ces abris ne sont pas très confortables, mais ils ont l'avantage d'être gratuits.

D'autre part, il y a toujours sur les voies de garage des wagons de voyageurs qui attendent d'être rattachés aux trains ; moyennant un ou deux roubles, les chefs de train sont tout prêts à permettre aux prostituées et à leurs clients de les utiliser.

La police des chemins de fer connaît très bien toutes les prostituées, et il ne lui serait pas difficile de les arrêter. Mais les pots-de-vin qu'elles lui versent représentent une source régulière de revenus ; sans compter que la police utilise largement ces prostituées comme indicatrices. Elles entretiennent généralement des relations avec les voleurs de gare, et peuvent aisément fournir des renseignements utiles sur leurs activités criminelles.

Bien qu'elles soient en principe interdites de séjour dans les hôtels soviétiques, les prostituées d'hôtel forment une catégorie bien à part. L'ensemble de leurs activités repose sur des liens permanents et étroits avec les réceptionnistes, et tout particulièrement avec les déjournaïa. Les prostituées ont évidemment besoin de ces relations pour pouvoir pénétrer dans les hôtels avec leurs clients, mais leurs rapports ne s'arrêtent pas là. Le Département d'enquêtes criminelles sait, par les comptes rendus de ses agents, que certaines déjournaïa racolent elles-mêmes des clients, puis convoquent à l'hôtel les prostituées avec lesquelles elles sont en relation.

Même lorsqu'une prostituée racole personnellement ses clients parmi la clientèle de l'hôtel, elle le fait généralement avec le concours de la déjournaïa qui lui signale qu'un parti intéressant occupe telle ou telle chambre. J'arrivai un soir à l'aéroport de Riga, et mes clients me conduisirent immédiatement à l'hôtel Riga, le meilleur de la ville. Je les fis monter dans ma chambre et discutai avec eux de notre plan de travail du lendemain ; après quoi, ils partirent. J'étais en train de défaire ma valise quand le téléphone sonna : « Ivan Nikolaévitch ? » demanda une voix de femme. « Non, vous avez dû faire erreur, il n'y a personne de ce nom ici. » « Oh ! il est déjà parti ! Mais peu importe ! Aimeriez-vous vous amuser un peu ? Je peux passer quand vous voulez. »

Je déclinai poliment mais fermement cette offre d' « amusement », et ne reçus plus d'appel téléphonique de ce genre. Je revins toutefois dans cet hôtel quinze jours plus tard et y occupai une autre chambre, à un autre étage ; j'y reçus alors un appel identique.

Ce qui m'est arrivé à Riga fait partie de la vie quotidienne de tous les hôtels de grandes villes. Les réceptionnistes ne se bornent pas à donner aux prostituées les renseignements dont elles ont besoin ; ils racolent aussi pour elles. Dans les hôtels de Moscou, Leningrad, Kiev et de bien d'autres villes encore, il est très fréquent qu'un client qui rentre à l'hôtel après une journée de travail se voie demander avec bienveillance par le réceptionniste s'il ne trouve pas triste de devoir passer la soirée tout seul, et s'il ne souhaite pas qu'il lui présente « une gentille fille ».

Je sais par les archives judiciaires et par les renseignements que m'ont fournis les agents du Département d'enquêtes criminelles de Moscou, que la prostitution hôtelière est devenue très courante à Moscou. Un client peut avoir des rapports avec une prostituée dans presque tous les grands hôtels — sauf s'il est étranger. Même si, par prudence, la déjournaïa ne propose pas au client de lui présenter une « gentille fille », le téléphone ne manquera pas de sonner dans sa chambre, et des voix féminines lui offriront de « s'amuser un peu » ou de « passer la soirée ensemble ». Si le client est intéressé, une femme viendra dans sa chambre et y passera la nuit sans rencontrer aucune difficulté de la part de la déjournaïa, qui touche dix roubles sur les vingt-cinq ou trente payés par le client.

Les prostituées les plus chères d'Union soviétique sont les prostituées à devises, celles qui fréquentent essentiellement ou exclusivement des étrangers et se font payer en devises occidentales convertibles.

Comme je l'ai indiqué plus haut, il existe en Union soviétique une chaîne de magasins dirigée par l'organisation *Béryozka* (« bouleau »), qui n'acceptent que des devises occidentales, et pas les roubles. On peut y acheter des articles et des produits importés de première qualité, introuvables dans les magasins ordinaires. Aussi les prostituées soviétiques, qui ne s'offrent que pour des dollars, des livres ou des marks, sont-elles surnommées des *béryozki*.

Elles racolent essentiellement dans les endroits fréquentés par les étrangers — les spectacles de ballets du Bolchoï, ou les bars qui n'acceptent que les devises occidentales. Une femme élégante et séduisante, qui possède quelques rudiments d'une langue étrangère quelconque, n'aura aucune difficulté à rencontrer des étrangers et à lier connaissance avec eux au foyer du Bolchoï pendant les entractes.

Même s'ils possèdent des devises, les citoyens soviétiques ne sont admis dans les bars à devises qu'à condition d'être invités par un étranger. Une exception est faite cependant pour les prostituées à devises. Elles ne sont pas admises gratuitement, bien sûr ; le responsable du bar touche un prix d'entrée de dix roubles de chacune d'elles. Mais les béryozki gagnent beaucoup d'argent et rentrent rapidement dans leurs frais. Leurs clients les paient en devises fortes ou en bons utilisables dans les magasins Béryozka (normalement, ces bons sont délivrés dans une banque spéciale, en échange de devises).

Les devises et les bons des Béryozka sont très prisés au marché noir. On peut tirer quatre ou cinq roubles d'un dollar, qui vaut soixante-trois kopecks au taux de change officiel, et entre six et huit roubles d'un bon d'une valeur nominale d'un rouble. Une béryozka qui touche vingt-cinq ou trente dollars en liquide ou vingt à vingt-cinq roubles en bons par passe (c'était le tarif moyen à la fin des années 70 à Moscou et Leningrad) peut donc gagner cent vingt à cent cinquante roubles en quelques heures — l'équivalent du salaire mensuel d'un ouvrier ou d'un employé moyens.

Pour faire partie de cette élite de la prostitution soviétique, une femme doit avoir des charmes physiques certains ; mais cela ne suffit pas. Il faut aussi qu'elle sache se tenir en société, s'habiller avec goût et qu'elle ait de vagues notions de langues étrangères. (Les prostituées à devises qui travaillent dans les ports et qui fréquentent des marins étrangers n'ont pas besoin de tous ces talents. Il leur suffit de quelques mimiques éloquentes, de quelques gestes expressifs et de quelques mots que le monde entier comprend — comme « dollar ».)

Ce groupe de prostituées d'élite s'est développé à Moscou et à Leningrad au cours des dix ou quinze dernières années. Sa composition évolue bien sûr ; mais on y trouve de plus en plus de jeunes femmes très instruites (les diplômées des instituts de langues étrangères sont particulièrement nombreuses). En voici deux portraits.

Portrait n° 1 : Elle est diplômée de l'une des écoles d'art dramatique de Moscou mais n'a pas pu faire de carrière artistique, et travaille comme mannequin. Ce travail n'est pas régulier et lui laisse beaucoup de temps libre. Elle parle très bien anglais. Elle est intelligente et suffisamment cultivée pour soutenir une conversation sur les nouvelles tendances de la peinture et sur un spectacle de ballets. Elle s'habille avec élégance. Avec les revenus qu'elle tire de la prostitution, elle a acheté un appartement de deux pièces en coopérative, qui lui permet de recevoir confortablement ses clients. Elle ne fréquente que des étrangers, et sa clientèle est formée de diplomates et de représentants permanents de compagnies étrangères en relations commerciales avec l'Union soviétique. Elle transmet des renseignements sur ses clients à un fonctionnaire du K.G.B. qui est son « contact » permanent ; elle peut ainsi exercer paisiblement son métier sans craindre d'être arrêtée.

Portrait n° 2 : Elle est diplômée de l'Institut de langues étrangères de Moscou et enseigne le français dans une école de Moscou. Elle a commencé à se prostituer quand elle était encore étudiante : elle voulait s'acheter des vêtements, et sa bourse d'Etat ainsi que la pension que lui versaient ses parents ne couvraient que ses frais de nourriture et de produits de première nécessité. Avant de passer son diplôme, elle a épousé un homme aisé, mais plus tout jeune, et de loin, pour pouvoir s'établir à Moscou et ne pas être obligée de retourner en province. Elle a rapidement divorcé et a conservé l'appartement de son mari. Comme son salaire régulier ne l'intéresse pas, elle travaille très peu à l'école et s'occupe surtout de ses rendez-vous avec des étrangers. Elle a des clients réguliers et occasionnels, qui sont tous le fruit de rencontres faites dans des halls d'hôtels ou dans des bars à devises. Elle n'est pas très cultivée et parle un mauvais français, mais elle est toujours pleine d'entrain et de bonne humeur. C'est une partenaire agréable pour toutes sortes de divertissements, et elle ne manque donc pas de clients.

L'Union soviétique n'a pas de véritables maisons de passe comme celles qui se camouflent à l'Ouest en salons de massage ou en clubs. Elles ne pourraient d'ailleurs pas exister, car il est impossible d'acheter ou de louer une maison dans une grande ville. Le mieux qu'on puisse faire — et encore faut-il appartenir aux milieux privilégiés — c'est de devenir propriétaire de quatre pièces dans un immeuble, où il y a de nombreux voisins et un liftier qui surveille constamment les allées et venues, et travaille toujours comme indicateur pour la police locale.

Un appartement très fréquenté risque donc d'attirer l'attention des voisins et du liftier — et par là de la police. C'est extrêmement dangereux, car, bien que les lois soviétiques ne prévoient aucune peine pour le délit de prostitution, on peut facilement se voir infliger cinq années de camp pour proxénétisme ou pour avoir dirigé une maison de rendez-vous.

Il existe pourtant en Union soviétique quelque chose qui se rapproche des maisons closes. Les archives des tribunaux et les témoignages recueillis par le Département d'enquêtes criminelles de Moscou grâce à ses agents permettent de se faire une idée relative-ment précise de la manière dont elles fonctionnent, des personnes qui les dirigent, des clients qui les fréquentent et des filles qui y travaillent.

Les personnes qui dirigent des maisons de passe sont habituellement des femmes seules d'un certain âge. Le théâtre d'opérations est généralement un trois-pièces (quelquefois même deux pièces suffisent). On ne reçoit dans ces appartements, aménagés en maisons de passe, que des clients que la propriétaire connaît personnellement ou qui lui ont été recommandés, et uniquement sur rendez-vous. Les prostituées convoquées pour recevoir leurs clients respectifs doivent arriver une par une et faire tout leur possible pour que le liftier ne devine pas dans quel appartement elles se rendent. Puis, un par un, les couples disparaissent dans les chambres disponibles.

Selon mon informateur du Département d'enquêtes criminelles, c'est là le fonctionnement typique des établissements qui ont une clientèle plutôt terre-à-terre et des propriétaires qui ne se tiennent pas au courant des réalisations occidentales en la matière, et qui n'ont jamais vu de film pornographique. (Fort heureusement pour la population, on n'en projette jamais en Union soviétique.) Cette norme connaît cependant des exceptions. Grâce aux renseignements que m'ont fournis les agents du Département d'enquêtes criminelles et quelques hommes d'affaires clandestins, il m'est possible d'esquisser un tableau d'une de ces maisons de « fantaisie ».

La propriétaire du trois-pièces est une jolie divorcée d'âge mûr. Elle n'a jamais travaillé comme prostituée professionnelle, mais depuis son divorce, elle n'a jamais manqué de riches protecteurs (elle en a eu quelquefois plusieurs en même temps). Elle a de nombreuses relations parmi les médecins, les juristes, les hommes d'affaires clandestins de Moscou, et parmi les hauts fonctionnaires du Parti et de l'Etat. Ceux-ci et leurs amis contribuent à former une clientèle plus ou moins stable.

Cette maison close ne reçoit individuellement les clients qu'à titre exceptionnel ; généralement, plusieurs hommes — pas moins de trois et pas plus de six — arrivent ensemble. Chaque invité paie son dû à la maîtresse de maison : vingt-cinq roubles, une bouteille de vodka ou de cognac et quelques amuse-gueule (une boîte de conserve ou une demi-livre de saucisse ou de jambon).

La table est dressée dans la plus grande des pièces. En face de la table, il y a une ottomane. Pendant que les hôtes boivent et grignotent, trois filles nues font une démonstration de lesbianisme sur cette ottomane.

Une fois le dîner et la démonstration terminés, les filles se retirent dans la chambre à coucher, et les hôtes vont les rejoindre un par un. Quelquefois, moyennant un supplément, on organise des parties de plaisir avec enjeux financiers, dont la description ferait un parfait scénario de film pornographique.

Grâce à la prudence de la tenancière et à ses bonnes relations avec l'officier de police locale — qui touchait une forte somme tous les mois —, grâce aussi à ses protecteurs et à ses clients haut placés dans la hiérarchie moscovite, cet établissement a pu fonctionner de nombreuses années ; à ma connaissance, il était toujours ouvert en 1977.

La propriétaire de la maison que j'ai décrite n'a jamais été traduite en justice et ses clients ont échappé à la désagréable corvée de devoir comparaître comme témoins dans un procès à sensation. Des procès de ce genre se tiennent néanmoins, rarement il est vrai. Il y a quelques années, deux d'entre eux ont défrayé la chronique. J'ai pu avoir accès aux dossiers de ces deux affaires, et j'ai assisté aux audiences.

La principale accusée du premier procès, qui s'est tenu au tribunal municipal de Moscou, était une femme d'une cinquantaine d'années, que nous appellerons Inna ; son surnom était « Inna la secouriste », sobriquet qui lui avait été donné avant la Deuxième Guerre mondiale, lorsqu'elle était prostituée d'hôtel professionnelle. A cette époque, elle avait organisé une équipe de plusieurs prostituées qui s'occupaient régulièrement des clients de l'hôtel Moskva, où descendaient de hauts fonctionnaires de province lorsqu'ils venaient à Moscou pour affaires. Elle était en relations régulières avec la déjournaïa, qui la prévenait dès que l'on avait besoin de ses « soins d'urgence ». Elle arrivait alors aussi vite que possible, ou bien elle envoyait une fille de l'équipe ; dans ce cas, elle touchait un pourcentage sur ses gains.

Après la guerre, Inna décida d'abandonner la prostitution, mais elle développa considérablement ses activités d'entremetteuse. Elle élargit son cercle de clients ainsi que de filles et de femmes travaillant comme prostituées professionnelles. Elle ne se contenta plus de s'occuper de provinciaux de passage, et chercha à se faire des clients parmi les classes privilégiées de la société moscovite, et à attirer de hauts fonctionnaires de l'appareil dirigeant de la ville.

Les clients lui téléphonaient, et elle envoyait des femmes à l'adresse indiquée ; mais ses affaires finirent par prendre une telle ampleur qu'il lui fallut trouver une base permanente d'opérations. Elle fut aidée en cela par son complice et coïnculpé E., un journaliste de troisième ordre, qui avait le bras long et un cerle de relations très étendu. Il trouva un appartement de quatre pièces pour cinq cents roubles par mois ; ils firent de ce logement leur quartier général, et y établirent une maison de rendez-vous qui eut bientôt un grand renom dans certains milieux. Le service devint une grande entreprise. Plus de dix mineures y étaient employées comme prostituées, et Inna elle-même leur apprenait le métier.

L'audition de ces filles de quinze ans, rendant compte au tribunal de leur période d'apprentissage, fut un moment pénible. D'un ton parfaitement impassible, froid et détaché, elles décrivirent en détail et avec des mots obscènes l'ensemble du processus. Elles parlèrent des perversions qu'Inna leur avait enseignées, en leur expliquant comment s'occuper des masochistes et des sadiques ; elles racontèrent comment elle leur avait appris à pratiquer la fellation, d'abord sur un phallus artificiel, puis sur une personne réelle.

A ma connaissance, aucun des clients du salon d'Inna ne fut poursuivi pour avoir eu des rapports sexuels avec des mineures. Mais plusieurs d'entre eux n'échappèrent pas à la honte d'être cités comme témoins devant une salle d'audience bondée. A la barre des témoins, ils avaient l'air pathétiques et embarrassés. Deux d'entre eux m'ont particulièrement frappé.

Un homéopathe d'un certain âge, connu de tout Moscou, se tenait à la barre des témoins, écoutant la déposition d'une jeune fille qui faisait part à la Cour et au public de son embarras lorsque « ce vieux » s'était déshabillé, lui avait tendu sa ceinture et lui avait ordonné de « le fouetter bien fort — de lui faire vraiment mal ». Sa confusion fut telle qu'il fut incapable de répondre de façon cohérente à la question du juge : « La déposition du témoin est-elle exacte ? »

Un célèbre compositeur, auteur de nombreuses chansons très populaires dans les années 20 et 30, prit un air assuré et même tout à fait dégagé, quand les filles se présentèrent à la barre et décrivirent les répugnantes pratiques masochistes auxquelles il les avait contraintes à se livrer. Il nia tout catégoriquement, mais personne, pas plus le public que les membres de la Cour, n'eut le moindre doute sur la véracité du témoignage.

Le seul châtiment de ces deux hommes fut la honte qu'ils éprouvèrent. Des patients assez haut placés aidèrent l'homéopathe à se tirer de ce mauvais pas, et le compositeur fut secouru par son protecteur et admirateur de longue date, le maréchal Klim Vorochilov, qui était alors membre du Politburo et président du Présidium du Soviet suprême d'U.R.S.S.

Inna et son complice E. furent condamnés à des peines de prison. J'ignore ce qu'est devenue Inna depuis, mais E. a refait surface à

Moscou après avoir purgé sa peine et a été une nouvelle fois la vedette d'un procès du même genre.

Quant à la prostitution homosexuelle masculine, officiellement, elle est relativement rare en Union soviétique ; cela tient essentiellement à la rigueur des peines qu'encourt tout homme reconnu coupable de pratiques homosexuelles. Même les rapports sexuels entre adultes mâles consentants sont passibles de peines qui peuvent aller jusqu'à cinq années de prison. Quant aux rapports accompagnés de menaces ou de voies de fait, et aux relations avec des mineurs, ils peuvent entraîner jusqu'à huit années de détention.

Malgré la sévérité de ces peines, les homosexuels n'ont, bien sûr, pas disparu d'Union soviétique. Ils cachent soigneusement leurs penchants et leurs activités, mais on sait néanmoins (en particulier en consultant les rôles des tribunaux) qu'ils sont très nombreux dans le pays, et qu'ils appartiennent aux classes sociales les plus diverses. On trouve parmi eux des musiciens et des danseurs mondialement connus, des artistes et des écrivains, que leur célébrité met, dans une certaine mesure, à l'abri des poursuites. Et puis il y a les milliers d'individus ordinaires, anonymes, qui vivent dans la crainte, dans la hantise perpétuelle d'une dénonciation, d'un procès, et des camps.

Tout cela n'empêche pas la prostitution homosexuelle masculine d'exister dans les grandes villes. A Moscou et dans d'autres centres importants, les prostitués racolent dans les lieux où les homosexuels se retrouvent pour chercher des partenaires — dans les toilettes publiques. C'est là que les prostitués offrent leurs services et que l'on peut fréquemment rencontrer des mineurs.

Le département de la police chargé de lutter contre l'homosexualité connaît parfaitement tous ces endroits, et ses agents secrets les surveillent en permanence. Cependant les arrestations et les procès sont relativement rares. En effet, même lorsqu'un agent est sûr que deux hommes qui échangent quelques mots dans des toilettes publiques et sortent ensemble sont bien des homosexuels, et qu'ils ont effectivement l'intention d'avoir des rapports sexuels, il ne les arrêtera pas. Cela ne servirait à rien, car en cas d'arrestation, tous deux nieraient évidemment avoir pareille intention, et l'agent n'aurait aucune preuve contre eux.

Ces dernières années cependant, la police moscovite a eu recours à des stratagèmes cyniques. Un agent provocateur, qui prétend être homosexuel (ou quelquefois qui l'est vraiment), attire son partenaire dans un piège où la police l'attend, puis témoigne contre lui à son procès.

Dans les années 70, le tribunal municipal de Moscou a été saisi d'une affaire, qui a révélé que la police avait organisé une force d'action spéciale de lutte contre les homosexuels en recrutant de jeunes écoliers. Les membres de ce groupe devaient entrer dans des toilettes publiques et servir d'appât pour attirer les homosexuels. Ces garçons finirent toutefois par se retrouver au banc des prévenus ; mais ce n'était pas ces pièges qu'on leur reprochait. Ayant rapidement compris que les homosexuels étaient complètement désarmés et qu'ils vivaient dans la terreur de se faire prendre, ils se mirent à les dévaliser ; et ce fut de ces vols qu'ils furent accusés. Même en utilisant ces méthodes illégales, la police est pourtant incapable d'enrayer l'expansion de la prostitution homosexuelle masculine.

CONCLUSION

Ainsi, l'Union soviétique est infectée jusqu'à la moelle par la corruption. Depuis l'ouvrier qui donne une bouteille de vodka au contremaître pour se faire attribuer le meilleur poste jusqu'à Mjavanadzé, membre candidat du Politburo, qui touche des centaines de milliers de roubles pour protéger des millionnaires clandestins ; depuis la fille des rues qui verse dix roubles au policier pour qu'il la laisse racoler, jusqu'à l'ancien membre du Politburo, ministre de la Culture, Ekatérina Fourtséva, qui s'est fait construire une superbe villa de banlieue aux frais de l'Etat — tout le monde, sans exception, en est atteint.

Je suis né dans ce pays, et j'y ai passé presque soixante ans. Tout au long de ma vie, dès que j'ai été en âge de comprendre, j'ai vu la corruption éroder d'année en année un peu plus profondément la société soviétique, avant de transformer le régime, dans les années 60 et 70, en une caste de dirigeants corrompus gouvernant un peuple corrompu.

La corruption est devenue un phénomène national en Union soviétique. Mais cela, encore une fois, ne signifie pas que le citoyen soviétique moyen soit foncièrement immoral et enclin à frauder. J'ai vécu avec ce peuple, et je peux certifier qu'il n'en est rien. Le peuple soviétique n'est ni pire ni meilleur que les autres. L'*homo sovieticus* n'est pas immoral, il a simplement deux éthiques bien distinctes.

Dans ses relations avec les représentants du gouvernement ou lorsqu'il a affaire à l'industrie, au commerce et aux services, le citoyen soviétique se sert de la corruption, spontanément et machinalement, pour obtenir ce dont il a besoin — et c'est généralement un besoin vital. Avec le même automatisme, le Soviétique moyen donne un rouble à un vendeur en échange d'un morceau de viande, trois cents roubles à un fonctionnaire du ministère des Communications pour faire installer le téléphone dans son appartement et trois mille roubles à un fonctionnaire du Comité exécutif de district pour obtenir un logement gouvernemental. Faute de ces pots-de-vin, sa famille n'aura pas de viande ; il lui faudra attendre cinq ou six ans pour se faire installer le téléphone, et il passera des années avec sa famille nombreuse dans une seule pièce ou dans un appartement communautaire.

Le citoyen soviétique verse tous ces pots-de-vin sans réfléchir à l'aspect moral de son geste, et sans aucun scrupule ; il n'ignore généralement pas qu'il enfreint la loi, mais n'a pas l'impression de commettre un acte immoral.

Telles sont les relations du citoyen soviétique avec le gouvernement. Mais dans sa vie privée, le même citoyen agira conformément aux préceptes généraux de l'éthique humaine.

Il mentira à un représentant du gouvernement, mais sera sincère et honnête dans ses relations avec ses amis et voisins ; il volera avec joie vingt paquets de cigarettes à la manufacture de tabacs où il travaille, mais ne dérobera pas un centime à autrui.

Cette double morale s'explique par la profonde désaffection que le peuple soviétique éprouve pour son gouvernement. Le citoyen soviétique discerne rarement le caractère totalitaire du régime, il reconnaît rarement les relations négatives qu'il entretient avec lui. Il répond instinctivement aux privations matérielles, au manque de liberté, à la corruption totale de ceux qui le gouvernent, à l'immoralité du régime, en excluant de sa sphère de valeurs morales tout ce qui a trait à l'Etat et à l'économie de l'Etat.

« Ils » — ceux qui nous gouvernent — touchent des pots-de-vin, « leur » commerce, « leurs » services sont corrompus de fond en comble ; aussi les règles de la morale humaine ne s'appliquent-elles pas lorsqu'on a affaire à « eux ». Voilà comment je pourrais formuler les principes de cette double morale.

Le virus de la corruption, qui infecte l'appareil dirigeant d'Union soviétique depuis le sommet jusqu'à la base, contamine inévitablement, par une loi naturelle, l'ensemble de la société, tous les domaines de sa vie. Il paraît impossible de guérir le pays de ce virus. Les autorités constituées essaient de lutter contre la corruption de l'appareil dirigeant et du peuple. Cependant, leur action manque d'énergie et de constance, notamment parce que ceux qui détiennent le pouvoir suprême manifestent eux-mêmes des prédispositions à un certain degré de corruption (et en tout cas, à la corruption légale). Mais la raison essentielle est que tous les autres chaînons de l'appareil dirigeant sont totalement infectés. Aussi ne pourrait-on venir à bout de la corruption de l'appareil du Parti et de l'Etat qu'en détruisant l'appareil lui-même, — ce qui est, bien sûr, peu réaliste. Après tout, l'appareil qui dirige les régions, les districts et les républiques forme la charpente qui soutient tout le régime.

Du reste, même si l'élite dirigeante déclarait la guerre à outrance à la corruption, une telle tentative serait vouée à l'échec; en effet, il faut y insister, la corruption générale qui règne en Union soviétique a pour racine l'empire totalitaire du Parti communiste qui gouverne à lui seul le pays. Ce pouvoir n'est endigué ni par la loi ni par une presse libre. Et la nature de tout pouvoir absolu veut qu'il corrompe inévitablement ceux qui l'exercent, et ceux sur qui s'exerce. Ainsi, la corruption est-elle devenue l'essence organique et immuable du régime soviétique; seul un changement radical dans les méthodes de gouvernement pourrait permettre de l'éliminer.

Plus de quatre années ont passé depuis que j'ai été contraint de quitter mon pays. Il est peu probable que ses dirigeants me donnent jamais l'occasion de revoir les lieux où j'ai vécu, où vivent les êtres qui me sont chers, et où ma mère est enterrée. Mais ils ne peuvent m'ôter l'amour de mon pays et de mon peuple.

Je n'en ai décrit dans cet ouvrage que les aspects négatifs, je n'ai parlé que des gens qui se sont laissés attirer par la corruption. Je n'ai pas mentionné tous les charmes de ce pays, que le régime totalitaire n'a pu détruire. Je n'ai pas évoqué toutes les personnes merveilleuses avec lesquelles j'ai vécu. J'ai écrit un livre sur la corruption, et non sur l'honnêteté.

Aujourd'hui, en achevant cet ouvrage, je me pose une question : qu'adviendra-t-il? quel avenir attend ce pays?

Et je réponds avec amertume à ma propre interrogation : le gouvernement soviétique, la société soviétique ne viendront pas à bout de la corruption aussi longtemps qu'ils seront soviétiques. C'est aussi simple que cela.

GLOSSAIRE

Apparatchik : membre de l'appareil de la direction du Parti ou de l'Etat.

Gosplan : (Gossoudarstvenaïa Planovaïa Komissia pri Soveté Ministrov S.S.S.R.) Comité de planification d'Etat auprès du Conseil des ministres de l'U.R.S.S. Organisme directeur qui prépare le plan et fixe ses objectifs.

K.G.B. : (Komitel Gossoudarstvenoï Besopasnosti) Comité de sécurité de l'Etat. Police politique soviétique.

Kolkhoze : (Kollektivnoe Khozyaïstvo). Ferme collective, constituant une exploitation autonome.

Komsomol : (Kommuncistieskii Soïouz Molodézi) Union des jeunesses communistes. Organisation ouverte à partir de quatorze ans à ceux qui souhaitent entrer plus tard au Parti.

Nomenklatoura : Liste des emplois réservés aux membres du Parti.

O.B.K.H.S.S. : Département pour la lutte contre le pillage des biens socialistes.

Obkom : Comité régional du Parti.

P.C.U.S. : Parti communiste d'Union soviétique.

Politburo : Bureau politique du Parti. Organe du Comité central.

Raïkom : Comité de district du Parti.

Raïspolkom : Comité exécutif de district du gouvernement.

R.S.F.S.R. : République socialiste fédérative soviétique de Russie.

Sovkhoze : (Sovetskoe Khozyaïstvo) Ferme d'Etat dont le personnel est salarié.

Tchéka : (Tchrezvytchanaïa Komissia) Commission extraordinaire pan-russe de lutte contre la contre-révolution, la spéculation et le sabotage. Police politique créée par Lénine en 1917. Remplacée en 1922 par le Guépéou, ancêtre du K.G.B.

TABLE DES MATIÈRES

Achevé d'imprimer le 17 mars 1983
sur les presses de l'Imprimerie Bussière
à Saint-Amand-Montrond (Cher)
pour les éditions Robert Laffont

Dépôt légal : Avril 1983
N° d'Édition : K 117. N° d'Impression : 232.